W0039887

ZU DIESEM BUCH

Während und auch kurz nach der Pubertät befinden sich Jugendliche in einem Vakuum zwischen zunehmender körperlicher und sexueller Reife. Diese Ambivalenz zwischen dem Gefühl der Abhängigkeit und dem Wunsch nach Loslösung macht Jugendliche wütend und aggressiv – ein notwendiger Prozess, der alle Beteiligten oft überfordert.

Die meisten Erziehungsratgeber oder Reader zum Thema «Pubertät» befassen sich mit Kindern und Jugendlichen beiderlei Geschlechts. Joachim Braun hat in seiner praktischen (therapeutischen) Arbeit jedoch festgestellt, dass sich in der Zeit der Ausprägung und Festigung geschlechtlicher Identität die Probleme von Jungen und Mädchen sehr unterschiedlich darstellen und deshalb auch geschlechtsspezifisch behandelt werden sollten.

Viele Fallgeschichten und O-Töne machen dieses zeitgemäße Aufklärungsbuch zur ermunternden und unterhaltsamen Lektüre für Jungen, Eltern und am Thema Interessierte in pädagogischen Berufen.

DER AUTOR

Joachim Braun, geb. 1960, studierte Pädagogik, Psychologie und Soziologie in Berlin. Er arbeitet als approbierter Kinder- und Jugendlichenpsychotherapeut sowie als Eltern- und Paarberater in freier Praxis. Außerdem ist er Mitarbeiter bei Pro Familia Berlin und Erwachsenenfortbilder im Institut für Sexualpädagogik, Dortmund. Zahlreiche Veröffentlichungen, Sachbuchautor. www.joachim-braun.de

JOACHIM BRAUN

JUNGEN IN DER PUBERTÄT

WIE SÖHNE ERWACHSEN WERDEN

Mit Fotos von Iko Freese

ROWOHLT TASCHENBUCH VERLAG

Originalausgabe

6. Auflage Januar 2008

Veröffentlicht im Rowohlt Taschenbuch Verlag,
Reinbek bei Hamburg, Februar 2003
Copyright © 2003 by Rowohlt Taschenbuch Verlag GmbH,
Reinbek bei Hamburg
Lektorat Jürgen Volbeding
Satz und Layout Anja Sicka
Gesetzt aus der Egyptienne und Folio PostScript
QuarkXPress 4.1.1
Umschlaggestaltung any.way, Wiebke Buckow
(Foto: Tony Stone)
Druck und Bindung Clausen & Bosse, Leck
Printed in Germany
ISBN 978 3 499 61407 1

INHALT

III. VERFLIXTER ALLTAG

GELASSEN DURCH EINE SPANNENDE ZEIT

EINLEITENDES ZU JUNGEN IN DER PUBERTÄT

Max war schon immer ein aufgeweckter Junge. Im Alter von sechs oder sieben Jahren gab er recht häufig Widerworte, über die seine Eltern lachen mussten. Einige seiner Kommentare waren so witzig und originell, dass seine Mutter sie sogar aufschrieb. Doch seitdem hat sich einiges geändert. Die Notizen vergilben in der Schublade, und das Lachen ist den Eltern vergangen.

«Wir streiten uns oft», sagt Max enttäuscht, «meine Eltern sind die ganze Zeit über gereizt. Aber irgendwie sind sie auch selber schuld daran. Warum müssen sie mir auch immer alles verbieten!» Im Winter zum Beispiel soll Max um zehn zu Hause sein, obwohl er im Sommer länger draußen bleiben darf. «Das ist wieder typisch für meine Eltern. Als wenn mir im Dunkeln etwas zustoßen würde! Für solche Sachen bin ich doch viel zu alt.»

Vierzehn ist er jetzt, wird bald fünfzehn. Erst neulich hat ihm seine Mutter verboten, auf eine Party zu gehen, auf der es Bier und Whiskey geben sollte. «Meine Eltern haben Angst, dass ich zum Alkoholiker werden könnte. Die verstehen mich nicht. Ich habe denen schon hundertmal erklärt, dass ich das nur mal probieren will. Wenn man es nicht probieren darf, wie soll man dann herausfinden, ob man damit umgehen kann? Die trauen mir einfach nichts zu!»

Also beschloss er, trotz des Verbotes zu der Party zu gehen, klemmte sich sein Skateboard unter den Arm, kletterte aus dem Fenster und rannte zum Marktplatz, wo die anderen schon auf ihn warteten. Florian, bei dem die Party stattfinden sollte, und Tobi, sein bester Kumpel. «Wir sind mit unseren Skateboards ein bisschen durch die Einkaufszone gefahren, dann sind wir in irgend so eine Pizzeria gegangen, haben eine Cola getrunken und Witze gerissen.» Später, gegen neun, machten sie sich auf den Weg zu Florians Haus, um die Party steigen zu lassen. Doch als sie dort ankamen, erlebte Max eine böse Überraschung. In der Küche saß seine Mutter, zusammen mit der Mutter von Florian, und beide schauten ziemlich finster drein. «Das war schon ein Riesenschock, die beiden Mas da in der Küche zu sehen.»

Von da an gab es Hausarrest, und Max musste versprechen, nicht noch einmal wegzulaufen. Einige Tage später rief Florian an und fragte, ob Max mit zum Schwimmen käme. «Zuerst habe ich ‹Nein› gesagt, weil ich ja diesen Hausarrest hatte. Aber dann habe ich mir das Ganze nochmal überlegt: Man kann doch einem Fünfzehnjährigen keinen Hausarrest mehr verordnen! Irgendwie haut das nicht hin.» Max schnappte sich Badehose und Handtuch und stieg erneut aus dem Fenster. Doch noch vor dem Eingang zum Schwimmbad fing sein Vater ihn ab. Ziemlich bleich habe der ausgesehen, erinnert sich Max, richtig fertig. Der packte Max am Arm, zerrte ihn ins Auto und schrie wie ein Wilder. Drohte mit Konsequenzen und meinte, dass ab heute andere Saiten aufgezogen würden. «Das war schon ganz schön deprimierend, wie mein Pa mich zugetextet hat. Irgendwie uncool. Aber ich kann meine Eltern auch verstehen. Man muss eben tun, was die Eltern sagen. Obwohl ich eigentlich kein Kind mehr bin.»

Es ist nicht leicht, erwachsen zu werden, wenn man das Gefühl hat, die Eltern würden das nicht zulassen. Wenn man sich groß und selbständig fühlt, aber um eine gewisse Zeit im Bett sein muss, nur bestimmte Kinofilme sehen darf und sich an allerlei Regeln und Absprachen halten muss, die einem nicht einleuchten wollen. Wenn man vorwärts gehen will, jedoch zugleich das Gefühl hat, bei jedem Schritt von den Eltern festgehalten zu werden. Das frustriert, verwirrt und macht wütend.

Doch Eltern haben nicht weniger auszuhalten. Es kann zu Hause recht turbulent zugehen, wenn sie versuchen, einem Jugendlichen Grenzen zu setzen, der glaubt, erwachsen zu sein, in Wirklichkeit jedoch noch nicht erwachsen ist. Der auf der einen Seite von den Eltern fordert, ernst genommen zu werden, sich auf der anderen Seite jedoch weigert, Regeln einzuhalten und Pflichten zu übernehmen. Der ihnen auf die Finger haut, wenn sie ihn festhalten, jedoch allerhand Unsinn fabriziert, wenn sie ihn loslassen. Ich erinnere mich, dass mein damals vierzehnjähriger Sohn von mir verlangte, mich aus der Schule herauszuhalten. Er wisse selber, was zu tun sei, und würde sich auch nicht in meine beruflichen Angelegenheiten einmischen. Das klang logisch, entsprach aber nicht der Realität. Nach heftigen Diskussionen einigten wir uns auf eine Probezeit, in der ich mich, so versprach ich halbherzig, zurückziehen würde. Als ich dann einige Wochen später misstrauisch und gegen seinen Willen zu einem Elternsprechtag ging, bekamen wir die Quittung. Kunst, Mathe, Deutsch, Biologie – jeder Lehrer, den ich in seinem Zimmer aufsuchte, empfing mich voller Ärger und Enttäuschung. Der blaue Brief wurde mir noch vor Ort in die Hand gedrückt, das spare das Porto. Mir schwirrte der Kopf, als ich das Schulgebäude verließ.

Die Pubertät ist eine Zeit, die nicht nur den Hormonhaushalt von Jugendlichen, sondern auch das innere Gleichgewicht vieler Eltern durcheinander bringt. Als Außenstehender lächelt man oft über die Geschichten, die Eltern von ihren pubertierenden Kindern erzählen: schwarz gestrichene Wände im Jugendzimmer, vorzeitiges Ende des letzten Ostseeurlaubs, Türen, die so heftig zugeschlagen werden, dass der Rahmen splittert, Telefonrechnungen, für die man fast einen Kredit aufnehmen muss. Steckt man jedoch inmitten eines Beziehungskrieges mit einem Jugendlichen, kann die Lebensqualität erheblich in Mitleidenschaft gezogen werden. Da ist das schlechte Gewissen, weil man glaubt, zu hart gewesen zu sein. Der Ärger, der einen überfällt, weil man zu nachsichtig gewesen ist. Die Verwirrung, die einen überkommt, weil sich schlechtes Gewissen und Ärger ständig abwechseln. «Morgens gehe ich zur Arbeit», sagt eine Mutter während eines Beratungsgespräches, «und ärgere mich darüber, dass ich nicht härter durchgegriffen habe. Den Tag über kann ich kaum an etwas anderes denken, bin unkonzentriert, fresse Magentabletten. Abends, wenn ich nach Hause komme, verschaffe ich mir Luft und brülle rum wie eine Irre. Später, im Bett, tut mir das alles so Leid, dass ich heulen könnte. Dann entschuldige ich mich, und alles ist gut. Bis es einige Tage später wieder losgeht …»

Viele Eltern werfen sich vor, etwas falsch zu machen, nicht angemessen zu reagieren oder in ihrer Rolle als Eltern zu versagen. Sie zweifeln an ihrem Erziehungsstil, am Heranwachsenden, an sich selbst. Es verunsichert sie, mit einem Jungen konfrontiert zu werden, der Begleitung und Unterstützung verlangt, jedoch gleichzeitig signalisiert, sie nicht zu benötigen. Der immer seltener zu Hause ist, es sei denn, es gibt Taschengeld oder etwas zu essen. Der unerwartet Vater wird, obwohl es ihm nicht einmal gelingt, seinen Teller wegzuräumen oder sein Zimmer in Ordnung zu halten. Oft wiederholen sich die elterlichen Ermahnungen wie bei einer Schallplatte, die hängen bleibt.

«Wir streiten uns immer um dieselben Sachen», sagt die Mutter zweier Pubertierender während eines Elternseminars, «aber sie hören mir einfach nicht mehr zu. Ich kann ihnen fünfhundertmal dasselbe sagen – es verpufft im Nichts.» Eine andere Mutter, die einen Zwölfjährigen zu Hause hat, verzieht ihr Gesicht im Zorn: «Er war doch früher nicht so – er bockt und schimpft und widerspricht, und wenn ich mich wehre, bricht er in Tränen aus. Einerseits ein kleiner Tyrann, andererseits ein Sensibelchen. Das geht mir unglaublich auf die Nerven.»

Ein Vater nickt zustimmend: «Das kenne ich auch. Man sitzt friedlich am Frühstückstisch, und plötzlich wird man angebrüllt, als hätte man ein Verbrechen begangen. Dann hat man irgendein unbedeutendes Wort gesagt, irgendeinen falschen Blick rübergeworfen, und ehe man sich's versieht, ist man mitten im Streit. Manchmal kann man gar nicht vorsichtig genug sein.»

15

MIT DER ACHTERBAHN IN EINEM FREMDEN LAND

Jugendliche bewältigen während der Pubertät ein dramatisches Trennungsspektakel, bei dem Eltern die Hauptrolle spielen. Die Pubertät ist, auf den Punkt gebracht, eine Zeit, in der sich ein Jugendlicher von seinen Eltern allmählich zu lösen versucht, um sich selbst in einer für ihn ungewohnten Rolle als Erwachsener wieder zu finden. Nirgends sonst im Leben findet eine derart einschneidende Trennung von den Eltern statt. Um sich jedoch lösen und sich selbst als Erwachsene spüren zu können, müssen Jugendliche ihre Mütter und Väter in ihrer Elternfunktion demontieren und entmachten. Man kann nur selber groß und stark werden, wenn man die Eltern schrumpfen lässt. Indem Max Hausarrest und Alkoholverbot in den Wind schlägt, stößt er seine Eltern vom Thron und verschafft sich selbst ein inneres Gefühl von Autonomie und Selbstwert. Konflikte dieser Art müssen so lange und so heftig ausgefochten werden, bis ein Jugendlicher das Gefühl hat, über genügend Eigenständigkeit zu verfügen. Der Familientherapeut Helm Stierlin sieht die Herausforderungen eines Jugendlichen während der Pubertät im Erwerb größtmöglicher Autonomie; der Psychoanalytiker Erik H. Erikson spricht von Ich-Identität, nach der ein Jugendlicher sucht.

Die Aneignung von Autonomie oder Ich-Identität ist ein Prozess, der durch Höhen und Tiefen führt. Insofern ist die Pubertät eine Zeit voller Zweifel und Unsicherheiten, in der Jugendliche noch keine eindeutige Vorstellung davon haben, was es heißt, erwachsen und losgelöst von den Eltern zu leben. Viele wünschen sich zwar sehnlichst, einen Führerschein zu machen oder über eine eigene Wohnung zu verfügen, aber sie wissen noch nicht, wie es sich anfühlt, das Steuer in der Hand zu halten und das Geld für die Miete aufbringen zu müssen. Zugleich spüren sie, dass es genau darum geht. Dass sie ein von den Eltern losgelöstes Leben nur leben können, wenn sie sich ihrer Persönlichkeitsmerkmale, ihrer Stärken und Schwächen, ihrer Wünsche und Bedürfnisse, kurzum, ihres eigenen Selbst, auch bewusst sind. Nur wer innerlich gefestigt ist, kann es wagen, die Eltern zu verlassen und in das zunächst noch unbekannte Land des Erwachsenseins vorzudringen.

Um sich selbst zu finden, probieren Jugendliche sich aus, gehen erste Beziehungen ein, erleben Erfolge und Niederlagen, entdecken, geliebt oder abgelehnt zu werden, finden heraus, wo ihre Talente und Mängel liegen. Die gesamte Pubertät ist ein einziges Übungsfeld. An Eltern testen sie, wie weit sie gehen können, indem sie verhandeln, widersprechen, provozieren, kämpfen oder Absprachen für ungültig erklären. So wie Max, der aus dem Fenster kletterte, oder wie mein Sohn, der mich aus dem Schulalltag ausschließen wollte. Das ist es, was die Pubertät nicht nur für Jugendliche, sondern auch für deren Eltern zu einer nicht enden wollenden Achterbahnfahrt machen kann.

AUF IN DEN KAMPF MIT FRÜHSTÜCKSFLOCKEN!

Die Suche nach sich selbst konzentriert sich auch intensiv auf die Frage, wie es sich anfühlt und was es bedeutet, eine Frau oder ein Mann zu werden. Die körperlichen Geschlechtsmerkmale, die stärker werdenden sexuellen Gefühle und der Wunsch, Liebesbeziehungen einzugehen, fordern Jungen wie Mädchen geradezu heraus, sich mit ihrer Rolle als Frau oder als Mann auseinander zu setzen. Dieser innere Prozess kann recht verwirrend sein, und er wird Jungen nicht gerade leicht gemacht. Gerade in der Pubertät sind die männlichen Anpassungszwänge in der Clique, der Klasse oder im Sportverein besonders rigide und festigen ein oftmals starres Bild von Männlichkeit. Wer viel mit Jugendlichen zu tun hat und sie in der Schule oder in der Jugendfreizeit erlebt, wird bestätigen, dass der Gruppendruck, sich stark, kontrolliert und dominant zu zeigen, unter Jungen nach wie vor ungeheuer groß ist. In einer Gruppe führt es zu Gelächter bis hin zu Verachtung, wenn man als Junge zugibt, etwas nicht zu können, etwas nicht zu wissen oder sich in irgendeiner Weise schwächer als die anderen zu zeigen. Wer beim Sport versagt, ist außen vor, und wer schwul ist, auch. Wer keine Freundin hat oder über noch keine sexuelle Erfahrung verfügt, läuft Gefahr, sich von anderen vorhalten lassen zu müssen, ein Versager zu sein.

Viele Mädchen erwarten trotz Frauenbewegung und sich ändernder Geschlechterrollen immer noch, dass die Jungs die Initiative übernehmen. Auch wenn sich die jugendliche Sicht über das herkömmliche Geschlechterverhalten allmählich wandeln mag, geht es im Schulalltag, im Jugendfreizeitbereich und in den Köpfen vieler Mädchen und Jungen recht traditionell zu. Jungen grübeln, wie sie es «schaffen» könnten, ein Mädchen zu «erobern». Mädchen dagegen sind damit beschäftigt, die Jungen von sich fern zu halten oder zu überlegen, ob sie innerlich bereit sind oder nicht. Jungen sind die Macher, und wer nicht mithalten kann, fällt aus dem Rahmen.

Auch in den Medien und in der Werbung wird darauf gebaut, dass Jungen nach wie vor das starke, das unangreifbare Geschlecht sind. Sprachlich hat man mitunter das Gefühl, für Männer ginge es im Leben stets darum, in einen Kampf zu ziehen. Auf einer Packung Frühstücksflocken ist zu lesen: «Neue Power – für Männer, für die der Tag voller Herausforderungen steckt. Ihr Tag verlangt Ihnen alles ab. Gönnen Sie sich neue Power, um die Herausforderungen zu bestehen. (…) Wenn Sie mehr wissen wollen, wie der Mann von heute die Anforderungen des Alltags meistert, dann lesen Sie (…).» Darunter der Oberkörper eines perfekt gebauten, muskelgestählten jungen Mannes abgebildet und die Zeile: «Perfekt in Form».

Ein Mann definiert sich auch in Zeiten zunehmender Gleich-berechtigung vornehmlich durch sein Tun, weniger durch das, was er ist. «Ich finde», sagt Leon, 16, «schon die acht- und neunjährigen Jungs sollten Dragonball Z sehen. Denn die Dra-gonballs sind viel besser als die Marvel-Comics, weil die Kämpfer bei den Dragonballs trainiert werden, bevor sie rich-tig stark werden. Dann lernt ein Junge schon früh, dass er es irgendwann schaffen kann, wenn er hart kämpft.» Ein Fan von Manga-Comics ist auch Robert, 16. «Mir geht es richtig gut», sagt Robert, «wenn ich die Dragonballs gesehen habe. Die sehen einfach perfekt aus. Dann gehe ich in den Wald und stelle mir vor, selbst so ein Kämpfer zu sein. Manchmal spüre ich richtig, wie sich die Kraft auf meine Muskeln überträgt.»

Um nicht falsch verstanden zu werden: Es ist für viele Jungen erstrebenswert und reizvoll, sich über Aktivität und Stärke zu definieren oder das Gefühl zu haben, mit einem kämpferi-schen Gefühl durchs Leben zu gehen, und es wäre schade, würde man das bei Jungen unterdrücken. Oft jedoch existiert neben der kämpferischen eine schutzbedürftige, Hilfe su-chende Seite, die vernachlässigt wird oder die geopfert wer-den muss, um ein bestimmtes Bild von Männlichkeit aufrecht-erhalten zu können.

Robert zum Beispiel, der die Energie der Dragonballs in sich aufsog, ist ein Junge, der sich im Alltag alles andere als stark fühlt; der im Kontakt zu Mädchen unsicher ist und ausrastet, wenn seine Mutter ihm etwas verboten hat. Wie muss es in-nerlich in einem Jungen aussehen, der davon träumt, unbe-siegbar zu sein, im Alltag jedoch bereits an den kleinsten Hür-den scheitert? Problematisch wird es auch, wenn Jungen, die in ihrer Persönlichkeit oder rein äußerlich überhaupt nicht dem Bild des knallharten Muskelhelden entsprechen, das Opfer der anderen werden, wie Stephan zum Beispiel. «Wenn ich eine Gruppe von Jungen sehe, dann krieg ich die Panik», sagt der Fünfzehnjährige, der vor einiger Zeit entdeckt hat, schwul zu sein. «Ich habe Angst, dass sie mich blöd anrempeln oder mich schlagen.» Dabei wäre er selbst gern einer von ihnen. «Aber die aus meiner Klasse wollen mich nicht. Mit solchen wie mir wollen die doch nichts zu tun haben.» Ähnliches erlebt Martin, 17, und heterosexuell orientiert. Neulich hat ihn Helmut, sein bester Freund, beiseite genommen und ihm erläutert, warum Martin bei Mädchen keine Chancen hat. Er sei ein netter Junge, ein toller Kerl, habe Helmut gesagt, aber leider eben nicht – na ja, er wisse schon. Die meisten Mädchen wollten einen richtigen Mann, auch wenn sie vorgäben, ihnen sei das nicht so wichtig. Mir sagte Martin in einem Beratungsgespräch: «Schauen Sie doch mal, wie ich aussehe. Keine Muskeln, kein breites Kreuz – wie soll man da Respekt vor mir haben? Es ist doch kein Wunder, dass mich die anderen ablehnen.»

Als Erwachsene erleben wir es ständig und in jeder noch so scheinbar unbedeutenden Situation, dass viele Jungen ihre Gefühle der Unsicherheit und Angst verleugnen, um einem bestimmten Bild von Männlichkeit zu entsprechen. Im Flugzeug habe ich einmal beobachtet, wie ein etwa zehnjähriger Junge erschrocken zusammenzuckte, als kurz nach dem Start das Fahrgestell eingezogen wurde. Als sein Vater ihn beruhigen wollte und ihm erklärte, was da gerade so geknackt hatte, sagte der Junge: «Du musst mir das nicht erklären, ich habe doch gar keine Angst gehabt.»

Hinter scheinbarer Autonomie von Jungen verbirgt sich oft die Befürchtung, zu versagen oder sich lächerlich zu machen. Freud bezeichnete die männliche Versagensangst als «Kastrationsangst» und führte sie auf die ödipale Urszene zurück, in der ein Junge seine Mutter begehrt und zugleich befürchtet, für sein Begehren vom Vater kastriert zu werden. Bei der Kastrationsangst geht es nicht nur um die Phantasie, der Penis könne tatsächlich entfernt werden, als vielmehr im übertragenen Sinne um die Angst, die Männlichkeit zu verlieren. «Auffällig ist in der Tat», schreibt Prof. Dr. Ulrike Schmauch von der Fachhochschule Frankfurt/Main sehr anschaulich, «wie stark, wie früh und in wie vielen Variationen Jungen mit dieser Angst kämpfen, sie direkt ausdrücken oder auf vielfältige Weise abwehren.»

Ich beobachte es nahezu täglich, dass die Angst, sich als Mann lächerlich zu machen oder an seiner Rolle zu scheitern, viele Jungen durch die Pubertät hindurch begleitet. Einige Jungen kompensieren diese männliche Grundangst durch auffälliges Verhalten. Sie brüllen herum, geben sich stärker, als sie sind, verhalten sich Mädchen gegenüber übergriffig und kämpfen mit ihren Eltern zuweilen einen harten Kampf. Andererseits laufen sie immer auch Gefahr, depressiv zu werden oder ihre inneren Unsicherheiten durch Rückzug, Einsamkeit, Alkoholkonsum oder Drogenmissbrauch zu bewältigen.

Ich erinnere mich an eine Telefonberaterin, die mir während eines Seminars erzählte, wiederholt von einem sechzehnjährigen Jungen angerufen zu werden. Dieser Junge behelligte sie mit allerlei sexuellen Anspielungen. Während des Seminars schimpfte die Beraterin zornesrot, sie werde es nicht zulassen, dass Jungen schon so früh begännen, ihre Macht auszuspielen, die sie über Frauen haben. Ich muss gestehen, mich überraschte diese Haltung ein wenig. Ich konnte zwar den Ärger der Beraterin verstehen und auch ihre Hilflosigkeit, die sie während der Telefonate empfand. Jedoch bin ich davon überzeugt, dass solche Telefongespräche nicht im Geringsten etwas mit Macht zu tun haben, sondern vor allem Hilflosigkeit und Not spiegeln. Man versetze sich nur einmal in die Lage eines Sechzehnjährigen und phantasiere eine Geschichte: Womöglich spürt er starke sexuelle Gefühle, die ausgelebt werden wollen, aber nicht ausgelebt werden können, weil es an innerer Sicherheit fehlt, um mit Mädchen in Kontakt zu treten. Vielleicht plagen ihn innere Zweifel, ob er als Junge oder Mann genügt, um von einem Mädchen begehrt zu werden. Möglicherweise sitzt ihm die Angst im Nacken, mit dem Eingehen sexueller Beziehungen den Eltern gegenüber etwas Verbotenes zu tun. Oder er verspürt Unsicherheiten, ob Frauen überhaupt die bevorzugten Liebesobjekte sind. All das jedoch kann nicht besprochen werden. In der Klasse oder unter anderen Jungen begegnet ihm ein hohes Maß an gegenseitigem Kräftemessen. Sein Gespür dafür, solche Probleme besser für sich zu behalten, täuscht ihn in dieser Hinsicht vermutlich nicht. Seine Eltern, von denen er sich ablösen will, kommen als Gesprächspartner für seine sexuellen Nöte auch nicht infrage. Bestimmte Themen sind einfach zu intim, als dass man sie mit den Eltern klären kann. Zudem hegt und pflegt er den Anspruch, die «Herausforderungen des Alltags» alleine zu meistern. Es brodelt also alles gut verschlossen vor sich hin. Nun gibt es dieses Angebot einer telefonischen Beratung. Am anderen Ende eine Frau mit einer angenehmen, vielleicht sogar erotischen Stimme. Das weckt Wünsche. Der Anrufer bleibt anonym, kann also ungehindert seinen Phantasien, aber verschlüsselt auch seinen Ängsten und Sorgen freien Lauf lassen. Endlich eine Möglichkeit, sexuelle Gefühle mit einer Frau zu spüren! Endlich eine Möglichkeit, über sich zu sprechen, wenn auch chiffriert! Wen wundert es, dass einige Jungen solch ein Angebot nutzen, um ihrer Verwirrung über das, was während der Pubertät geschieht, ein Ventil zu verschaffen? Zumal telefonischer Sex ein Medium darstellt, über das sich viele Menschen stimulieren und befriedigen.

Jungen sind, aus Sicht vieler Erwachsener, das eigentliche Problemgeschlecht. Die Jugendstudie Deutsche Shell 2000 fand heraus, dass sich Eltern im Allgemeinen mehr um Jungen sorgen als um Mädchen. Diese misstrauische Haltung Jungen gegenüber wirkt sich wiederum negativ auf die seelische Entwicklung von Jungen aus. Es geht immer auch auf Kosten des Selbstwertgefühls, wenn Eltern ihren Kindern zu wenig vertrauen und zumuten. Insofern verwundert es nicht, dass Jungen, die – so die Studie weiter – zu Hause viel ängstliche Besorgtheit durch die Eltern erfahren, pessimistischer und zögerlicher in eine eigene Zukunft gehen als Jungen, denen man um einiges mehr zutraut.

VERWIRRTE ELTERN

Die Frage ist nun, wie Eltern ihrem Sohn etwas zutrauen sollen, wenn er ihnen allerhand Gelegenheiten und Anlässe beschert, misstrauisch zu sein. Wie sollen Max' Eltern ihrem Sohn Vertrauen entgegenbringen, wenn er darum streitet, Whiskey ausprobieren zu dürfen? Wie soll man zuversichtlich sein, wenn der Sohn sein Zimmer verschlampt, breitbeinig den Herrn im Haus spielt, antriebslos im Bett liegt, mit fünfzehn Vater wird oder die Schule schwänzt?

Reduziert man die elterliche Funktion auf das Wesentlichste, dann stellt die Pubertät Eltern vor die Aufgabe, Heranwachsende bei ihrer Suche nach sich selbst und einem ständig wachsenden Selbstbewusstsein zu begleiten und zu unterstützen. Zugleich geht es für einen Jungen darum, sich in seiner Rolle als Junge oder als Mann zurechtfinden und wohl fühlen zu können, möglichst ohne andere dabei zu kränken oder zu verletzen. Ein Junge benötigt also nicht nur Unterstützung darin, erwachsen zu werden, er benötigt auch Begleitung in dem recht schwierigen Prozess vom pubertierenden Jungen zum reifen Mann.

Nun machen es Heranwachsende ihren Eltern nicht unbedingt leicht, Hilfe und Unterstützung zu gewähren. Jungen kommen nicht einfach auf ihre Eltern zu und sagen: «Lieber Papa, liebe Mama, bitte helft mir dabei, unabhängig, selbstbewusst und männlich zu werden. Ich weiß, ihr könnt das besser als ich, und daher vertraue ich mich euch voll und ganz an.» Stattdessen gehört es zur Pubertät dazu, dass Jugendliche ihr Bestreben, erwachsen zu werden, an den Eltern in widersprüchlicher Weise und in verschlüsselten Botschaften ausleben. Heranwachsende erwarten elterliche Fürsorge, stellen jedoch hin und wieder klar, dass sie genau das nicht wollen. Sie gebärden sich wie «echte Kerle», vermitteln jedoch wenig später, als kleine Jungen beschützt und gestreichelt werden zu wollen. Sie verlangen Anerkennung als Erwachsene, verhalten sich aber wie unmündige Kinder. Sie schreien nach Hilfe, indem sie widersprechen, die elterliche Macht zu brechen versuchen, sich verweigern, sich in ihr Innerstes zurückziehen und die Musik so laut aufdrehen, dass das Trommelfell platzen könnte. Viele dieser häuslichen Konflikte deuten auf einen verschlüsselten Appell des Jugendlichen hin, der schlichtweg lautet: «Hilf mir, ein erwachsener Mann zu werden.» Die Folge dieses Wirrwarrs ist, dass Eltern die Distanz verlieren. Sie überschauen nicht mehr, was geschieht, bekommen Schuldgefühle, ärgern sich, fühlen sich hilflos und fragen sich zuweilen, wie sie ihren Sohn bei dem ganzen Gefühlschaos, das in ihnen tobt, noch unterstützen sollen. Um Antworten zu finden, habe ich dieses Buch geschrieben.

Es gliedert sich in drei Hauptkapitel. Das erste Kapitel befasst sich mit Jungen in der Pubertät – was sie wollen, wie sie fühlen und wie es einigen von ihnen gelingt, Eltern an den Rand des Nervenzusammenbruchs zu bringen. Je mehr alle Beteiligten verstehen, was in der Pubertät geschieht, und je intensiver sie nachfühlen können, wie es Jungen damit geht, desto besser wird es ihnen gelingen, innerlich auf Distanz zu gehen. Doch solch ein Ratgeber wäre nicht vollständig, würde man nicht zugleich auch die Sorgen und Nöte der Eltern berücksichtigen. Die meisten Eltern wollen grundsätzlich das Beste für ihre Kinder, und wenn das nicht immer gelingt, so liegt das nicht daran, dass sie schlechte Eltern sind, sondern es hat in vielen Fällen mit dem Prozess der Pubertät zu tun. Nicht nur Jugendliche sind in der Pubertät, auch Eltern müssen damit zurechtkommen, dass sich ihre Kinder allmählich von ihnen lösen. Auch Eltern verarbeiten einen Trennungsprozess. Auch Eltern pubertieren.

Das zweite Kapitel beschäftigt sich damit, wie Eltern die Loslösung bewältigen können, wie sie ihre Rolle als Mutter oder Vater am besten ausfüllen und wie es gelingen kann, die Beziehung zum Sohn in seinem und in ihrem Sinne zu gestalten.

Im dritten Kapitel geht es darum, mit Konflikten des Alltags umzugehen. Was ist zu tun, wenn es immer wieder Streit gibt? Wann ist es ratsam, die Zügel anzuziehen, und wann sollte man sich besser auf Samtpfötchen zurückziehen? Wie übersteht man Kämpfe um Taschengeld, Ausgeh- und Zubettgehzeiten oder verdreckte Küchen, Wohn- und Jugendzimmer? Was ist angesagt, wenn der Sohn die Schule schwänzt oder Alkohol, Haschisch und andere Drogen konsumiert?
Eltern wünschen sich häufig, die eine oder andere Anleitung zu bekommen, wie sie schwierige Situationen künftig lösen können. «Am liebsten hätte ich es», sagte eine Mutter während eines Seminars, «dass Sie mir sagen, was ich tun soll, wenn ich nicht mehr weiter weiß. Oder wenn Sie mir ein Buch nennen könnten, in dem ich nachlesen kann: ‹Aha, Sascha verhält sich so und so, also muss ich so und so reagieren.›» Dann musste sie lachen.
Ein Buch kann Handlungsorientierung vermitteln, aber nicht

genau sagen, was die Leserinnen und Leser tun sollen. Jeder Elternteil, jeder Jugendliche und jeder Augenblick ist so einzigartig, dass sich Situationen vielleicht ähneln, aber niemals exakt wiederholen. Insofern gibt es auch keine allgemein gültigen Rezepte, nur viele Angebote, wie man reagieren könnte. Ein Ratgeber kann möglichst zahlreiche dieser Reaktions- und Handlungsmöglichkeiten aufzeigen in der Hoffnung, dass jeder das für ihn Zutreffende darunter finden und für sich zu nutzen versteht. Ein Ratgeber kann dabei helfen, den Prozess der Pubertät mit mehr Gelassenheit hinzunehmen.

Pubertät ist, wenn man dennoch lacht.

I. BAUSTELLE PUBERTÄT

Überall klopft und hämmert es, hier ein Bohrer, da eine Schleifmaschine. Was auf dieser «Baustelle» entsteht, ist einzigartig, und das wird es in dieser Form auch nie wieder geben.

Man findet keine typische und keine untypische Pubertät und auch keine richtige und keine falsche. Manche Jungen sind eher ruhig und gelassen, und man merkt nicht einmal, dass sie pubertieren. Andere lassen die Mundwinkel hängen und bocken und kämpfen bei jeder sich bietenden Gelegenheit. Die Art und Weise, wie ein Junge erwachsen wird, hängt von seiner Biographie ab, von der Beziehung zu seinen Eltern, seinen Anlagen und der Tatsache, dass er ein Junge ist.

Nicht alles, was er denkt, fühlt und tut, ist Eltern zugänglich. Bei einigen Bereichen heißt es BETRETEN VERBOTEN! Doch wenn man vorsichtig anklopft und es versteht, geschickt mit anzupacken, dann wird am Ende schon etwas Stabiles dabei herauskommen.

TESTOSTERON UND VERRIEGELTE BADEZIMMER

DIE PUBERTÄT BEI JUNGEN – EIN ÜBERBLICK

Sprachlich orientieren wir uns mit dem Begriff *Pubertät* hauptsächlich an den körperlichen und sexuellen Veränderungen: «Puber», lateinisch, heißt *Schamhaar*, «pubertas», lateinisch, bedeutet *Geschlechtsreife*. Der Begriff *Adoleszenz* dagegen fokussiert mehr den seelischen und emotionalen Prozess und wird oft stellvertretend für *Nachpubertät* verwendet – eine Zeit, in der die körperliche Entwicklung weitgehend abgeschlossen, die emotionale Loslösung von den Eltern jedoch noch nicht vollständig bewältigt ist. Im Großen und Ganzen verläuft der Pubertätsprozess in drei Stadien:

1. Die Vorpubertät, die bei Jungen etwa zwischen dem zehnten und dreizehnten Lebensjahr liegt.
2. Die Kernphase der Pubertät, die sich in etwa bis zum siebzehnten Lebensjahr erstreckt.
3. Die Nachpubertät oder Adoleszenz, die in ihren «Nachbeben» noch einige Jahre bis über das zwanzigste Lebensjahr hinausgehen kann.

Ich bin immer etwas vorsichtig und zögerlich mit solchen Strukturierungen, weil viele Eltern aus Angst, ihr Sohn könne sich nicht normal entwickeln, dies als Norm oder Regel betrachten und sich unnötig Sorgen machen könnten, wenn sich ihr Sohn anders als hier beschrieben verhält und entwickelt. Doch zu welchem Zeitpunkt eine Pubertät beginnt und endet, wann und in welcher Ausprägung sich die körperlichen Veränderungen vollziehen und wie sich ein Jugendlicher in Beziehung zu seinen Eltern verhält, ob er mehr oder weniger kämpft, aggressiv oder eher mit Rückzug reagiert, ist individuell so verschieden wie jeder Fingerabdruck. Manche Jugendliche pubertieren auch kaum merkbar und gleiten scheinbar komplikationslos von der Phase der Kindheit in das neue Stadium des Erwachsenen hinüber. Aufgrund der Einzigartigkeit eines jeden Pubertätsverlaufs sehen einige Psychologen und Pädagogen davon ab, die Pubertät in bestimmte Zeitzonen einzuteilen. Sie sprechen von einem einzigen, ineinander fließenden Prozess, der im Alter von zehn beginnen und mit über zwanzig beendet sein kann. Ich habe mich jedoch für eine differenziertere Unterteilung entschlossen, weil sich so besser nachvollziehen lässt, wie die schrittweisen körperlichen, emotionalen und sexuellen Prozesse der Loslösung des Jugendlichen von seinen Eltern ineinander greifen.

DIE VORPUBERTÄT

Der Eintritt in die Pubertät kündigt sich bei Jungen oft recht unspektakulär an. Der seelische Reifungsprozess beginnt ein, zwei Jahre später als bei Mädchen. So mag es vorkommen, dass sich elf-, zwölfjährige Mädchen bereits sehr konzentriert mit ihrem Körper und der Menstruation befassen, während ihr etwas älterer Bruder wie hypnotisiert vor dem Computer sitzt oder Fußball spielt und mit «dem ganzen Kram» von Liebe und Sexualität noch gar nichts zu tun haben will. Seine Freunde sucht er sich lieber unter anderen Jungs als unter Mädchen, hält sich häufig draußen auf, tobt herum und ist zuweilen so laut, dass man das Gefühl hat, Ohrstöpsel zu benötigen. Doch sobald die ersten Schamhaare wachsen, bestehen keine Zweifel mehr: Die Vorpubertät hat begonnen. Sie endet in etwa mit dem ersten Samenerguss, den die meisten Jungen zwischen dem zwölften und dem vierzehnten Lebensjahr erleben.

Aus biologischer Sicht löst eine verstärkte Produktion des männlichen Sexualhormons Testosteron den pubertären Prozess aus. Ein Junge verfügt bereits im Mutterleib über Testosteron, und auch während seiner Kindheit produziert sein Körper dieses Hormon mal mehr, mal weniger. Mit Beginn der Pubertät bis etwa zum vierzigsten Lebensjahr ist im Leben eines Mannes die Testosteron-Produktion am höchsten.

Der sprunghafte Anstieg des Testosterons ist zunächst noch ungewohnt und verwirrend für einen Jungen, dessen Körper und Psyche nicht gelernt haben, mit solchen Mengen umzugehen. Insofern sind Heranwachsende oft unruhig, leiden unter Stimmungsschwankungen oder sind in ihrem Verhalten zuweilen aggressiv, laut und unberechenbar. Es heißt, erst im Alter von 25 habe sich ein Mann an seinen Testosteronspiegel gewöhnt.

Im Allgemeinen bewirkt Testosteron eine Steigerung der sexuellen Lust, lässt Schambehaarung, Samenzellen, Hoden und Penis wachsen und verhilft dem Körper zu mehr Muskeln und einer zunehmend männlicheren Erscheinung: Brust und Schultern werden kräftiger, Barthaare entstehen, die Stimme wird tiefer, und der Junge wächst sichtbar in die Länge. Da sich Arme und Beine zuweilen schneller entwickeln als der Rumpf, kann es zu vorübergehenden unkoordinierten, schlaksigen Bewegungen kommen. Der Körper wirkt, als sei er unschlüssig, erwachsen oder kindlich zu sein, und spiegelt den inneren Konflikt, den Jugendliche durchleben. Außerdem nimmt zum Leidwesen vieler Jungen jetzt auch die Talgproduktion zu, und die ersten Mitesser und Pickel entstehen.

Etwa zur selben Zeit, in der sich der Körper verändert, mag es geschehen, dass Jungen im körperlichen Kontakt zu ihren Eltern zurückhaltender werden. Sie wollen nicht mehr ständig umarmt, gedrückt und beschmust werden und finden es auch nicht mehr selbstverständlich, nackt durch die Wohnung zu laufen. Je deutlicher der Körper signalisiert, ein männliches, ein sexuelles Wesen zu sein, desto intensiver verspüren Jungen den Wunsch, sich im Badezimmer zu verschließen und ein eigenes Zimmer und einen Ort zu haben, zu dem die Eltern und Geschwister keinen Zutritt haben. Oft höre ich von Eltern, dass sie diese Rückzugswünsche ihres Sohnes nicht nachvollziehen können. Während eines Elternseminars sagte eine Mutter: «Ich verstehe nicht, warum er sich in seinem Zimmer verbarrikadiert. Mein Mann und ich schließen uns doch auch nicht im Schlafzimmer ein!» Doch der jugendliche Wunsch nach Rückzug und Intimität sollte unbedingt berücksichtigt werden, denn er drückt das Bedürfnis aus, sich von den Eltern gelöst und unabhängig zu erleben – das abgeschlossene Zimmer als Spiegel eines sich zunehmend vor den Eltern verschließenden Jugendlichen. Für viele Eltern ist es nicht leicht, sich plötzlich einem Sohn gegenüberzusehen, der ihnen nicht mehr alles erzählt und anvertraut.

Nun treten auch häufiger Konflikte zwischen Heranwachsenden und Eltern auf. Wer sich allmählich zu emanzipieren versucht, entwickelt Widerstand gegen das, was die Eltern sagen. Fragt man Jugendliche, wie sie die Pubertät definieren, dann erhält man häufig die Antwort: «Im Gegensatz zu früher lasse ich mir nicht mehr alles von meinen Eltern gefallen!»

Mit zunehmender Eigenwilligkeit beschäftigen sich Jungen zunehmend mit der Außenwelt – wenn oft zunächst auch nur in der Phantasie. Sie träumen von der großen Liebe, schwärmen für Mädchen oder Jungen und orientieren sich mehr an Gleichaltrigen und weniger an dem, was die Eltern ihnen vorleben. Möglicherweise beginnt ein Junge jetzt auch, sich eine Freundin zu suchen oder verstärkt mit seiner Clique zusammen zu sein. Oft sind die Beziehungen in der Vorpubertät jedoch noch nicht in dem Sinne sexuell geprägt, wie wir es von älteren Heranwachsenden und Erwachsenen kennen. Vielmehr ist es ein Merkmal dieser Lebensphase, dass die sexuelle Not, die die Pubertät kennzeichnet, in der Vorpubertät noch fehlt. Das bedeutet jedoch nicht, dass Kinder und Vorpubertierende keine sexuellen Gefühle haben – ganz im Gegenteil. Seit Freud wissen wir, dass Kinder vom Säuglingsalter an und die gesamte Kindheit hindurch sexuell fühlen, wir uns als Erwachsene jedoch oft nicht mehr daran erinnern können und daher den Rückschluss ziehen, erst mit der Pubertät würden sexuelle Empfindungen entstehen. Insofern sollte man Jungen in der Vorpubertät altersgemäß in ihrer sexuellen Entwicklung unterstützen und sie darauf vorbereiten, bald den ersten Samenerguss zu erleben.

Jungen, die darüber informiert werden, erleben dieses Ereignis tendenziell positiver und mit weniger Unsicherheiten als solche, die nicht informiert sind. Diese Jungen leiden im Durchschnitt eher unter Gewissenskonflikten (Kluge, 1998). Als Erwachsene vergessen wir oft, welche Bedeutung die ersten Samenergüsse und das Erlebnis der Selbstbefriedigung für viele Jungen haben kann. Jungen empfinden dabei nicht nur verstärkt sexuelle Lust, sie spüren auch, über männliche Fruchtbarkeit zu verfügen. Die Zeit der beginnenden Geschlechtsreife offenbart einem Jungen zugleich, ein Mann zu sein, und dieses Gefühl positioniert einen Jungen auch ganz neu vor seinen Eltern.

WIE IST ES BEI IHNEN ZU HAUSE?

«Meine Eltern nerven», sagt Max, 14. «Die kommen einfach in mein Zimmer, ohne anzuklopfen. Sagen, sie wollten mal eben durchlüften oder so. Aber eigentlich wollen sie mich kontrollieren. Und wenn ich dann nicht an meinen Hausaufgaben sitze, gibt es Stress. Manchmal sitze ich aber nicht an meinen Hausaufgaben, weil ich schon fertig bin oder weil ich eine Pause mache. Dann zeichne ich irgendwas, mache Graffiti oder so. Mein Zimmer ist mein Castle – da haben die nichts zu suchen. Ich darf doch auch nicht einfach so in ihr Schlafzimmer!»

DIE PUBERTÄT

Mit etwa dreizehn, vierzehn, wenn ein Junge seine ersten, zuweilen nächtlichen Samenergüsse (Pollutionen) bekommt, beginnt die eigentliche Pubertät. Dies ist auch die Zeit, in der der Testosteronspiegel seinen Höhepunkt erreicht hat. Deutlicher und heftiger als zuvor melden sich die sexuellen Wünsche, die nun, im Vergleich zu früheren Lebensabschnitten, danach drängen, in Beziehungen ausgelebt zu werden. Viele Jungen beginnen, sich bei Mädchen auszuprobieren, wechseln die Freundinnen wie andere das T-Shirt, verlieben sich, machen erste sexuelle Erfahrungen, durchleben Trennungen, Enttäuschungen und Liebeskummer und sind neugierig, was es mit Liebe und Sexualität auf sich hat. Andere ziehen sich zurück, sind schüchtern, trauen sich noch keine erfolgreiche Partnersuche zu. Bei den meisten Jungen werden Fragen zu Partnerschaft und Sexualität ernsthafter und orientieren sich mehr an der Realität, als das in der Vorpubertät der Fall war. Sie kreisen um männliche und weibliche Rollen, Verhütungsmittel, sexuelle Lust, Homo- und Heterosexualität, Pornographie und diverse Sexualpraktiken. Fast alle Jungen dieses Alters masturbieren, was das Bedürfnis verstärkt, über eigene Räume und Möglichkeiten des Rückzugs zu verfügen.

Zwangsläufig treten die Eltern jetzt immer mehr in den Hintergrund. Die Aufmerksamkeit, die ihnen zuvor uneingeschränkt entgegengebracht wurde, nimmt nun in gleichem Maße ab, wie sie zunehmend auf die Außenwelt gerichtet wird. Viele Eltern haben Schwierigkeiten, dieses sprunghafte Erwachsenwerden ihrer Kinder zu akzeptieren, wollen ihren Sohn vor allerlei Enttäuschungen und Niederlagen bewahren oder fürchten, ihn zu verlieren und ihre Elternrolle gänzlich aufgeben zu müssen. Diese rasante Entwicklung, die Eltern und Jugendliche extrem fordert, kann zur Folge haben, dass Konflikte nun deutlicher und heftiger zutage treten als in den Monaten und Jahren zuvor.

Doch nicht nur in sexueller Hinsicht und im Verhalten, auch körperlich wird der Sohn jetzt sichtbar erwachsener: Die Stimme bricht, der Bart sprießt, die Körperbehaarung nimmt zu, Knochen und Muskeln wachsen, und die Prostataflüssigkeit enthält im Gegensatz zu den ersten Samenergüssen jetzt auch Spermien – er ist geschlechtsreif. So manch eine Mutter muss sich nun auf eine veränderte Perspektive einstellen, denn viele Jungen wachsen ihren Müttern regelrecht über den Kopf. Bei etwa der Hälfte der Jungen kann es während dieser Zeit zu einer Vergrößerung der Brustdrüsen kommen, der so genannten *Pubertätsgynäkomastie*. Sie ist darauf zurückzuführen, dass der jugendliche Körper das überschüssige Testosteron zum Teil in Östrogene verwandelt. Spätestens nach zwei Jahren jedoch bildet sich diese Vergrößerung wieder zurück und sollte kein Anlass zur Beunruhigung sein. Man kann sich jedoch vorstellen, welche Verunsicherung das bei betroffenen Jungen hervorrufen kann. Zumal die vielfältigen körperlichen Veränderungen ohnehin so manchen Jungen «bodenlos» irritieren. Jetzt zeigt sich mehr als zuvor, wie sich der Körper entwickelt, über welche Merkmale er verfügt, wie er aussieht und was für ein Typ Mann ein Junge künftig sein wird. Brust oder Rücken, die sich plötzlich als behaart entpuppen oder nicht; der Bart, der dicht oder unregelmäßig wächst; der Oberkörper, der sich muskulös oder schlank gestaltet; die Körpergröße, die gewaltig zunimmt oder auch nicht; der Penis, der im schlaffen Zustand plötzlich bedrohlich winzig wirkt. Vieles, was in der Kernphase der Pubertät geschieht, wird von Jungen zunächst noch mit ängstlicher Vorsicht und Distanz zur Kenntnis genommen.

Mit zunehmender körperlicher Reifung entwickeln Jungen auch immer stärker ein Bewusstsein als Mann, suchen nach Vorbildern, orientieren sich an ihren persönlichen Helden, messen sich an Gleichaltrigen. Wenn sich auch die seelischen Komponenten des Mannwerdens oft zunächst noch recht kompliziert gestalten, so signalisieren zumindest Geschlechtsreife und Bartwuchs unmissverständlich, dass die Zeit des unmündigen Kindes vorbei ist und dass es aus Sicht des Jungen nun äußerst fragwürdig erscheint, ob Eltern noch das Recht haben, über Ausgehzeiten und Hausaufgaben zu bestimmen. Außerdem tragen die männlichen Attribute des Körpers dazu bei, sich sexuell attraktiv zu finden – nicht unerheblich in einer Zeit, in der die Sexualität und die Suche nach einer Freundin eine große Rolle spielen. Die meisten wollen jetzt selbst über ihren Körper bestimmen und sich nicht mehr sagen lassen, ob sie sich ein Ohrloch stechen lassen oder ob sie die Haare kurz oder lang zu tragen haben. Schließlich soll der Körper seinem Besitzer und anderen gefallen, denn mit ihm wird geworben. Er ist zudem ein Spiegel der sexuellen Gefühle und der Lust, sie auch auszuleben.

Viele Jungen sind jetzt lieber mit ihrer Freundin zusammen

als mit den Eltern, hängen in der Clique herum, werten das, was unter Kumpels gesagt wird höher als das, was Eltern zu vermitteln versuchen. Die Hauptzeit der Pubertät, die in etwa bis zum sechzehnten, siebzehnten Lebensjahr dauert, macht die meisten Jungen ein erhebliches Stück autonomer.

ANREGUNG FÜR ELTERN

WIE WÜRDEN SIE ENTSCHEIDEN?

Jakob, 15, wünscht sich seit einiger Zeit ein Bauch-Piercing, so wie es zwei Jungen aus seiner Klasse haben. «Nein», sagt Jakobs Mutter, «das kommt überhaupt nicht infrage. So lange ich etwas zu sagen habe, verbiete ich dir, deinen Körper zu verstümmeln!» Mit Verstümmelung habe das gar nichts zu tun, entgegnet Jakob, heutzutage gebe es Studios, in denen fachmännisch gepierct würde. «Das kannst du tun, wenn du achtzehn bist», sagt die Mutter, «dann bist du alt genug, um solche Sachen zu machen.» – «Aber das ist doch mein Körper», sagt Jakob entrüstet, «mit dem kann ich doch machen, was ich will.» – «Kannst du nicht. Solange du nicht volljährig bist, habe ich das Recht, bestimmte Sachen zu entscheiden.» – «Aber nicht über meinen Körper! Der gehört mir. Da hast du mir gar nichts vorzuschreiben!» – «Und ob ich das habe . . .»

Welche Reaktion der Mutter würde Jakob in seiner körperlichen, sexuellen und emotionalen Entwicklung am besten unterstützen?

DIE ADOLESZENZ

Mit etwa siebzehn Jahren sind die körperlichen Veränderungen weitgehend abgeschlossen – lediglich die Akne kann als unliebsames Souvenir noch einige Jahre erhalten bleiben.

Nun beginnt die mitunter recht lange Zeit der Nachpubertät oder Adoleszenz, die bis über das zwanzigste Lebensjahr hinausgehen kann und den rein geistigen und emotionalen Prozess umfasst, der mit der Ablösung von den Eltern verbunden ist. Die Nachpubertät bereitet Jungen darauf vor, das Haus zu verlassen, einen Beruf zu ergreifen, feste, dauerhafte Partnerschaften einzugehen oder ein selbst gewähltes Leben als Single zu führen. Die in der Pubertät oft heftigen und anstrengenden Kontroversen in der Familie lassen jetzt spürbar nach. Doch die Nachpubertät garantiert noch keinen Frieden. Ich höre es immer wieder von Eltern und Jugendlichen, dass sich gerade mit siebzehn, achtzehn oder später zu Hause heftige Szenen abspielen, obwohl in manchen Fällen die Pubertät sogar recht ruhig verlaufen ist. Das erklärt sich aus der Tatsache, dass die meisten Jungen mit zunehmendem Alter intensivere Freundes- oder Liebesbeziehungen haben, insgesamt autonomer und selbstbewusster werden und immer dringender den Wunsch verspüren, als Erwachsene anerkannt und behandelt zu werden. Während es für einen Vierzehnjährigen noch in Ordnung war, hinsichtlich seines Umgangs von den Eltern befragt zu werden, wird sich das ein Siebzehnjähriger nicht mehr so einfach gefallen lassen. Die Aufgabe der Eltern besteht nun darin, dem Sohn immer mehr Freiheiten einzuräumen und die letzten Pubertätsgefechte mit ihm auszukämpfen und durchzustehen.

Die Pubertät ist zu Ende, wenn der Sohn sich weitgehend autonom fühlt und in Beziehungen wie im Beruflichen eigenverantwortlich zu handeln gelernt hat.

VERFRÜHTE ODER VERZÖGERTE PUBERTÄT

Manche Kinder gelangen aufgrund hormoneller Störungen früher als andere ihrer Altersgruppe in die Pubertät. Bei Jungen spricht man von «verfrüht», wenn sich in einem Alter unter achteinhalb Jahren bereits Peniswachstum und Schambehaarung zeigen. Dieses Missverhältnis von körperlicher und seelischer Entwicklung kann zu psychischen Störungen führen und sollte von einem Arzt abgeklärt werden.

Oft geht mit einer vorzeitigen Pubertät auch eine verfrühte sexuelle Entwicklung einher. Es kann sehr hilfreich sein, wenn Eltern sich auf diese verfrühte Entwicklung einstellen und mit der Sexualaufklärung des Sohnes entsprechend zeitig beginnen.

Hin und wieder werde ich von besorgten Eltern und Lehrern zu Elternabenden gebeten, weil ein Schüler vorzeitig zu pubertieren beginnt und seine Mitschüler mit allerlei Kraftausdrücken und einem verstärkten sexuellen Interesse verunsichert. Dies ist jedoch kein Grund zur Beunruhigung. Die nicht pubertierenden Mitschüler sollten dann rechtzeitig aufgeklärt werden, um ihnen die mögliche Verwirrung zu nehmen.

Bei einigen Heranwachsenden setzt die Pubertät verzögert ein. Von verzögerter Pubertät spricht man, wenn der Körper eines Jungen mit 14 oder 15 noch keine Anzeichen von Schambehaarung zeigt, der Penis nicht sichtbar größer geworden ist und der pubertätstypische körperliche Wachstumsschub fehlt. Gerade eine im Vergleich zu anderen Jungen kleinwüchsigere äußere Erscheinung kann betroffene Jungen psychisch sehr belasten und den Eindruck hinterlassen, anderen unterlegen zu sein. Oft wirkt sich diese scheinbare Unterlegenheit negativ auf das Selbstwertgefühl aus, sodass Jungen mit einer verzögerten Pubertät auch erst später als andere Kontakt zu Mädchen aufnehmen und Beziehungen eingehen und Gefahr laufen, sich zu isolieren und verfrüht zu Alkohol und Nikotin zu greifen. Eltern sollten sich immer vergegenwärtigen, dass viele Jungen ohnehin unter dem Druck stehen, in ihrer pubertären Entwicklung mit anderen mithalten zu müssen. Insofern ist es ratsam, Jungen bei einer verzögerten Pubertät seelisch zu unterstützen und aufkommenden Minderwertigkeitsgefühlen entgegenzusteuern. Denkbar ist auch der Rat eines Arztes, der möglicherweise eine Behandlung mit Androgenen einleitet.

BETRETEN AUF EIGENE GEFAHR!
KRISEN, KONFLIKTE, KATASTROPHEN

«Ich verstehe ihn einfach nicht!», sagt eine Mutter während eines Elternseminars und verschränkt die Arme vor der Brust, «wir saßen alle ganz friedlich in seinem Zimmer und haben ‹Indiana Jones› gesehen. Dennis hatte seinen Kopf auf meinen Schoß gelegt und die Fernbedienung in der Hand. Plötzlich hat er den Ton leiser gemacht – einfach so. Ich hab gesagt: ‹Dennis, was soll das?›, und weil er nicht reagierte, habe ich den Ton wieder laut gestellt. Dann ist er aufgesprungen, hat uns angeschrien, wir sollten gefälligst verschwinden, das wäre *sein* Zimmer, und wenn uns seine Lautstärke nicht passte, dann könnten wir ja im Wohnzimmer schauen. Er hätte sowieso keine Rechte in diesem Haus, wäre fremdbestimmt und all so 'n Zeug.»

Eine Mutter, die schon zwei Töchter durch die Pubertät begleitet hat, beschäftigen andere Sorgen: «Matthias ist ganz anders als seine Schwestern, still, zurückgezogen, sehr schüchtern. Er hockt oft auf seinem Zimmer, hört stundenlang Musik und hat wenig Kontakte zu anderen. Wenn ich ihn frage, wie es ihm geht, brummelt er jedes Mal: ‹Alles paletti.› Aber ich habe den Eindruck, dass er einsam ist. Manchmal habe ich richtig Angst, er würde sich eines Tages etwas antun.»

«Mich nervt diese ewige Klugscheißerei», sagt ein Vater und beugt sich nach vorne, «es gibt nichts, was er nicht weiß. Neulich wollte meine Frau das Küchenfenster mit Essigwasser putzen. Da stellt er sich vor sie hin, bläst sich auf und blökt: ‹Das hab ich ja noch nie gesehen – Glas mit Essigwasser putzen, so ein Quatsch!› – ‹Seit wann kennst du dich mit Fenster putzen aus?›, hab ich ihn gefragt. Da wusste er nicht, was er sagen sollte, und ist fluchend raus.»

«Fremdbestimmt», «keine Rechte», Besserwisserei, Rückzug und Depressionen – als Erwachsene sind wir oft verblüfft, mit welchem Verhalten uns Jugendliche konfrontieren. Häufig wissen wir nicht, wie wir dem begegnen sollen, sind irritiert und fühlen uns wütend, ratlos oder gar ohnmächtig. Allzu schnell vermuten wir, mit dem Heranwachsenden würde irgendetwas nicht stimmen und er sei in seiner Entwicklung gestört – und vergessen dabei, dass es die Pubertät ist, die einen erheblichen Teil zum Verlauf des Geschehens beiträgt und nicht ein «verkorkster» Heranwachsender. Verständlich und nachvollziehbar werden solche Probleme erst, wenn man sich vergegenwärtigt, was in der seelischen Entwicklung während der Pubertät geschieht und welche schwierige Aufgabe Heranwachsende mit sich und in der Beziehung zu ihren Eltern zu bewältigen haben.

WENN ELTERN NICHT MEHR HAFTEN WOLLEN ...

Die Pubertät ist ein Durchgangsstadium, das einen Heranwachsenden dazu herausfordert, sich von der Zeit der Kindheit zu verabschieden, um sich in einem noch unbekannten Leben als Erwachsener allmählich wieder zu finden. Dieser Übergang kann von Jugendlichen als sehr verwirrend erlebt werden, denn sowohl die Kindheit, die zurückgelassen werden muss, als auch das Erwachsensein, das angestrebt wird, lösen recht widersprüchliche Gefühle aus. Auf der einen Seite war die Kindheit eine Lebensphase, in der man behütet und umsorgt wurde und in der man für sein Tun und Handeln noch nicht zur vollen Verantwortung gezogen werden konnte. Jugendliche müssen sich also von einer Zeit verabschieden, die in vieler Hinsicht äußerst angenehm und bequem war, und befinden sich – streng genommen – in einem Trauerprozess, der bewusst oder unbewusst bewältigt werden muss.

Andererseits jedoch will ein Heranwachsender kein Kind mehr sein, denn Kindsein bedeutet auch weniger Selbstbestimmung. Die Eltern schreiben vor, wann ins Bett zu gehen ist, wann gegessen wird, welche Filme geschaut werden und welche Freunde zu Besuch kommen dürfen. Viele Jugendliche zieht es regelrecht dahin, endlich erwachsen zu werden, selbst zu bestimmen, wann sie nach Hause kommen und mit wem sie verkehren wollen. Einige Jungen machen sich gerne älter, als sie sind, sind stolz, wenn sie für neunzehn gehalten werden, obwohl sie erst siebzehn sind, oder können es mit zwölf oder dreizehn gar nicht mehr erwarten, den Führerschein zu machen.

Allerdings gilt es auch, als Erwachsener zunehmend mehr Verantwortung zu übernehmen. Irgendwann stehen die Eltern nicht mehr dafür gerade, wenn man die Hausaufgaben nicht gemacht, den Wecker überhört, die Klamotten nicht gewaschen hat. Dann heißt es: «So, wie ich es in den Wald hineinrufe, so schallt es auch wieder heraus.» Kein reizvoller Gedanke, wenn man ein Echo gewöhnt ist, das bisher schonend mit einem umgegangen ist.

Dieses widersprüchliche Erleben von Kindheit auf der einen und Erwachsensein auf der anderen Seite konfrontiert viele Jugendliche mit einem zentralen inneren Konflikt, der sich in etwa wie folgt anfühlt: «Ich kann es gar nicht mehr abwarten, endlich erwachsen zu sein, weil es toll sein muss, selbstbestimmt zu leben. Gleichzeitig aber will ich ein Kind bleiben, weil es so schön ist, wenn die Eltern mich behüten und beschützen und sich dafür verantwortlich zeigen, was ich tun und was ich lassen darf.»

Gewiss, es gibt Jugendliche, die mit den Widersprüchen der Pubertät kaum zu kämpfen haben – in diesem Fall werden Eltern auch weitgehend von Streitereien und Machtkämpfen verschont. Viele Jugendliche jedoch fühlen sich hin- und hergerissen: Sie wollen alle Rechte genießen, die Erwachsenen zustehen, und als Erwachsene respektiert und behandelt werden, gleichzeitig jedoch der kleine Schmusebär bleiben, der keine Pflichten hat und dem die Windel gewaschen und der Brei verabreicht wird. Es bleibt gar nicht aus, dass Eltern mit diesem inneren Konflikt konfrontiert werden, ganz gleich, wie vorsichtig und reflektiert sie sich verhalten. Denn die innere Widersprüchlichkeit, die Heranwachsende empfinden, bezieht sich nicht nur auf die Pubertät, sondern – und das ist der springende Punkt – auch auf die Eltern. In den Augen Heranwachsender sind Eltern der Inbegriff aller Widersprüchlichkeit: Der umsorgende Teil, der den Kopf streichelt, wenn es ein Unglück gegeben hat, der das Geld heranschafft und den Haushalt organisiert, der den Rücken krault und die Schokolade reicht, während im Fernsehen ein spannender Film läuft. Eltern sind jedoch auch der Boss, der Ausgehzeiten vorschreibt, die Höhe des Taschengeldes bestimmt und auf Erledigung häuslicher Pflichten pocht. Eltern mischen sich in den Schulalltag ein, bestimmen, was wann getan werden muss, kontrollieren, welchen sozialen Umgang ihr Sohn hat. Eltern sind Krankenschwester und Richter in einer Person.

Jede dieser elterlichen Rollen wird mit gemischten und widersprüchlichen Gefühlen beäugt und erlebt. Während einerseits erwünscht ist, «betüdelt» und bedient zu werden, wird gerade diese elterliche Fürsorge zum Vorwurf gemacht: «Du brauchst mich gar nicht wie ein kleines Kind zu behandeln! Kannst du nicht endlich einmal begreifen, dass ich erwachsen bin?» Während einerseits erwartet wird, dass Eltern mit dem Hämmerchen auf den Tisch schlagen und das Familienleben im Griff haben («Mach du mal, Mama/Papa – ich kann das nicht!»), können sie andererseits kein größeres Verbrechen begehen: «Musst du mir immer sagen, was ich machen soll? Ich bin doch kein Kind mehr!»

Eltern können sich diesen ambivalenten Erwartungen nur schlecht oder gar nicht entziehen. Vielmehr führt diese Widersprüchlichkeit im alltäglichen Zusammenleben unweigerlich zu Reibereien, Streitigkeiten und mitunter auch recht heftigen Konflikten. Da kann es einem Jugendlichen helfen, wenn er Indiana Jones das Wort abschneidet, denn damit demonstriert er, dass er der Herr im Zimmer ist, gerade weil das Köpfchen zuvor noch seelenruhig in Mamas Schoß gelegen hat.

Eltern stehen dem Ganzen oft hilflos oder fassungslos gegenüber oder reagieren ärgerlich und wütend, denn viele der Erwartungen, die Jugendliche an ihre Eltern richten, enthalten eine doppelte Botschaft: «Nimm mich als Erwachsenen ernst, und ich werde alles dafür tun, dass du mich nicht ernst nehmen kannst.» Was Eltern auch immer tun – aus Sicht des Heranwachsenden ist oft alles falsch.

Eine Mutter brachte das Ganze mit ihren eigenen Worten auf den Punkt: «Man bekommt den Waschlappen ins Gesicht geklatscht, mit dem man ihnen vorher noch den Hintern abwischen musste.»

Es ist nicht einfach, solche Streitereien auszuhalten, doch für Heranwachsende ist es wichtig, solche Kämpfe führen zu können. Je mehr sich Jugendliche in ihrer ganzen Widersprüchlichkeit von Wut, Zuneigung, Trauer und Abhängigkeit an ihren Eltern austoben und abarbeiten können, desto befreiter werden sie erwachsen. In gewisser Weise besteht die elterliche Funktion während der Pubertät darin, die Wut erzeugende Widersprüchlichkeit des Heranwachsenden auszuhalten und durchzustehen – ähnlich eines Boxsacks, auf den man eindrischt, weil man Ärger und Frustration loswerden will. Je mehr Eltern sich mit dieser Rolle versöhnen, desto gelassener werden sie. Denn eines ist gewiss: Die Zeit des Boxens wird irgendwann vorbei sein.

ANREGUNG FÜR ELTERN

DAS SCHLECHTE GEWISSEN – ZU RECHT?

«Ich glaube, ich war zu hart», sagt Brigitta, die Mutter von Fabian, 16. «Ich hätte ihn wenigstens warnen können.»

Fabian wirft jedes Mal, wenn er vom Kickboxen nach Hause kommt, die Sporttasche in die Ecke und lässt sie dort liegen, ohne die nassen Sachen herauszunehmen. Obwohl ihn Brigitta immer wieder darum bittet, die müffelnden Klamotten in den Wäschesack zu stopfen, antwortet er nur gelangweilt mit «Ja, gleich», setzt sich vor den Fernseher und überlässt seiner Mutter das Auspacken. Eines Tages jedoch hat sie die Tasche nicht angerührt, nicht am selben Abend und auch nicht in den Tagen darauf. Als Fabian einige Tage später zum Sport wollte, fand er alles noch genau so vor, wie er es in der Tasche gelassen hatte – stinkend und klamm. Daraufhin ging er ins Schlafzimmer, um sich die Sportsachen seines Vaters auszuleihen. «Ich war innerlich schon darauf vorbereitet, dass er an die Sachen von meinem Mann geht», sagt Brigitta, «und konnte ihn noch rechtzeitig abfangen.» Gerade als er in den Schrank greifen wollte, hielt sie ihn am Arm fest und sagte: «Bitte lass die Hose, wo sie ist. Papa braucht sie morgen.» Zuerst wollte Fabian diskutieren, aber als er merkte, dass seine Mutter konsequent blieb, knallte er die Schranktür zu, brüllte wie ein verwundeter Stier, stampfte mit den Füßen, schlug seine Fäuste gegen die Wand und schrie mit zornesroter Miene: «Du hast mir gar keine Vorschriften zu machen, das ist Papas Hose! Immer mischst du dich ein! Du hättest mir ja auch mal sagen können, dass du meine Sachen nicht wäschst!» Brigitta war völlig perplex, blieb aber hart. «Ich war total wütend und hätte ihn schlagen können. ‹Diese Mist-kröte›, habe ich gedacht, ‹behandelt mich, als wäre ich sein Dienstmädchen.› » Als Fabian merkte, dass Brigitta sich nicht erweichen ließ, rannte er in sein Zimmer, stellte sich in den Türrahmen und rief weinend: «Wenn ich das Turnier nicht ge-winne, bist du an allem schuld! Weil du mich nicht vorgewarnt hast!» Rums! – Tür zu, Kickboxen war ausgefallen. «Später, als ich ihn da hab schluchzen gehört», sagt Brigitta, «hat er mir richtig Leid getan. Dass ich ihm die Hose nicht gegeben habe, war in Ordnung. Aber ich hätte ihn warnen können. Wenn ich ehrlich bin, habe ich es drauf ankommen lassen – ich habe ihn bewusst auflaufen lassen. Das war schon gemein!»

Zur jugendlichen Rebellion gehört es auch, dass Eltern in Machtkämpfe verstrickt werden: «Wir wollen doch mal sehen, wer hier der Stärkere ist!» Machtkämpfe entspringen der Seite des Jugendlichen, die widerspruchslos erwachsen sein will, und sind ein Appell an die Eltern, als Erwachsener ernst genommen und respektiert zu werden. Jugendliche, die rebel-lieren, sind im Begriff zu entdecken, gleichwertig zu sein. Es ist kein Zufall, dass Machtkämpfe gerade während der Puber-tät eine wichtige Rolle spielen, denn in dieser Zeit nehmen sich Heranwachsende zunehmend als Erwachsene wahr, auch wenn Eltern das oft noch anders sehen.

Ein «Streitgespräch» mit 15- bis 16-jährigen Schülern, in dem ich bewusst die Rolle eines Elternteils eingenommen habe, verlief in etwa wie folgt:

Ein Schüler (recht ärgerlich): «Ich verstehe nicht, warum Sie sich da ein-mischen. Mit 15 weiß er doch selber, wann er ins Bett zu gehen hat. Er ist doch kein Baby mehr.»
Ich: «Wenn ich ihn nicht irgendwann ins Bett schicke, kommt er am nächs-ten Morgen nicht raus.»

Schüler: «Na und? Sie können ihm doch nicht vorschreiben, wann er schlafen muss. Das ist doch sein Problem!»

Ich: «Ist es nicht. Solange er nicht volljährig ist und noch zur Schule gehen muss, habe ich darauf zu achten, dass der Laden läuft.»

Ein anderer Schüler (wütend): «So ein Quatsch! Es geht Sie doch überhaupt nichts an, ob Ihr Sohn die Schule schafft oder nicht. Das ist sein Leben!»

Ich: «Ja, das ist sein Leben. Aber trotzdem bin ich noch einige Jahre mit dafür verantwortlich.»

Derselbe Schüler: «Das stimmt nicht. Ein 15-Jähriger ist alt genug. Wenn er die Schule nicht schafft, dann ist das ganz alleine seine Entscheidung!»

Das Gespräch hätte noch lange so weitergehen können. Es ist für die Beziehung zwischen Eltern und Heranwachsenden hilfreich, wenn solche Kämpfe offen ausgetragen werden dürfen, auch wenn es nicht immer und für alles eine Lösung gibt. Heranwachsende, die sich ungerecht und nicht altersgemäß behandelt fühlen, sollten ihren Wutgefühlen ein Ventil schaffen dürfen. Je offener Machtkämpfe ausgetragen werden, desto besser können beide Seiten anschließend aufeinander zugehen. Kaum etwas kann eine jugendliche Entwicklung mehr behindern, als wenn Heranwachsende ihre Empfindungen von Wut, Kränkung und Enttäuschung in sich hineinfressen, weil die Eltern als zu übermächtig erlebt werden oder als zu schwach, um solche Kämpfe durchzustehen.

Doch Machtkämpfe plätschern nicht immer so gelassen vor sich hin wie in dem obigen Beispiel. Oft führen sie ein Eigenleben, werden nur des Kampfes wegen geführt und unterliegen einem einzigen Zweck: die Eltern in ihrer Autorität infrage zu stellen. Den Müll nicht runterzutragen, *gerade weil* sie darum gebeten haben; erst spät am Abend nach Hause zu kommen, *gerade weil* sie Regeln aufgestellt und Vereinbarungen getroffen haben; die Hausaufgaben nicht zu machen, *gerade weil* Eltern (oder Lehrer) deren Erledigung verlangen.

In solchen Fällen haben Machtkämpfe die Bedeutung, zu kämpfen, um des Kämpfens willen, zu widersprechen, um des Widersprechens willen, zu trotzen, um des Trotzes willen. Dann geht es darum, sich selbst und den Eltern zu beweisen, dass man erwachsen, autonom, ein Mann ist. Ein Jugendlicher sagte einmal zu mir: «Ich würde ja gerne im Haushalt helfen – aber nur dann, wenn das Ganze von mir ausgeht. In dem Augenblick, wo meine Mutter mir was aufträgt, ist es aus. Dann werde ich so wütend, dass ich keinen Teller mehr anrühre. Sobald meine Mutter etwas von mir verlangt, will ich es nicht mehr tun.»

Ich erinnere mich noch gut an ein Gespräch mit zwei Jungen, Tommy, 16, und Dirk, 17, die in unterschiedlicher Intensität um ihre Selbstbestimmung kämpften:

Dirk: «Meine Mutter will nicht, dass ich die Nacht über wegbleibe. Also bleib ich erst recht weg.»

Ich: «Das verstehe ich nicht.»

Dirk, nach einer kurzen Pause des Überlegens: «Weil es unheimlich viel Spaß macht, Regeln zu durchbrechen.»

Ich: «Spaß?»

Dirk, zögerlich: «Ja, weil meine Mutter sich dann jedes Mal aufregt, und das freut mich.»

Ich: «Ich kann mir vorstellen, dass dich Regeln ziemlich wütend machen.»

Dirk, energisch: «Ja, total wütend macht mich das. Die behandelt einen doch wie ein kleines Kind, sagt einem, wann man zu Hause sein muss. Demnächst sagt sie mir noch, wann ich aufs Klo zu gehen habe. Am liebsten würde ich ausziehen, aber ich darf ja noch nicht.»

Tommy: «Also bei mir ist das anders. Mich kotzt das auch an mit den Regeln, und meistens halte ich mich auch nicht dran. Aber ich mag es nicht, wenn es hinterher Stress gibt deswegen. Das tut mir dann Leid.»

Ich: «Kannst du mit deiner Mutter Regeln aushandeln?»

Tommy, lächelnd: «Ja, wir reden oft miteinander. Das hilft aber nicht. Beim nächsten Mal halte ich mich dann wieder nicht an irgendeine Abmachung. Mich macht das eben sauer, wenn meine Mutter mir was vorschreibt. »

Dirk, immer noch wütend: «Mir tut das gar nicht Leid, wenn es hinterher Stress gibt. Mir ist das egal. »

Tommy, laut: «Ach hör doch auf zu spinnen. Dir ist das gar nicht egal. Ich finde, du übertreibst ziemlich. Irgendwann sollte man auch mal anfangen, sich an Regeln zu halten. »

Es ist ganz normal, dass Jugendliche sich verweigern oder versuchen, bestimmte Regeln zu umgehen und Grenzen zu verletzen, auch wenn die Intensität, in der Heranwachsende kämpfen, individuell verschieden ist. Wer rebelliert, steht innerlich zu seinen Unabhängigkeitswünschen und fühlt sich gleichwertig. Wer den Mut aufbringt, Grenzen zu übertreten und die Macht desjenigen infrage zu stellen, der die Grenzen fordert, ist im Begriff, das Gefühl von kindlicher Abhängigkeit zu überwinden. Bevor Heranwachsende den Eltern jedoch auf einer erwachsenen Ebene begegnen können, schießen sie oft übers Ziel hinaus, wollen die Eltern entmachten, sie von ihrem Thron zerren: «Ich denke nicht daran, zu einer bestimmten Zeit zu Hause zu sein, denn die Zeiten sind von dir bestimmt. Ich komme, wann ich will. Und wenn es dir dabei schlecht geht – umso besser. Dann zeigt sich wenigstens, wer hier das Zepter in der Hand hat.»

Jugendliche, die widersprechen und sich Verboten widersetzen, distanzieren sich auch emotional von den Eltern, gegen die sie rebellieren. Dies ist ein wichtiger Schritt in der jugendlichen Entwicklung, denn emotionale Distanz gehört zum Prozess der Ablösung, – sie ist befreiend, auch wenn Eltern sich oft nichts sehnlicher wünschen, als dass Machtkämpfe niemals stattgefunden haben würden.

Ich erlebe es immer wieder, dass Jugendliche mich zu einer Beratung aufsuchen, weil ihnen der Mut zur Rebellion fehlt:

«Ich bin einfach zu feige, mich gegen meine Eltern durchzusetzen», heißt es dann, oder: «Ich bin kein typischer Jugendlicher, ich rebelliere überhaupt nicht.» Und klagen wenige Augenblicke später darüber, zu wenig Selbstbewusstsein zu besitzen. In solchen Beratungsgesprächen geht es immer auch darum, Heranwachsende darin zu bestärken, den Kampf um Autonomie mit ihren Eltern aufzunehmen, um ihnen längerfristig zu einem besseren Selbstwertgefühl zu verhelfen.

So wichtig es für das Selbstwertgefühl von Jugendlichen ist, Machtkämpfe auszufechten, so notwendig ist es für die Eltern, einen klaren Kopf zu behalten. Denn Machtkämpfe zwischen Eltern und Heranwachsenden eskalieren häufig, weil sich Eltern den Schuh, der ihnen an den Kopf geworfen wird, auch wirklich anziehen: Sie fühlen sich nicht mehr ernst genommen, sehen sich in ihrer Würde und in ihrer Autorität bedroht, erleben sich als Versager, fühlen sich ohnmächtig und hilflos oder beginnen, an ihren Fähigkeiten als Mutter oder Vater zu zweifeln. In solchen Fällen kann es hilfreich sein, einen Schritt zurück zu tun und im Blick zu behalten, dass Machtkämpfe ein Teil des pubertären Prozesses sind und nichts mit ihnen persönlich zu tun haben. Eltern sollten sich immer bewusst sein, dass es das Ziel jugendlicher Machtkämpfe ist, sie in ihrer Funktion zu entmachten. In diesem Sinne versagen Eltern nicht wirklich, sondern ihre Gefühle der Hilflosigkeit und der Ohnmacht sind ein Teil des pubertären, interaktiven Prozesses.

In einem Beratungsgespräch sagte eine Mutter, die mit ihrem Sohn heute ein ausgezeichnetes Verhältnis hat: «Er hat sich nie an das gehalten, was ich von ihm verlangt habe. Das hat mich völlig an meine Grenzen gebracht – ich wusste bis dahin gar nicht, dass ich zu solch extremen Gefühlen wie Ohnmacht und Hass fähig bin. Damals hatte ich noch nicht begriffen, dass solche Dramen zur Pubertät gehören und dass mein

Sohn das gebraucht hat. Ich habe immer geglaubt, wir wären die Einzigen auf der Welt, denen es so ging. Heute weiß ich: Er war während der Pubertät einfach ein anderer Mensch.»

ANREGUNG FÜR ELTERN

ERINNERN SIE SICH?

Nehmen Sie sich einen Augenblick Zeit und gehen Sie gedanklich und emotional zurück in die Zeit Ihrer Pubertät. Suchen Sie nach einer Situation, in der Sie rebellisch waren.

– Worum haben Sie sich mit Ihren Eltern gezankt?
– Wie ging es Ihnen damit? Fühlten Sie Ärger, Wut, Hilflosigkeit?
– Wie haben Sie sich selbst erlebt? Stark, trotzig, schwach, ängstlich?
– Wie haben Sie Ihre Eltern dabei erlebt?
– Hätten Ihre Eltern damals anders reagieren sollen?

VERWIRRUNG, VERZWEIFLUNG UND EINE RIGIDE MORAL

Doch neben einer rebellischen, kämpferischen Seite erzeugt die Pubertät auch Gefühle wie Angst, Verzweiflung oder Minderwertigkeit. Viele Jugendliche fühlen sich einsam, sehnen sich nach einer Beziehung, wollen weg von zu Hause, fliehen in Tagträume und hören stundenlang Musik oder stieren an die Decke. Einige fallen in das typische «Null-Bock-Gefühl», verspüren «keine Lust auf gar nichts», haben ein großes Schlafbedürfnis oder fühlen sich antriebslos. Oft fürchten Jugendliche, in der Schule oder in Beziehungen zu versagen oder am Leben zu scheitern. In ihrer Unsicherheit sind sie oft sehr verletzbar und werten jede noch so harmlos gemeinte Bemerkung als Attacke gegen die eigene Person. Manche Jugendliche neigen zu Zwangshandlungen oder entwickeln psychosomatische Symptome wie Asthma Bronchiale, Hautjucken und Hautausschläge, Beschwerden im Magen-Darm-Bereich, Augenbrennen, Müdigkeitserscheinungen, Schlafstörungen oder muskuläre Verspannungen.

Häufig wechseln Phasen der Rebellion mit Phasen der Depression. Sie fühlen sich selbstbewusst und großartig, und wenige Augenblicke später rutschen sie in ein seelisches Stimmungstief mit Gefühlen der eigenen Geringschätzung und Minderwertigkeit. Solche Wechselbäder bekommen auch Eltern deutlich zu spüren.

«Es ist unfassbar», sagt Brigitta, «Fabian hält sich für den Größten in der Klasse, schimpft über die Lehrer und darüber, wie blöd seine Mitschüler sind. Niemand ist seiner grandiosen Intelligenz gewachsen. In Wirklichkeit aber ist es so, dass wir jedes Jahr darum zittern, ob er überhaupt das Schuljahr schafft. Ich frage mich, wo da der Sinn für die Realität bleibt.»

Pubertäre Krisen rühren daher, dass die Pubertät eine Zeit der Suche ist, in der ein Jugendlicher bestrebt ist herauszufinden, wer er ist, über welche Fähigkeiten er verfügt und wo seine Grenzen sind. Der Psychoanalytiker Erik H. Erikson beschreibt die Suche in dieser Zeit als einen Prozess, der sich zwischen den beiden Polen «Ich-Identität» und «Identitätsdiffusion» bewegt. Ich-Identität heißt, ein Gefühl für sich selbst gefunden zu haben, sich seines «inneren Kapitals» bewusst zu sein. Die Identitätsdiffusion dagegen beschreibt einen Zustand, in dem das Gefühl für sich selbst unbestimmt und schwammig bleibt.

Jugendliche laufen immer auch Gefahr, in ein diffuses Selbst zu stürzen, sich nicht greifen zu können, denn sie haben noch kein Bild davon, wie ein erwachsenes Leben ohne Eltern aussehen könnte. Sie ahnen jedoch, vor der Herausforderung zu stehen, beruflich erfolgreich, äußerlich attraktiv, durchsetzungsfähig und in der Lage sein zu müssen, Partnerschaften einzugehen. All das kann in gnadenlose Ferne rücken, wenn man sich selbst noch wie ein Kind fühlt, unter Akne oder schlaksigen Gliedmaßen leidet, keine Freundin findet, in der Schule versagt, sich zu Hause nur schlecht durchsetzen kann oder es erlebt, dass Auszubildende wenig Chancen auf einen Arbeitsplatz haben.

Paul, ein sechzehnjähriger junger Mann, schilderte mir in einem Beratungsgespräch seine Gefühle von Identitätsdiffusion, die interessanterweise genau in dem Moment auftraten, in dem er sich entschlossen hatte, unabhängig von seinen Eltern eigene Berufswege zu verfolgen: «Gestern stand ich vor dem Spiegel und habe mich angesehen, meinen Körper, mein Gesicht. Dabei habe ich mich gefragt: ‹Wer ist dieser Mensch, der in diesem Körper wohnt? Was will er, wo gehört er hin? Alles ist so fremd, mein Körper, ich selbst. Ich könnte verzweifeln.›»

Anders formuliert könnten Pauls Zweifel auch die Frage ausdrücken: «Wer bin ich, wenn ich nicht der bin, der seinen Eltern folgt? Wer bin ich, wenn ich erwachsen bin?» Es ist Jugendlichen zu wünschen, im Laufe von Pubertät und Adoleszenz eine Antwort auf diese Fragen zu finden.

Heutzutage ist die jugendliche Zeitreise in die Zukunft verwirrender denn je, denn ein Jugendlicher verfügt im Vergleich zur Generation seiner Eltern und Großeltern über deutlich mehr Wahlmöglichkeiten, sein Leben zu gestalten und sich selbst zu entfalten. Heute geht es darum, sich individuell nach eigenen Begabungen und Bedürfnissen zu entwickeln. Bei der Berufswahl zum Beispiel orientieren sich junge Erwachsene nicht mehr nur daran, welcher sozialen Schicht sie entstammen oder welches Geschlecht sie besitzen. Sie suchen sich ihre Berufe nach Interessen, Begabungen und den eigenen

Fähigkeiten. Auch im Privaten ist es facettenreicher geworden: Man muss nicht mehr unbedingt heiraten, um ein gesellschaftlich anerkanntes Leben zu führen. Man kann sein Leben zu zweit, in Wohngemeinschaften, als Single, homosexuell oder bikulturell gestalten, ohne Benachteiligungen befürchten zu müssen. Es liegt also nicht mehr allein an der gesellschaftlichen Moral, was man aus seinem Leben macht. Diese Selbstverantwortlichkeit, kann Jugendliche erheblich verunsichern, denn gerade die Pubertät ist eine Zeit, in der Jugendliche sich schwer damit tun, Verantwortung zu übernehmen.

Um sich vor Orientierungslosigkeit und der Notwendigkeit von Eigenverantwortung zu schützen, verstecken sich Jugendliche hinter einer Moral, die mitunter recht rigide sein kann. Jugendliche glauben ganz genau zu wissen, was richtig und was falsch ist – ein Prozess, der Eltern oft vor Rätsel stellt.

«Es ist für mich nicht mehr nachvollziehbar», erzählte die Mutter eines Dreizehnjährigen, «wie er über meine Schwester geschimpft hat, nur weil sie sich von ihrem Mann getrennt hat. Er hat sie ‹Hure›, ‹Nutte› und ‹Schlampe› genannt und ist dabei angelaufen wie eine Tomate.» Doch mit solchen Haltungen, die Eltern oft als moralinsauer empfinden, schützen sich Heranwachsende vor Orientierungslosigkeit und schaffen sich einen Rahmen, in dem Beziehungen funktionieren. Eine rigide jugendliche Moral bewahrt vor der Wucht der Gefühle und der Verwirrung, die sie stiftet.

ANREGUNG FÜR ELTERN

ERINNERN SIE SICH?
Nehmen Sie sich einen Augenblick Zeit und gehen Sie gedanklich und emotional zurück in die Zeit Ihrer Pubertät. Su-

chen Sie eine Situation, in der Sie nicht mehr weiter wussten
oder in der alles ausweglos erschien.

– Was beschäftigte Sie damals?
– Wie ging es Ihnen damit? Fühlten Sie sich einsam oder ver-
  zweifelt, oder haben Sie vielleicht sogar an Selbstmord ge-
  dacht?
– Gab es jemanden, dem Sie sich anvertrauen konnten?
– Hätten Ihre Eltern Ihnen helfen können, und wenn ja, wie?

DAFÜR – DAGEGEN

Viele Jugendliche kompensieren ihre Zukunftsängste, indem
sie sich deutlich von den Eltern und von den gesellschaftlichen Bedingungen, die ein bestimmtes Bild vom Erwachsensein vorleben, abgrenzen.

Simon war sechzehn, als mich seine Eltern und er zu einer Beratung aufsuchten. Er hatte eine typische «Anti-Haltung» zu
seinen Eltern und deren Ansichten entwickelt und sich einer
Gruppe von Jugendlichen angeschlossen, die sich zu den Punks
zählten. Er lief mit orange gefärbten Haaren herum, rauchte
hin und wieder einen Joint, nahm zu Hause nicht mehr an den
gemeinsamen Mahlzeiten teil, hörte bis in die späten Abend
hinein Musik und stierte dabei unentwegt aus dem Fenster
oder an die Decke. Die Schule besuchte er nur noch widerwil-
lig und unter größtem Protest. Seine Eltern – sein Vater arbeitete als Industriekaufmann, seine Mutter als Kinderkranken-
schwester – befürchteten, dass er drogenabhängig würde, keine
Arbeit fände oder verwahrlosen würde. In den anschließenden
Beratungen, zu denen Simon ohne seine Eltern erschien, ent-
puppte er sich als ein äußerst sensibler junger Mann, philoso-
phierte über den Sinn des Lebens, befragte mich immer wieder

zu meinen Ansichten und erzählte über Bücher, die er zu dem Thema verschlang. Oft beschäftigte er sich mit dem Tod und wurde von Gedanken gequält, sich das Leben zu nehmen. Immer wieder wurde er von heftigen Gefühlen der Einsamkeit und der Ausweglosigkeit überfallen. Überdies fragte er sich, was für ein Mensch er sei und wie er zu sein habe, um von anderen wertgeschätzt, geliebt und anerkannt zu werden. Er bewertete seinen Körper als unattraktiv und dicklich, fand sein Gesicht zu rund und seine gesamte Erscheinung nicht männlich genug, um Mädchen imponieren zu können (in Wirklichkeit war er ein recht ansehnlicher junger Mann). Zugleich war die Sehnsucht nach einer Freundin sehr groß und wurde in nahezu jeder Sitzung ausführlich thematisiert. Viele der depressiven Symptome wie Minderwertigkeitsgefühle, Einsamkeit, Selbstzweifel und Selbstmordgedanken jedoch verschwanden rasch, als die Pubertät zu Ende ging. Auch die Sinnfrage stellte sich immer seltener. In den Beratungssitzungen erkannte er, dass der Kontakt zu den Punks mit der zunehmenden Loslösung von den Eltern und seinen eigenen Zukunftsängsten zusammenhing, denn Punks verkörpern das Gegenteil von dem, was Simon sich selbst nicht zutraute: In den Augen der Punks sind Werte wie materieller Wohlstand, berufliche Karriere und äußerliche Attraktivität unwesentlich. Punks haben, als Gegenpol zur bürgerlichen Welt von Simons Eltern, eine eigene Position gefunden, die Simon die Angst vor der Zukunft nahm. Innerlich sagte er sich: «Indem ich nicht so ‹spießig› lebe wie meine Eltern, brauche ich mich auch nicht vor der Welt zu fürchten, für die meine Eltern stehen.»

Vieles von dem, was Simon durchlebte, steht stellvertretend für das, was viele Jugendliche während der Pubertät denken und empfinden. Die Entwicklung von «Anti-Haltungen» zum Beispiel, die viel damit zu tun hat, dass sich Jugendliche im

Zuge der Loslösung von den Eltern sehr stark mit moralischen und ideellen Werten auseinander setzen. «Ist es moralisch zu vertreten, dass meine Eltern solch ein Leben in Luxus führen, während woanders auf der Welt die Menschen an Hunger leiden?» – «Ist es für mich stimmig, in einer Gesellschaft zu leben, in der Leistungsdruck und persönliche Bereicherung im Vordergrund stehen?» – «Muss man sich dem Diktat von Mode und Attraktivität unterwerfen, um geliebt und begehrt zu werden?» – «Gibt es einen Ort, an dem man ohne Zwänge leben kann?»

Oft haben solche Auseinandersetzungen zur Folge, dass gesellschaftliche Normen und Werte und die Ansichten der Eltern hinterfragt oder gar verworfen werden: «Ich mache es später einmal ganz anders, als die Gesellschaft es macht oder als meine Eltern es machen.»

Durch Anti-Haltungen entwickeln Jugendliche ein Gefühl für die eigene Autonomie – die Haare sind orange, weil Papas so ordentlich gescheitelt sind, oder die Opposition hat Recht, weil Mama die Regierungspartei wählt. Ralf, 17, erzählte einmal, bevor er sich Klamotten kaufen würde, würde er zuerst seine Eltern fragen, was ihnen gefiele, um dann anschließend genau das Gegenteil vom elterlichen Geschmack zu kaufen. Eltern müssen sehr aufpassen, nicht in die Falle zu tappen, die Abgrenzung persönlich zu nehmen und sich in ihrer elterlichen Funktion infrage gestellt zu sehen.

ANREGUNG FÜR ELTERN

ERINNERN SIE SICH?
Nehmen Sie sich einen Augenblick Zeit und gehen Sie gedanklich und emotional zurück in die Zeit Ihrer Pubertät.

- Können Sie sich an Gefühle der Sehnsucht und Melancholie erinnern?
- Gab es Zeiten, in denen Sie von zu Hause wegwollten? Wenn ja, was trieb Sie hinaus?
- Gab es eine Zeit, in der Sie nach dem Sinn des Lebens gesucht haben?
- Welche moralischen Grundsätze verfolgten Sie damals? Was ist aus diesen Grundsätzen geworden?

KLEIN SEIN DÜRFEN

Oft leidet das Familienklima, wenn Jugendliche mit trauriger oder vorwurfsvoller Miene und herunterhängenden Mundwinkeln herumlaufen, plötzlich weinen oder wütend werden, (obwohl eben noch alles in Ordnung schien), Streit provozieren oder sich für Stunden oder Tage in ihrem Zimmer verkriechen. Viele Eltern reagieren gereizt, wenn sie nach einem anstrengenden Arbeitstag nach Hause kommen, und ihr Sohn schläft, döst vor sich hin oder gammelt vor dem Fernseher, während draußen das Leben tobt. Es kann leicht geschehen, dass Eltern im Trubel des Alltages und unter dem Einfluss von Gereiztheit und innerer Anspannung übersehen, dass solche Krisen zur Pubertät dazugehören. Gerade wenn Jugendliche ihre Eltern immer wieder in Machtkämpfe verwickeln oder mit Regelverstößen und Wutausbrüchen «auf Trab halten», werden Eltern häufig über die einsame, sinnsuchende, sich minderwertig fühlende Seite der Pubertät hinweggetäuscht. Bei Jungen werden Pubertätskrisen häufig übersehen, weil Jungen sich oft schwer damit tun, erkennen zu lassen, dass sie sich hilflos und ohnmächtig fühlen oder dass sie Unterstützung benötigen.

Viele Jungen scheuen sich, ihre kindlichen, Hilfe suchenden – in der Fachsprache: «regressiven» – Anteile anzunehmen, weil sich das nicht in das Bild von einem «richtigen» Mann fügt. Jedoch sind es gerade die regressiven Seiten, die sich in pubertären Depressionen ausdrücken. Wer leidet, will gestreichelt werden. Einsam bleibt, wer das Bedürfnis nach Zuwendung nicht artikulieren kann. Die Mutter des sechzehnjährigen Sven konnte oft nur erahnen, dass es ihrem Sohn nicht gut ging. In einer Beratungssitzung erzählte sie:

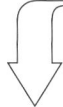

«Sven will immer der große, starke Mann sein. Aber er wirkt auf mich, als sei er mit der Welt im Clinch. Er verzieht sein Gesicht, als wolle ich ihm nur Böses, sagt mir aber auch nicht, was los ist. Ich trau mich schon gar nicht mehr, ihn danach zu fragen, weil ich Angst habe, schon wieder angeschnauzt zu werden. Neulich abends, nachdem er mich den ganzen Tag über angeschwiegen hat, setzte er sich ins Wohnzimmer und knipste den Fernseher an. Das war zu viel für mich. Ich wollte diese Atmosphäre nicht mehr um mich haben, habe nur gedacht: ‹Warum schaut der denn jetzt nicht in seinem Zimmer?› Dann bin ich ins Wohnzimmer gegangen und hab gesagt, wenn er sowieso nicht mit mir reden wolle, könne er auch in seinem Zimmer schauen. Daraufhin ist er aufgestanden, hat mich zur Seite geschubst und ist türenknallend in seinem Zimmer verschwunden. Einige Tage später, als er etwas zugänglicher war und wir über den Abend reden konnten, warf er mir vor, er hätte im Wohnzimmer fernsehen wollen, weil er sich einsam gefühlt habe und dringend einen Menschen um sich herum gebraucht hätte. Ich war total verblüfft, weil ich niemals darauf gekommen wäre, dass er meine Hilfe suchte. Ich hab nur gesagt: ‹Junge, warum hast du das denn nicht gesagt? Dann hätte ich dich doch niemals in dein Zimmer geschickt.›»

Speziell für Jungen geht es darum, die regressiven, «klein-sein-wollenden» Wünsche besser annehmen zu können und ihnen zu einem direkten Ausdruck zu verhelfen, statt sie in Nörgelei, Aggression und Depression übersetzen zu müssen.

JUNGEN UND SELBSTMORD

Jungen neigen dazu, Gefühle von Niedergeschlagenheit, Angst oder Trauer hinter einer coolen, kämpferischen und aggressiven Fassade zu verbergen. Eltern sollten gegenüber der Haltung ihrer Söhne sehr aufmerksam sein. Der Entwicklungspsychologe Helmut Fend weist darauf hin, dass Mädchen zwar doppelt so häufig Selbstmordversuche begehen wie Jungen, die vollendete Selbstmordhäufigkeit der Jungen jedoch zweimal so hoch ist wie die der Mädchen. Das liegt daran, dass der Selbstmord bei Jungen oft in einer Gründlichkeit vollzogen wird, die jeden Rettungsversuch zu spät kommen lässt. Die Selbstmordabsicht ist bei Jungen nicht so deutlich erkennbar wie bei Mädchen, sodass rechtzeitige Hilfe oft nicht erfolgt.

«WIR STREITEN UNS DOCH NUR, WEIL ICH MICH NICHT UNTERBUTTERN LASSE» (Jan, 16)

Jan wohnt mit seinen Eltern und den beiden Geschwistern, dem zwanzigjährigen Bruder und der zwölfjährigen Schwester, in einem Einfamilienhaus am Rande Berlins. Seit Jan in die Pubertät gekommen ist, streiten sich Eltern und Sohn recht häufig. Im Gespräch mit Jan gewann ich bald den Eindruck, dass die Streitereien unweigerlich durch das Selbstvertrauen und die wachsende Autonomie eines jungen Mannes heraufbeschworen werden.

Jan (nachdem ich ihm ausführlich geschildert habe, was für ein Buch ich schreibe):

«Ich habe schon einige Aufklärungsbücher zur Pubertät gelesen, und ich finde es immer komisch, dass man die Pubertät so heraushebt. Man sagt immer, das wäre eine Übergangsphase. Das hört sich so an wie eine Krankheit, die man überstehen muss. Und wenn man dann aus der Pubertät raus ist, ist man wieder gesund, oder wie ist das gemeint? Ich kann mir nicht vorstellen, dass man sich so sehr verändert. Die Pubertät ist doch genau so eine Phase wie die Kindheit oder das Erwachsensein. Was ist denn daran so groß anders? Das wird immer alles so herablassend geschrieben – da wird einem gesagt, wie man sich fühlen muss. Die schreiben immer: ‹Du kommst jetzt in eine schwierige Phase, die bald wieder vorüber ist, kriegst Pickel und all so ’n Unsinn.› Woher wollen die wissen, wie ich mich fühle? Die Menschen sind doch viel zu unterschiedlich. Bei Erwachsenen sagt man doch auch nicht, die gehen alle arbeiten und kriegen alle Kinder. In solchen Büchern wird verkannt, dass man eine eigene Persönlichkeit hat – als wäre man formbar!»

«Ist es denn gar nicht richtig, von ‹Phase› zu sprechen?»

«Doch, irgendwie stimmt das schon. Es ist nur die Art, wie die meisten Bücher geschrieben sind. So von oben herab. Die nehmen einen nicht richtig ernst. Wenn ich etwas tue oder sage, will ich doch nicht hören, dass ich in einer Phase bin!»

«Das verstehe ich gut. Wie geht es dir denn persönlich mit deiner Pubertät?»

«Also ich bin nicht in einer superdollen Pubertätsphase, wo ich ganz ich-zentriert, egoistisch und unsozial bin. Aber im Unterschied zu früher, als ich noch ein Kind war, mache ich mir über vieles Gedanken. Politische Gedanken zum Beispiel über Globalisierung, deutsche Politik, Außenpolitik. Ich bin auch schulpolitisch aktiv.»

«Hat sich denn im Verhältnis zu deinen Eltern etwas verändert, seit du in der Pubertät bist?»

«Ja, es gibt viel mehr Differenzen als früher. Das läuft immer so phasenweise, manchmal ein bis zwei Wochen durchweg, dann wieder nur einen Tag, aber dafür ganz heftig. Oft überspielen wir das auch und tun so, als ob nichts wäre. Meiner Mutter zum Beispiel ist Putzen ganz wichtig. Ich kann aber auch leben, wenn es nicht so sauber ist. Gut, es ist ihr Haus, und wenn ich Dreck gemacht habe, sollte ich das auch wieder sauber machen. Aber sie übertreibt. Meine Eltern werfen mir vor, dass ich intolerant und arrogant bin. Das ist so eine Phrase, und ich kann sie nicht mehr hören. Es geht gar nicht darum, dass ich arrogant oder intolerant bin, so ein Quatsch. Wir haben dauernd Machtkämpfe, weil meine Eltern mehr Zuwendung wollen, als ich ihnen geben kann. Sie wollen, dass ich mehr auf die Familie eingehe, mehr mit ihnen mache, öfter mit ihnen zusammensitze und so weiter. Aber ich gehe meine eigenen Wege, will nicht so sehr auf ihre Wünsche eingehen. Wenn ich mit ihnen esse, dann geht das nicht von mir aus. Es ist *ihr* Bedürfnis. Ich habe auch keinen Bock, über meine Freundin zu reden, ich will mich abgrenzen. Es geht sie nichts an, wie es mir mit meiner Freundin geht. Manchmal erzähle ich ihnen ein paar Kleinigkeiten, was die Freundin macht oder was wir unternehmen, nur damit sie mich nicht weiter nerven. Ich kann meine Eltern verstehen, dass sie an meinem Leben teilhaben wollen, schließlich bin ich ihr Kind. Aber ich will mich ein bisschen abgrenzen. Und das führt eben dauernd zu Zoff, zu ordentlichem Zoff. Das sind keine Sachstreits, das sind Gefühlsstreits. Letztens zum Beispiel gab es Streit, weil ich die Dusche nach dem Duschen nicht sauber gewischt habe. Oder gestern gab es Streit, weil ich vergessen habe, das Bügeleisen abzuschalten. Das war doch total unbeabsichtigt. Dieser anklagende Ton von meinen Eltern! Dann sage ich was dagegen, und schon schaukelt sich das Ganze hoch, und wir haben Streit. Dann fallen die Wörter aus meinem Mund, ohne dass ich das kontrollieren kann, dann gibt es eine Gegenreaktion, man schreit sich an, streitet sich zwei bis drei Tage, nervt sich an, redet nicht miteinander. Und manchmal sagt mir mein Vater erst nach ein paar Tagen, was überhaupt los gewesen ist. Der Kern von dem Ganzen ist: Es geht nicht um die Dusche, es geht auch nicht um das Bügeleisen.

ICH VERBRINGE NICHT GENÜGEND ZEIT MIT IHNEN, DAS IST ES.

Sie sind gekränkt, weil sie für mich nicht mehr so wichtig sind, weil ihr Urteil nicht mehr so wichtig für mich ist. Die ganzen Differenzen haben doch nur zugenommen, weil ich mich nicht gerne unterbuttern lasse. Ich muss mich wehren. Wenn ich das Gefühl habe, im Recht zu sein, beharre ich auf meiner Position. Das alles ist superbelastend für mich. Wenn ich älter wäre, könnte ich wenigstens ausziehen. So aber muss ich hier bleiben, muss meinen Vater sehen, wenn er mir vorher gesagt hat: ‹Geh auf dein Zimmer!› Wie kann er so was sagen? Aus dem Alter bin ich doch raus, so kann man doch nicht mehr mit mir umgehen! Gut, sie haben Recht, ich bin zu faul, zumindest was Haushaltssachen angeht. Sie verlangen, dass ich mehr tue. Aber ich bin nur zu faul, weil sie es im Endeffekt doch wieder selber machen. Sie geben mir keine Chance, es von mir aus zu machen. Neulich hat meine Mutter Kuchen auf den Tisch gestellt. Gerade wollte mein Bruder aufstehen und ihn anschneiden, da hatte meine Mutter schon das Messer in der Hand. Ich würde vieles machen, wenn meine Eltern es nicht immer schon machen würden. Man soll Kinder eben nicht zu Hausarbeit zwingen. Wenn der Abwasch da steht, sollen die Eltern das so lange stehen lassen, bis die Kinder einen Teller brauchen. Wenn kein Teller da ist, müssen sie das Geschirr eben abwaschen. Dann würden sie auch lernen, mehr Verantwortung zu übernehmen.»

«Entschuldige, dass ich an dieser Stelle einhake. In vielem gebe ich dir Recht, aber würdest du ernsthaft einen Stapel von verkrustetem Geschirr abwaschen, nur weil du einen einzigen Teller brauchst?»

«(Lacht.) Ja, okay. In Wirklichkeit würde ich nur den Teller abwaschen, oder ich warte, bis irgendjemand anderes abgewaschen hat. Es ist eben so eine Gewohnheit, weil man als Kind gewohnt ist, dass die Eltern vieles machen. Ich kann nicht so richtig aus meiner Rolle als Kind raus. Sie haben das schon immer gemacht, und ich erwarte, dass sie es auch weiter tun. Aber es ist auch so was wie Trotz dabei. Wenn die Eltern sagen: ‹Räum dein Zimmer auf!›, dann kommt meine Gegenreaktion, und ich mache das erst recht nicht. Ich mache eben vieles nicht, weil meine Eltern sagen, ich soll es tun!»

«Aber damit bringst du deine Eltern in eine Zwickmühle: Sagen sie was, machst du es nicht, sagen sie nichts, passiert auch nichts.»

«(Grinst.) Ja, irgendwie schon.»

«Man sagt, die Pubertät sei auch für Jugendliche eine Zwickmühle, eine Art innerer Konflikt. Einerseits wollen sie so bleiben wie ein Kind, andererseits möchten sie gerne erwachsen sein. Kannst du damit was anfangen?»

«Auf jeden Fall! Die Pubertät ist so schizophren! Ich würde so vieles machen, wenn ich alleine leben könnte, aber hier machen meine Eltern alles, was ich zum Teil ja auch will. Ich bin ja froh, dass ich Haushaltssachen und Sauberkeit in Anspruch nehmen und in Ruhe mein Abitur machen kann. Einerseits habe ich den Anspruch, erwachsen zu sein, andererseits erfülle ich den Anspruch überhaupt nicht. Ich habe ja schon gesagt, ich komme nicht so richtig aus meiner Rolle als Kind raus. Aber ich finde trotzdem, dass meine Eltern über ihre Position nicht nachdenken. Sie denken nicht darüber nach, dass sie die Macht haben. Sonst hätten wir vielleicht ruhigere Gespräche, dann wäre das nicht alles so aufbrausend. Das belastet mich massiv. Es geht doch nicht um die Streits an sich, es geht um die Intensität. Wenn mein Vater mit dem Finger vor mir rumhackt, nur weil ich das Bügeleisen nicht ausgestellt habe, und mit den Augen sagt: ‹Ich ess dich gleich auf!›, dann geht es mir superscheiße. Den ganzen Tag heute laufe ich schon grummelig rum, sehe völlig scheiße aus.»

In diesem Augenblick rief die Mutter nach Jans Geschwistern, die helfen sollten, den Abendbrottisch zu decken. Von Jan wollte ich wissen, ob so etwas bereits das Zeug zum Konflikt hätte.

«(Lacht.) Ziemlich. Das hat schon das Potenzial für einen heftigen Streit. Es ist nicht nur das Tischdecken, obwohl auch das schon ziemlich nervig ist. Ihre Aufforderung setzt voraus, dass ich Lust habe, mit der ganzen Familie zu essen. Oft will ich das aber nicht, zum Beispiel, wenn meine Freundin da ist. Ich will meine eigenen Sachen machen.»

«Du wirkst auf mich wie jemand, der sich nichts gefallen lässt. In der Schule musst du dich in gewisser Weise ja auch unterordnen. Wie klappt das denn da?»

«Nicht so prall. Ich könnte viel mehr lernen, wenn ich nicht zur Schule gehe. Unser Bildungssystem ist veraltet. Wenn mich ein Lehrer langweilig zuschwafelt oder wir in Englisch einen Text lesen, der konservative Werte vermittelt, vergeht mir die Lust. Aber ich gehe hin, regelmäßig. Ich will mein Abitur, und dafür nehme ich vieles in Kauf. Jedoch verhindert die Schule eigenständiges Denken. Wenn man immer feste Fächer hat, kann man sein Lernen nicht steuern. Ich bin doch alt genug, um zu wissen, welchen Weg ich gehen muss. Mich interessieren Ethik und Philosophie. Darüber lerne ich in der Schule nichts. Die Menschen können so vieles, was in der Schule nicht anerkannt wird. Mein Bruder zum Beispiel war Meister in Jiu-Jitsu, aber in Sport hatte er eine Vier. Weil er Bodenturnen nicht gut konnte. Ein Freund von mir spielt fünf Instrumente. In der Schule interessiert das niemanden. Da ist doch am System was faul. Ich kann mir keine Dinge merken, die mich nicht interessieren. Mein schlimmstes Fach ist Mathe. Da stehe ich sechs. Letztens habe ich mich geweigert, eine Mathearbeit mitzuschreiben, weil ich für drei Monate zu einem Schüleraustausch in Kanada war und den Stoff nicht mitgekriegt habe. Meiner Lehrerin habe ich angeboten, die Arbeit nachzuschreiben, damit ich mich vorbereiten kann. Zwischen Kanada und Mathearbeit war einfach zu wenig Zeit. Aber sie hat ‹Nein!› gesagt. Da habe ich eben auch ‹Nein!› gesagt. Ich habe keinen Bock, mich selber zu belügen. Lieber verzichte ich auf das Schleimen und mag mich hinterher selber noch. Viele Lehrer standen übrigens auf meiner Seite, haben mir Recht gegeben und mit ihr geredet und so. Aber sie hat sich nicht erweichen lassen.»

«Kannst du mit jemandem über Schulprobleme oder Stress mit deinen Eltern reden? Oder bist du jemand, der vieles mit sich allein ausmacht?»

«Mit meinem Bruder kann ich gut reden und mit meinem besten Freund auch. Aber es gibt vieles, über das ich nicht gerne spreche, wenn mir was supernah geht oder wenn was mit meiner Freundin ist oder so. In Gefühlssachen bin ich jemand, der sehr verschlossen ist. Ich muss mich sehr dazu überwinden, was von mir preiszugeben. Ich weiß nicht, woran das liegt, vielleicht an Rollenmodellen, der starke Mann – die weiche Frau. Aber eigentlich habe ich damit keine Probleme. Ich muss mir nichts beweisen, ich muss nur eine hohe Schwelle übertreten, um mich zu öffnen.»

KEIN MÄDCHEN UND NICHT SCHWUL

JUNGEN AUF DER SUCHE NACH SICH SELBST

Ich erinnere mich noch gut an einen Vater, der mich zu einem Beratungsgespräch aufsuchte, weil es mit seinem Sohn Sebastian häufig Streit gab. Sebastian war sechzehn und hatte seinen Eltern eine bis vor kurzem noch recht ruhige, angenehme Pubertät beschert. Doch seit einiger Zeit weigerte er sich, zu Hause Pflichten zu übernehmen, und beschimpfte seine Eltern, sie würden ihn bevormunden, ihm kaum Rechte einräumen und ihn «fremd bestimmen». Nach jedem seiner Wutanfälle, die oft ganz überraschend einsetzten, verschwand er türenknallend in seinem Zimmer, schrie und fluchte dort weiter, und manchmal konnten seine Eltern sein Weinen hören. Noch mehr als solche Streitigkeiten beschäftigte es die Eltern jedoch, dass Sebastian nicht mehr zu Hause übernachtete, sondern bei seiner Freundin, die ebenfalls bei ihren Eltern lebte. Das kränkte sie sehr. Sie fragten sich, warum Sebastian nicht mehr nach Hause kam, obwohl sie die Freundin sehr mochten und die Beziehung akzeptierten.

Im Laufe des Beratungsgesprächs verstand der Vater, dass es darum gar nicht ging. Sebastian hatte sich eine Freundin ausgesucht, die zwei Jahre jünger war als er und die ein stilles, schüchternes Mädchen war. In Sebastian sah sie den Erwachsenen und den Mann, der sie an die Hand nehmen und führen sollte. Diese neue Rolle, in der sich Sebastian gerade im Begriff war einzurichten, kollidierte nun heftig mit dem Alltag, der ihn zu Hause erwartete: zu einer bestimmten Zeit im Bett zu sein, den Boden zu wischen, dem Vater die Führung zu überlassen, also, alles in allem, die dritte Geige zu spielen. Als der Vater diesen Zusammenhang erkannte, wich sein Gefühl der Kränkung, und er war in der Lage, mit Sebastian darüber ins Gespräch zu kommen, welche Höhen und Tiefen ein Junge durchleben muss, um sich in seiner männlichen Rolle sicherer zu fühlen.

Viele Eltern erleben es hautnah – genervt oder mitfühlend –, wie ihre Söhne sich mehr oder weniger mühsam in der Rolle des werdenden Mannes zurechtzufinden versuchen. Manche Jungen gehen in die Aggression, prügeln sich, wissen alles besser, geben sich cool, konkurrieren, kämpfen, streiten sich, streiken im Haushalt oder trainieren sich Muskeln an; andere verhalten sich eher still, bleiben defensiv oder werden verprügelt und ausgegrenzt.

Mütter stehen dem Ganzen oft hilflos gegenüber und können sich nicht so recht in das einfühlen, was in Jungen und Männern vor sich geht. «Dieses Mannwerden geht mir ungeheuer auf die Nerven», sagt Anke, Mutter eines zwölfjährigen Sohnes und einer neunjährigen Tochter. «Tagsüber spielt er im Wohnzimmer Fußball, und wenn ich etwas sage, heißt es: ‹Du hast hier gar nichts zu sagen. Wenn, dann ist Papa derjenige, der mir das verbieten darf.›» Sybille, Mutter des siebzehnjährigen Daniel, beschäftigt es, dass sie keinen Zugang zu den Gedanken und Sorgen ihres Sohnes bekommt. «Der hat dieses ‹Männlichkeitsding›», sagt sie. «Er ist zwar kein Macho – das lehnt er auch völlig ab –, aber er lässt auch nichts von dem nach außen, was in ihm vorgeht.»

Väter erkennen oft nicht, wie sehr sich ihr Sohn mit seiner männlichen Rolle abstrampelt – vielleicht, weil ihre eigene Entwicklung zum Mann ähnlich hürdenreich verlaufen ist und sie die Pubertät des Sohnes an ihre eigene Jugend erinnert. Ein Vater sagte einmal während eines Seminars: «Alle haben sich gebrüstet, wie gut sie mit Mädchen konnten. Dabei wussten wir, dass das alles nur gelogen war, aber niemand hat etwas gesagt. Alle haben mitgemacht. Auch ich.»

ANREGUNG FÜR VÄTER

ERINNERN SIE SICH?
Nehmen Sie sich einen Augenblick Zeit und gehen Sie gedanklich und emotional zurück in die Zeit Ihrer Pubertät.
– Wie erging es Ihnen als Junge unter Mitschülern und Freunden?
– Fühlten Sie sich als Mann von Ihrem Vater wertgeschätzt und anerkannt?
– Was hätte er tun können, um Sie zu unterstützen?
– Fühlten Sie sich als Mann von Ihrer Mutter wertgeschätzt und anerkannt?
– Was hätte sie tun können, um Sie zu unterstützen?

COOL, WITZIG UND GUT DRAUF

Rein äußerlich signalisieren Bartwuchs, Stimmbruch und nächtliche Ejakulationen unmissverständlich, dass ein Junge zum männlichen Geschlecht gehört, doch wenn es darum geht zu bestimmen, welche Persönlichkeitsmerkmale und Verhaltensweisen einen «richtigen» Mann kennzeichnen, gestaltet sich das Ganze schon weitaus verwirrender. Wie muss er denn sein, wie darf er denn sein, der «richtige» Mann im neuen Jahrtausend? Im Zeitalter fortschreitender Emanzipation ist es den meisten Jungen bewusst, dass es weder von Eltern und Lehrern noch von Mädchen und Klassenkameraden besonders honoriert wird, wenn sie sich – um es klischeehaft auszudrücken – wie «Machos» verhalten. In 133 Interviews mit Jungen zwischen 13 und 17 stellten die Sozialforscher Neubauer und Winter fest, dass das herkömmliche Bild vom Mann, der immer cool ist, schnelle Autos fährt, alles selber entscheidet und in der Beziehung zu Frauen die Führung für sich beansprucht, stark ins Wanken geraten ist. Vielmehr seien Jungen bestrebt, «normal» zu sein, sich nicht allzu sehr von den anderen zu unterscheiden und sich authentisch ihrer Umwelt zu präsentieren (Bundeszentrale für gesundheitliche Aufklärung, 1998).

Der «Macho» hat ausgedient.

Das innere Bild von Männlichkeit ist in der Tat bei vielen Jungen nicht mehr so rigide und starr wie früher. Wenn ich heutzutage einen Erziehungsratgeber schreibe, dann muss ich sehr aufpassen, nicht die gängigen Klischees vom Helden, der in den Krieg zieht, und vom Indianer, der keinen Schmerz kennt, zum wiederholten Male aufzuwärmen. Viele Jungen sind sich durchaus ihrer empfindsamen und ängstlichen Seiten bewusst und auch imstande, diese Seiten in ihre Persönlichkeit zu integrieren und sie in die Beziehung zu anderen Jungen und Mädchen einfließen zu lassen. Doch es muss unterschieden werden zwischen Männlichkeit als Mythos oder als ideologischem Überbau, wie er in unserer Kultur lebendig ist, und dem, was im einzelnen Jungen vorgeht – sein Anspruch an sich selbst, seine Gefühle, sein Alltag, seine Umgebung.

Was den Mythos betrifft, so hat sich viel verändert. Im Gegensatz zu früheren Zeiten, als ein oftmals autoritärer Vater ein Vorbild lieferte, wie sich ein Junge zu entwickeln hatte, sind die Verhältnisse heutzutage eher verwirrend. Jungen wissen einerseits, dass der Held und Kämpfer nicht mehr unweigerlich von ihrer Umwelt bejubelt wird. Andererseits erleben sie es in der Schule, in Jungengruppen oder in Filmen, dass ein Mann durchaus auf seine traditionellen Werte bauen sollte, um gut anzukommen. Viele Jungen glauben nach wie vor, das traditionelle Bild von Männlichkeit, wenn auch abgewandelt, weiterhin bedienen zu müssen, um anerkannt, geschätzt, begehrt und geliebt zu werden.

Untersuchungen und Statistiken weisen darauf hin, dass die meisten Heranwachsenden noch immer sehr zu strampeln haben, um sich in ihrer männlichen Haut wohl zu fühlen. In einer 1995 durchgeführten Untersuchung wurden Jungen unter anderem dazu befragt, zu wem sie gehen würden, wenn sie Trost suchten (Zimmermann, 1998).

Der überwiegende Teil der Jungen stimmte der Aussage zu: «Dann will ich allein sein.» Gleichgeschlechtliche Ansprechpartner wie Freunde kamen als Vertraute und Trostspender nur selten in Betracht, die Väter waren ganz außen vor. Die Frage, ob ein Junge weinen dürfte, verneinten vor allem Haupt- und Realschüler, obwohl die meisten Jungen der Überzeugung waren, weinen sei befreiend, und es gehe einem danach besser. Eine Studie der Universität Bremen stellte fest, dass über die Hälfte der befragten Jungen ihre Probleme lieber mit sich alleine abmachte. Jungen verdrängten, fräßen Probleme in sich hinein, während Mädchen die Möglichkeit in Anspruch nähmen, sich bei ihrer besten Freundin auszusprechen. Wenn es den Anschein habe, als gehe es Jungen gesundheitlich besser als Mädchen – so die Studie weiter – «dann liegt dies weniger daran, dass es ihnen ‹objektiv› besser geht, sondern eher daran, dass bei ihnen körperliche Warnsignale ignoriert oder bagatellisiert werden, weil man kein ‹Schwächling› sein will.» Empfindsame Jungen, die den Druck, männlich sein zu müssen, nicht mit Imponiergehabe und einer zur Schau getragenen Coolness überkompensieren, klagen oft darüber, mit den anderen nicht mithalten zu können, oder sehen sich dem Trend in der Klasse oder in der Clique nicht gewachsen, immer cool, witzig, sportlich und gut drauf zu sein.

HIER WIRD EIN VATER BENÖTIGT

«Es ist nicht mehr auszuhalten», sagt Martins Mutter. «Kaum macht Martin den Mund auf, geht es ums Kämpfen. Wer, wen, wie, in welchem Film besiegt hat, wer der Stärkste in der Klasse ist, wer der größte Hansel ist und so weiter. Ich hör schon gar nicht mehr hin. Mein Mann macht es sich noch einfacher – der verlässt einfach den Raum oder vergräbt sich hinter seiner Zeitung!»

Jungen brauchen ihre Väter, um zu sich selbst zu finden. Ein Vater, der sich Zeit für seinen Sohn nimmt, sich mit ihm beschäftigt und ihm vermittelt, mit welchen Ängsten und Nöten er selbst die Pubertät erlebt hat, schafft einen Ausgleich zu dem Druck, den Jungen in der Klasse oder unter Freunden erfahren. Oft unterschätzen Väter ihre Vorbildfunktion, oder es fehlt ihnen an Zeit und Muße, sich ihren Söhnen zu widmen.

NICHT MENSCH, SONDERN MANN

Oft scheint es, als erlebten Jungen die «weiblichen» Impulse oder das, was in unserer Kultur als weiblich gewertet wird, wie Schutzbedürftigkeit, Fürsorge, Empfindsamkeit oder Passivität, als Bedrohung ihrer männlichen Identität. Häufig verbergen sie ihre Schutz suchenden und hilfsbedürftigen Wünsche hinter einer «männlichen» Fassade – verbreiten Übellaunigkcit, obwohl ihnen nach Anlehnung ist, streiten, kämpfen, schlagen sich, obwohl sie Geborgenheit und Zärtlichkeit suchen, oder wissen alles besser, obwohl sie wenig Ahnung haben. Oder sie verstecken ihre Schüchternheit und Unerfahrenheit hinter einer Sprache, die Erwachsene oft zusammenzucken lässt: «Die würde ich gerne mal flach legen!», oder: «Haste den Vorbau von der Alten gesehen?» Es nervt viele Erwachsene, weil es unauthentisch ist. Männlich zu sein heißt für viele Jungen, körperlich stark, sexuell erfahren und emotional unabhängig zu sein.

Einen indirekten Einblick in diesen inneren Konflikt lieferte eine Statistik des Kinder- und Jugendtelefons von 1999, an das sich Jugendliche wenden können, wenn sie Probleme mit Sexualität, Partnerschaft, Schule und häuslichen Konflikten haben. Der Statistik zufolge zeigte sich ein großer Teil der Jungen unsicher in der sexuellen Orientierung oder erkundigte sich direkt mit Fragen zur Homosexualität. In gewissen Altersstufen war Homosexualität sogar das am häufigsten nachgefragte Thema. Interessant wird die Statistik jedoch erst, wenn man die Zahlen der Mädchen vergleichend hinzuzieht: Mädchen wandten sich auffallend weniger mit Fragen zu weiblicher Homosexualität an das Jugendtelefon, als Jungen dies mit Fragen zu männlicher Homosexualität taten. Die Frage ist nun, warum sich Jungen quantitativ interessierter an Homosexualität zeigten als Mädchen. Mir ist keine Statistik bekannt, die aussagt, dass männliche Homosexualität häufiger vorkommt als weibliche. Vermutlich geht es den Jungen gar nicht so sehr um reale homosexuelle Gefühle als vielmehr um die Angst, schwul zu werden und dem Bild des «richtigen» Mannes nicht entsprechen zu können. Viele Jungen befürchten, ihre männliche Identität durch mögliche homosexuelle Phantasien zu verlieren. Murat, 18, der ein rigides Bild von Männlichkeit verinnerlicht hat, offenbarte mir ungewollt seine Verwirrung in einem Interview, das ich für das Buch «Gemischte Gefühle» mit ihm geführt habe und hier in einem Auszug wiedergebe (Braun / Martin 2000):

(...)

Was hältst du persönlich von Schwulen?

Ich finde es eklig.

Was ist eklig?

> Gott hat Mann und Frau erschaffen und nicht Mann und Mann. Das passt nicht zusammen.

Was würde es für dich bedeuten, schwul zu sein?

> Das würde bedeuten, dass ich keine Ehre mehr hätte. Ich wäre dann eine Frau. Bei uns sagt man, wenn du schwul bist, musst du zu Hause bleiben und Teller waschen und kochen. Bei uns ist ganz klar, was der Mann macht und was die Frau.

Und wehe, das kommt durcheinander …

> Ja, genau.

Hast du wirklich persönlich was gegen Schwule, oder hast du eher Angst, die anderen könnten dich für schwul halten?

> Es ist eher die Angst, was die anderen sagen. Als ich zwölf war, da hatte ich mal Sex mit einem anderen Jungen; er hieß Memet und war auch zwölf. Eigentlich hatte ich immer Angst vor ihm, weil er stärker war als ich. Wir wollten aber mal miteinander, und da ging es darum, wer wen fickt. Ich habe gesagt, ich mache es nur, wenn ich ficken darf. Dann habe ich ihn gefickt. Es war unser Geheimnis. Wir haben es öfter gemacht. Eines Tages hatten wir uns gestritten. Er sagte: «Ich bin sowieso stärker als du.» Dann sagte ich: «Stimmt nicht, ich habe dich gefickt.» Mein Bruder hat das gehört. Von da an haben sie – mein Bruder und noch andere Jungs aus dem Dorf – Memet erpresst. Er musste tun, was sie verlangten. Sie haben ihn wie einen Sklaven behandelt. Wenn er nicht gehorcht hat, haben sie ihm gedroht, sie würden überall rumerzählen, dass er gefickt worden ist.

Was wäre passiert, wenn sie es erzählt hätten?

> Er wäre für immer ausgeschlossen worden.

Und du? Bist du ausgeschlossen worden?

> Nein, ich war oglanci, so heißt derjenige, der gefickt hat. Ich bleibe weiterhin ein Mann. Memet wurde zum ibne, so heißt der, der gefickt worden ist.

Wie hast du dich anschließend gegenüber Memet verhalten – schließlich hattet ihr ja so etwas wie eine Beziehung?

> Ich habe mit den anderen mitgemacht. Ich musste das tun, weil die anderen nicht merken durften, dass ich Memet damals gern gehabt hatte.

Es hat dir aber auch Spaß gemacht, ihn zu demütigen?

> Ja.

Konntest du mit jemandem über deine schwulen Gefühle reden?

> Nein, das wäre eine Katastrophe geworden. Ich wäre genauso behandelt worden wie Memet. Das ist jetzt das erste Mal, dass ich darüber rede.

Stimmt es denn, dass derjenige, der fickt, nichts Schlimmes tut, sondern nur derjenige, der sich ficken lässt?

> Ja, das stimmt. Es kann auch passieren, dass mehrere Männer einen ficken, weil sie ihn für irgendwas bestrafen wollen. Derjenige ist dann für immer schwul. Das ist selten, aber es kommt vor. Die, die gefickt haben, sind aber dann nicht schwul.

Was macht denn dich und die anderen so wütend daran, wenn sich jemand freiwillig ficken lässt?

> Sieh mal, ich bin ein türkischer Mann, und ich versuche, so zu sein, wie ein Mann eben sein muss. Ich will später mal eine Familie versorgen, und ich sage, was die Frau tun soll. Männer ficken Frauen, weil Frauen unter Männern stehen. Wenn ein Mann einen anderen Mann fickt, dann ist der, der gefickt wird, unter dem anderen. Aber wenn jemand freiwillig sagt: «Fick mich!», dann verarscht er mich; er macht sich über das, was meine Kultur unter Männlichkeit versteht, lustig.

Er provoziert dich?

> Ja, genau, er provoziert mich. Das ist das, was mich und viele andere auch so wütend macht.

Hat dich Memet damals auch provoziert?

> Nein, aber von dem Tag an, wo ich ihn gefickt habe, war ich stärker als er; ich habe den Respekt verloren. (…)

Um Missverständnissen vorzubeugen: Murat ist kein typischer Türke, sondern ein erzkonservativer junger Mann, der sein inneres Konzept von Männlichkeit nur aufrechterhalten kann, indem er Frauen und Homosexuelle als Menschen zweiter Klasse abqualifiziert. Hier liegen Frauen- und Homosexuellenfeindlichkeit also dicht beieinander. Hinter einer scheinbar starken und überlegenen Männlichkeit verbirgt sich oft eine große Angst, diese Männlichkeit wieder zu verlieren. Jungen, die ein starres Bild von Männlichkeit vertreten, scheinen sich hauptsächlich darüber zu definieren, *nicht weiblich* zu sein. Sie sind nur dann ein richtiger Mann, wenn sie Nicht-Frau sind. Es scheint ihnen Schwierigkeiten zu bereiten, sich im positiven Sinne als Menschen zu entfalten, die ihre männlichen und weiblichen Potenziale nutzen und mit einbeziehen. Vielmehr definieren sie sich selbst als umso männlicher, je weniger weibliche Anteile sie in sich spüren und zulassen wollen.

Während der Pubertät, wenn ein Junge damit beschäftigt ist, sich in seiner männlichen Rolle zurechtzufinden, scheint die Abgrenzung vom Weiblichen eine besonders große Rolle zu spielen. Wer Jungen in Gruppen mit anderen Jungen beobachtet, wird feststellen, dass es – bei einigen mehr, bei anderen weniger – darum geht, kein Mädchen, nicht weiblich, nicht schwul zu sein.

Einem psychoanalytischen Erklärungsmodell zufolge spiegelt dies einen inneren Konflikt, den viele Jungen bereits während der frühen Kindheit mit ihren Müttern durchlebt haben. Nach diesem Modell haben Jungen bereits als Säuglinge im Kontakt zur Mutter als wichtigster Bezugsperson eine schwierige Aufgabe zu bewältigen: Sie müssen sich aus der Identifikation mit ihr verabschieden, um sich auf der anderen Seite, der männlichen Seite, wieder zu finden. Einige Ich-Psychologen wie Mahler, Winnicott, Greenson oder Erikson orten diesen Identifikationsbruch in einer Zeit, in der ein Säugling etwa zehn Monate alt ist. Bis zu diesem Zeitpunkt fehlt ihm ein Bewusstsein dafür, über eine eigene, von der Mutter gelöste Identität zu verfügen. Vielmehr glaubt er sich mit ihr in einer symbiotischen Einheit verbunden, die vergleichbar ist mit dem vorgeburtlichen Zustand in der Gebärmutter. Erst mit zunehmender Bewegungsfähigkeit erwächst die Erkenntnis, ein von der Mutter eigenständiges Wesen zu sein. Dieses Bewusstwerden einer eigenen Identität verlangt vom Jungen, nicht nur die Erkenntnis zu verarbeiten, von der Mutter getrennt zu sein, sondern zugleich damit zurechtzukommen, anders als die Mutter zu sein, ein anderes Geschlecht zu besitzen. Während ein Mädchen sich in seiner weiblichen Entwicklung mit seiner Mutter identifiziert – «Ich bin wie Mama!» –, stehen Jungen vor der Herausforderung, sich andere psychische und soziale Eigenschaften anzueignen, als die Mutter sie erworben hat: «Ich bin nicht wie Mama!» Das heißt, ein Junge erwirbt seine männliche Identität vor allem durch Negation: «Ich kann nur dann ein richtiger Mann sein, wenn ich Nicht-Mutter, wenn ich Nicht-Frau, wenn ich nicht-weiblich bin.» Diese Nicht-Identifikation kulminiert in der Beziehung zum Vater sogar in einer doppelten Verneinung: «Mein Papa ist, genau wie ich, nicht-weiblich. Da er aber ein Mann ist, ist er nicht-nicht-männlich. Folglich ist mein Geschlecht das eines Nicht-Nicht-Mannes.» Diese Nicht-Konstruktionen sind mühsam und energieraubend. Die Bildersprache des Unbewussten kennt solche Negativ-Definitionen gar nicht. Traumsymbole beispielsweise können niemals etwas *nicht* darstellen. Man kann nicht träumen, kein König oder kein Bettler zu sein. Insofern kann es hilfreich sein, wenn Eltern mit ihren Söhnen darüber ins Gespräch kommen könnten, was Männlichkeit im positiven Sinne für sie bedeuten würde. Macht Männlichkeit lediglich die Abwesenheit weiblicher Eigenschaften aus, oder geht es nicht vielmehr um die optimale Entfaltung aller individuellen Potenziale, einschließlich der «männlichen» und «weiblichen» Anteile?

ANREGUNG FÜR ELTERN

FRAGEN AN VÄTER

Ein Vater kann seinen Sohn vor allem dann entlasten, wenn er sein eigenes Bild von Männlichkeit und Weiblichkeit überprüft hat.

Nehmen Sie sich einen Augenblick Zeit, um über folgende Fragen nachzudenken:

Weil ich ein Mann bin, darf ich ...

Weil ich ein Mann bin, muss ich ...

Wenn ich eine Frau wäre, müsste ich ...

Wenn ich eine Frau wäre, dürfte ich ...

FRAGEN AN MÜTTER

Eine Mutter kann ihren Sohn vor allem dann entlasten, wenn sie ihr eigenes Bild von Weiblichkeit und Männlichkeit überprüft hat.

Nehmen Sie sich einen Augenblick Zeit, um über folgende Fragen nachzudenken:

Weil ich eine Frau bin, darf ich

Weil ich eine Frau bin, muss ich ...

Wenn ich ein Mann wäre, müsste ich ...

Wenn ich ein Mann wäre, dürfte ich ...

MANN – GESCHLECHT = FRAU

Viele Jungen fürchten das Weibliche in sich auch, weil es in unserer Kultur unterhalb des Männlichen rangiert. Nach wie vor regiert eine defizitäre Sicht von Weiblichkeit, die sowohl Jungen als auch viele Mütter und Väter verinnerlicht haben. Nicht nur die Identifikation mit der Mutter ist das Problem, sondern auch die Tatsache, dass die Mutter einem Geschlecht zweiter Klasse angehört. Diese tief sitzende Entwertung des Weiblichen hat nichts damit zu tun, dass Jungen nicht von der Gleichwertigkeit der Geschlechter überzeugt sind. Hier geht es vielmehr um das, was sich im inneren Erleben vieler Jungen abspielt, was sich als Angst manifestiert hat, was sich verbal nicht ausdrücken kann und was uns als Psychologen, Pädagogen, Beratern und Therapeuten in Gesprächen immer wieder begegnet: Die weiblichen Impulse werden unterdrückt, weil sie im inneren Erleben vieler Jungen unterhalb des Männlichen stehen – weil sie, wenn sie akzeptiert würden, eine Hinbewegung auf eine untere Stufe bedeuten würden, wie ein Umstieg in die Waggons der zweiten Klasse.

Diese unterschiedliche Bewertung von Männlichkeit und Weiblichkeit bringt viele Jungen in ein inneres Dilemma, denn das Weibliche hat, neben aller phantasierten Minderwertigkeit, auch etwas sehr Verlockendes, und das nicht nur in sexueller Hinsicht: Es ist befreiend, die Tränen laufen zu lassen, und es ist mühsam und anstrengend, sie wegen eines rigiden, reduzierten Männerbildes zurückhalten zu müssen. Es ist angenehm, sich anlehnen zu können oder jemanden um sich zu wissen, der Schutz bietet, und es ist anstrengend, solche Bedürfnisse unterdrücken zu müssen. Aus Murats Sicht ist es reizvoll, eine schwule Erfahrung mit seinem besten Freund zu machen, aber es ist auch gefährlich, weil es bedeutet, den Respekt vor dem Freund und vor sich selbst zu verlieren. Diese Ambivalenz zwischen Verlockung einerseits und einer tiefen Abwertung andererseits löst bei den meisten Jungen ein Schamgefühl aus: «Ich schäme mich dafür, dass ich etwas sein und haben möchte, das unter meiner Würde ist.» Daher kann man einen Jungen auch kaum tiefer verletzen, als dass man ihm unterstellt, nicht männlich zu sein.

DIE ROLLE DES VATERS

Jeder Versuch des Jungen, sich mit der Mutter zu identifizieren, sich an ihr zu orientieren oder ihre Eigenschaften zu übernehmen, konfrontiert ihn in der Phantasie mit einem möglichen Männlichkeitsverlust. Das kann in Jungen recht widersprüchliche Gefühle auslösen: Einerseits spüren sie ein großes Bedürfnis, sich an die Mutter zu binden, sich an sie anzulehnen und sich an ihr zu orientieren, andererseits sehen sie zugleich ihre männliche Identität bedroht. Diese Ambivalenz der Mutter gegenüber spiegelt sich möglicherweise in späteren Beziehungen zu Mädchen und Frauen, die einerseits bewundert und begehrt, andererseits auch gefürchtet und verachtet werden.

Um seine männliche Identität nicht aufgeben zu müssen, grenzt sich ein Junge ab, definiert sich über die «wehrhaften Rollenangebote einer patriarchalischen Gesellschaft und verwandelt sich in einen Polizisten, einen Soldaten oder Cowboy» (Schnack / Neutzling, 2000, S. 18).

Ihm ist alles lieb und recht – Hauptsache, er ist nicht so wie Mama. Im günstigen Fall stellt der Vater einen Gegenpol zur Mutter dar, bietet sich zur Identifikation an und hilft dem Sohn, sich in seiner Rolle als werdender Mann zurechtzufinden. Söhne zieht es regelrecht in die Nähe des Vaters – sie wollen etwas mit ihm unternehmen, suchen den Kampf, das Gespräch mit ihm. Ich erinnere mich an eine Beratung mit einer Mutter, die mich gemeinsam mit ihrem sechzehnjährigen

Sohn um Rat ersucht hatte, weil der Sohn sich einen intensiveren Kontakt zum Vater wünschte, als es der Mutter lieb war. Die Mutter hegte starke Zweifel, ob der Vater für die Entwicklung des Jungen förderlich war. Sie hielt ihn für egoistisch und herablassend im Umgang mit Frauen und unterstellte ihm, nicht das richtige Gespür für die Belange des Sohnes zu haben. Während der Beratung sagte der Sohn: «Sieh mal, Mama, ich brauche Papa. Das geht nicht gegen dich. Ich muss ab und zu mal mit einem Mann reden. Ich weiß, dass dir vieles nicht passt, was Papa mir erzählt. Wie ich Mädchen kennen lernen kann und wie Frauen sind und so. Aber mir hilft das. Ich kann nicht immer nur mit dir über all das reden. Du bist eine Frau, und du verstehst nicht alles, was in Männern vorgeht. Ich muss mal ab und zu mit einem richtigen Mann reden, um zu wissen, wo ich dran bin.»

Weniger Glück hat Marco, 13, der mehrere Male in der Woche seinen Vater, einen Gastwirt, besucht. «Sein Vater interessiert sich überhaupt nicht für den Jungen», sagt Marcos Mutter. «Marco rennt immer wieder hin, sitzt am Tresen und schaut seinem Vater zu, wie er Bier zapft. Mehr passiert nicht. Die reden nicht miteinander. Sein Vater fragt auch nicht, wie es ihm geht, was die Schule so macht oder so. Und trotzdem sucht Marco immer wieder seine Nähe. Es bricht mir das Herz, mit anzusehen, wie er seinen Vater braucht und wie wenig da zurückkommt.»

Fehlt der Vater, suchen sich Jungen andere Identifikationsmöglichkeiten, orientieren sich an ihrer männlichen Umwelt oder ahmen verstärkt männliche Helden aus Filmen nach. Oder sie verlangen von ihrer Mutter, beide Rollen zugleich zu übernehmen – die männliche und die weibliche, die strukturierte und die spielerische, die abgrenzende und die gewährende, die strafende und die lobende. Gewiss, vielen Müttern gelingt dieser Spagat, doch es ist ein anstrengendes

Unterfangen – gerade auch für allein erziehende Mütter, deren Söhne keine nahe Beziehung zu einem männlichen Erwachsenen haben. Je intensiver sich Väter ihren Söhnen widmen, desto entlasteter ist die Mutter-Sohn-Beziehung und desto einfacher hat es der Sohn, sich in seiner männlichen Identität zurechtzufinden.

In der Pubertät reaktivieren viele Jungen den Konflikt mit der Mutter und die Sehnsucht nach dem Vater, denn für einen Jungen geht es jetzt erneut um die Loslösung von der Mutter. Er wird erwachsen und spürt, sich bald von ihr verabschieden zu müssen – ein Schritt, der ihm, wie alles Neue, auch Angst bereitet und Abwehr hervorruft. Um den Abschied zu bewältigen, werden so genannte regressive Wünsche geweckt, also Wünsche an die Mutter nach Anlehnung, Schutz und Geborgenheit; Wünsche, die zugleich wiederum das Gefühl für eine männliche Identität in Gefahr bringen. Ein Junge, der sich nach seiner Mutter sehnt, läuft Gefahr, sich nicht als richtiger Junge zu fühlen. Wer möchte schon ein Muttersöhnchen sein! Vermutlich tragen solche inneren Konflikte dazu bei, dass Jungen in der Pubertät so heftig um Anerkennung und Wertschätzung als Männer ringen müssen.

ANREGUNG FÜR ELTERN

Jungen brauchen ihre Mütter, um zu sich selbst zu finden. Eine Mutter, die ihrem Sohn vermittelt, auch mit seinen schüchternen und anlehnungsbedürftigen Seiten für Mädchen und Frauen interessant zu sein, oder die ihm signalisiert, attraktiv zu sein, schafft einen Ausgleich zu dem Druck, den Jungen in der Klasse oder unter Freunden erfahren. Oft unterschätzen Mütter ihre Vorbildfunktion, die sie für ihre Söhne haben.

FARBENPRACHT ODER TRISTES WEISS

Die Leidtragenden eines starren, auf ewiges «Starksein» reduzierten Männerbildes sind in erster Linie die betroffenen Jungen selbst. Aus Angst, sich «schwach» zu zeigen, schweigen viele über das, was in ihnen vorgeht. Jungen haben oft keine Vertrauten, mit denen sie ihre männlichen Unsicherheiten und Ängste klären und lösen können; beste Freunde sind Kumpel, vor denen man sich keine Blöße geben will und mit denen man unweigerlich in Konkurrenzkämpfe verstrickt ist. In einer Beratung erzählte mir ein Junge, dessen Problem es war, keine Kontakte zu Gleichaltrigen zu finden, er gehe am liebsten allein in eine Kneipe, setze sich irgendwo in die Ecke und beobachte die Leute. In diesem Moment sah ich ihn förmlich vor mir, wie er – den Cowboyhut ins Gesicht gezogen, den Whiskey auf dem Tisch – breitbeinig auf seinem Holzschemel vor sich hin döste.

Es geht nicht darum, Jungen zu feminisieren und ihnen ihre kämpferischen und aggressiven Impulse austreiben zu wollen, denn damit würde man eine neue Klassifizierung einführen, in der Mädchen und Frauen das «richtige» oder das «gesunde» Geschlecht wären und Jungen und Männer die rüden Tölpel, die sich von Grund auf zu ändern hätten. Vielmehr benötigen Jungen Unterstützung darin, die Angst zu verlieren, sich mit ihren «weiblichen» Anteilen lächerlich zu machen.

Kai, 17, plagten solche Ängste. Eines Tages erzählte er ganz begeistert, die Wände seiner Wohnung in Pastelltönen streichen zu wollen. Wenige Tage vor seinem Einzug jedoch fand er in einem Magazin die Behauptung, Pastellfarben seien «Frauenfarben». «Wenn das meine Kumpels sehen», sagte Kai, «dann denken die, ich bin schwul.» Am Ende entschied er sich, die Wände weiß zu streichen.

Eltern sollten ihren Söhnen dabei helfen, die «Frauenfarben» in sich besser annehmen zu können.

DER SCHRITT VOR DIE TÜR

HETEROSEXUALITÄT, HOMOSEXUALITÄT, SEXUALAUFKLÄRUNG

Mit zunehmender sexueller Lust und dem Wunsch nach Beziehungen beginnt eines der aufregendsten Kapitel der Pubertät – nicht nur für Heranwachsende, auch für deren Eltern. «Phillip schaut Pornos», sagt Ute während eines Elternabends und atmet hörbar schneller, «und ich kann auch verstehen, dass er das toll findet. Aber ich will nicht, dass er ein verzerrtes Bild von der Realität bekommt. Außerdem finde ich, dass wir Frauen dabei immer so schlecht wegkommen.» Heike dagegen, Mutter des siebzehnjährigen Benjamin, könnte ein wenig mehr Aufregung vertragen. In einem Gespräch zu diesem Buch sagt sie: «Bei Benny läuft noch gar nichts, und ich frage mich, woran das liegt. Er sagt, er habe keine Zeit für Mädchen, geht lieber zum Fußball oder sitzt am Computer. Wenn ich doch nur einen Zugang zu ihm bekommen würde und wüsste, womit er innerlich beschäftigt ist!» Max, 14, der auch an anderen Stellen dieses Buches zu Wort kommt, meint: «Ich interessiere mich hauptsächlich für Skateboardfahren, alles andere ist überhaupt kein Thema für mich. Keine feste Freundin, auch noch keinen Sex gehabt, das läuft so nebenher. Aber ich habe gute Freundinnen, mit denen ich alles bequatschen kann.»

Einige Eltern wären froh, wenn sie einen Benny oder Max zu Hause hätten, befürchten eine mögliche Schwangerschaft, eine sexuell übertragbare Krankheit oder sind der Auffassung, er solle die Nase lieber in Schulbücher stecken, statt sich von Mädchen den Kopf verdrehen zu lassen. Matthias, dessen Eltern sehr religiös sind, sagt: «Meine Eltern wollen nicht, dass ich mit einem Mädchen schlafe, solange ich nicht mit ihr verheiratet bin. Und ich finde auch, dass sie Recht haben, denn schließlich ist die Sexualität dazu da, um sich zu vermehren.» Eine andere Mutter sorgt sich, dass es ihrem Sohn nicht gut gehen könne, und ruft mich an, bevor sie Felix, 16, zu einer Beratung zu mir schickt: «Angeblich ist er homosexuell. Mir macht das ja nichts aus – aber ihm. Bitte helfen Sie ihm dabei, sich so zu akzeptieren, wie er ist.» Um das Wohl seines Sohnes ist auch ein Vater besorgt, der während einer Elternberatung ein wenig gekränkt sagt: «Wir bieten ihm immer wieder an, mit uns zu reden, wenn ihn etwas bedrückt oder wenn er was wissen will, über Mädchen und so. Aber er will nicht. Er bespricht das lieber mit seinen Freunden.»

Es lässt sich nur schwer auf einen Punkt bringen, welche Fragen und Sorgen Eltern beschäftigen, wenn es um die Sexualität ihrer Söhne geht. Das sexuelle Verhalten Jugendlicher ist viel zu bunt, viel zu individuell, als dass es sich auf wenigen Seiten zusammenfassen ließe. Vor einigen Jahrzehnten machte man es sich dahingehend einfacher: Man unterstellte Jungen und jungen Männern pauschal einen ungezügelten Sexualtrieb und empfahl ihnen kalte Duschen und ausgiebige Waldläufe, um ihre Lust unter Kontrolle zu bekommen. Heute sieht man das weitaus differenzierter – und gelassener. In Fachkreisen, also unter Sexualwissenschaftlern, Sexualpädagogen, Therapeuten und Beratern, aber auch aus Sicht vieler Eltern ist man bestrebt, Jugendlichen eine individuelle Sexualität zuzugestehen, die sich nicht daran messen lässt, wie es die anderen machen. Vielmehr geht es darum, dass sich Jugendliche mit ihrer Sexualität entfalten können – vorausgesetzt, sie fügen niemandem Schaden zu.

DIE VERABREDUNG

Niemand verstand so recht, was Moritz, 14, mit dem Paravent wollte. Die Oma hatte ihm den geschenkt, und nun stand er vor seinem Bett und nahm dem Zimmer das Licht weg. «Schmeiß das alte Ding doch auf den Müll», sagte seine Mutter, «der passt doch überhaupt nicht zu deinen Möbeln.» Sein Vater meinte, im Altersheim hätte so was Hochkonjunktur. «Oma», nannte ihn sein Bruder fortan. Und weil alle nur meckerten, klappte Moritz die Wand zusammen und stellte sie in die Ecke.

Bis er sie eines Tages wieder hervorholte und vor sein Bett platzierte – das war der Tag, an dem Henrike kommen wollte. An diesem Nachmittag räumte Moritz sein Zimmer auf, stopfte alles, was an Unterhosen und T-Shirts auf dem Boden lag, in den großen Wäschesack, brachte das verschmutzte Geschirr in die Küche, versteckte die Heftchen mit Donald Duck und Bugs Bunny unter dem Bett und verteilte überall im Zimmer Duftstäbchen. Kurz vor fünf rief er seiner Mutter zu, sie solle öffnen, wenn es klingele, und lief noch rasch zum Supermarkt, um Cola und Fanta zu kaufen. Als er wieder nach oben kam, war er ganz außer Puste, wegen der Stufen, aber auch wegen der Aufregung. Doch der ganze Aufwand wäre nicht nötig gewesen, denn Henrike kam nicht. Nicht um fünf, wie verabredet, und auch nicht um sechs oder um sieben. Wahrscheinlich will sie gar nichts mit mir zu tun haben, dachte Moritz, und schaltete den Fernseher ein. Zwei Wochen später traf er Henrike beim Einkaufen. Zuerst war sie ganz cool und tat so, als habe sie ihn nicht gesehen. Doch dann nahm Moritz all seinen Mut zusammen und fragte sie, warum sie ihn habe sitzen lassen. «*Du* hast *mich* sitzen gelassen», sagte sie erbost und erzählte, was vorgefallen war: Damals hatte sie ihn angerufen, um ihm zu sagen, dass sie sich um ein paar Minuten verspäten würde. Das musste zu der Zeit gewesen sein, als Moritz gerade im Supermarkt gewesen war. Seine Mutter hatte den Hörer abgenommen und gesagt: «Moritz ist beim Fußball, der kommt erst gegen acht.» Es geschehen eben die merkwürdigsten Dinge, wenn Eltern glauben, überall mitsprechen zu müssen.

PUBERTÄT ALS LIEBESSCHULE

Doch ab welchem Alter sollten Eltern es ihrem Sohn ermöglichen, sexuell zu verkehren? – *Jederzeit, sobald es von ihm gewünscht wird.*

Die ersten erotischen Beziehungen sind ein ernsthafter «Gehversuch» Ihres Sohnes außerhalb der Familie, ein vorsichtiges Herantasten an die Welt da draußen. Solche Anfangsbeziehungen sind oft flüchtig und dauern nur ein paar Tage; erste Liebesbriefe, die durchs Klassenzimmer flattern, Zettelchen, auf denen steht: «Wollen wir zusammen gehen?», oder: «Ich finde dich süß.» Doch mit zunehmendem Alter werden die Beziehungen intensiver, länger – und sexuell. Jetzt lernen Jugendliche, Empfindungen zu bewältigen und mit Beziehungen umzugehen; sich zu verlieben und enttäuscht zu werden, Konkurrenzen zu bestehen, Erfolge einzufahren und Niederlagen einzustecken, ineinander zu verschmelzen und wieder loszulassen, Eifersucht auszuhalten, Trennungsängste durchzumachen und zu erfahren, wie es ist, geliebt, begehrt und verlassen zu werden. Sie erleben, dass Beziehung auch Alltag bedeutet, dass man sich miteinander streiten und versöhnen, beschäftigen und langweilen kann, Kompromisse eingehen muss und verantwortlich ist für seine eigenen Bedürfnisse und für die des anderen. Jugendliche spüren, dass Sexualität den unterschiedlichsten Schwankungen unterliegt, mal lustvoll ekstatisch erlebt wird, mal wie am Fließband vorüberzieht. Sie lernen ihren Körper kennen, entdecken, welche Stellen Lust auslösen und was Ängste weckt. Und so gelangen sie allmählich zu Selbstbewusstsein und sexueller Identität.

Ein Sechzehnjähriger suchte mich zu einer Beratung auf, weil er in der Sexualität mit seiner Freundin nur wenig Lust empfand. Das Ganze sei ihm zu vertraut, sagte er. Er verspürte zwar eine große Angst, seine Freundin zu verlieren, sehnte sich aber gleichzeitig nach dem Reiz eines unbekannten Mädchens. Ein Fünfzehnjähriger suchte mich auf, weil er in all seinen Liebesbeziehungen immer wieder mit demselben Problem konfrontiert wurde: Nach einigen Tagen wollten die Mädchen nichts mehr von ihm wissen. Das würde mit solch einer Regelmäßigkeit geschehen, dass er, so glaubte er, seinen Teil dazu beitragen würde. Aber welchen?

Eine Mutter erzählte mir, dass ihr Zwölfjähriger eines Mittags nach Hause kam und sagte: «Ich möchte nicht weiter mit Lena zusammen sein, denn ich bin nicht in sie verliebt. Aber ich will sie auch nicht verletzen.» Solche Liebes- und Beziehungserfahrungen sind von unschätzbarem Wert und können durch kein Fernsehprogramm und kein Computerspiel ersetzt werden. In Partnerschaften und im Erleben von Sexualität entdecken Jungen und junge Männer ihre Männlichkeit und erkennen zugleich, wo ihre Grenzen sind; ob sie unter Leistungsdruck stehen oder sich Freundinnen suchen, die ihnen nicht gut tun. Insofern sollten Eltern eine positive Haltung zur Beziehungsgestaltung und Sexualität des Sohnes einnehmen und ihn motivieren, diesen Weg zu gehen.

Doch nicht alle Jungen machen während der Pubertät ihre ersten partnerschaftlichen und sexuellen Erfahrungen. Viele sind mit 17, 18 oder älter noch «Jungfrau» und lassen sich mit allem ein wenig mehr Zeit. Wenn man versucht, sich in die Lage eines Pubertierenden hineinzuversetzen, dann ist es in der Tat nicht einfach, all die widersprüchlichen Gefühle, die in der Pubertät lebendig sind, zu bewältigen. Viele Jungen verspüren zwar den heftigen Wunsch, sich zu binden, verfügen aber noch nicht über genügend Erfahrung und Selbstbewusstsein, um ein Mädchen kennen zu lernen. Auch der Drang nach sexueller Befriedigung kann quälend werden, wenn man sich noch nicht an Mädchen herantraut.

Doch es sollte Eltern nicht im Geringsten beunruhigen, wenn ihre Söhne noch keine partnerschaftlichen und sexuellen Beziehungen aufgenommen haben. Viele Jugendliche machen dennoch ihre Beziehungserfahrungen – in platonischen Bindungen mit Freunden und Mitschülern sowie im Zusammensein mit den Jungs und Mädchen aus ihrer Clique. Auch nichtsexuelle Kontakte fördern ein allmähliches Loslösen von den Eltern hin zu Menschen außerhalb der Familie und sind Teil des jugendlichen Entwicklungsprozesses.

ANREGUNG FÜR ELTERN

ERINNERN SIE SICH?

Nehmen Sie sich einen Augenblick Zeit und gehen Sie gedanklich und emotional zurück zu Ihrem ersten sexuellen Erlebnis.

– Wie ging es Ihnen dabei?
– Haben Ihre Eltern davon gewusst? Wenn ja: Wie haben sie reagiert?
– Wie hätten Ihre Eltern Sie in Ihrer sexuellen Entwicklung unterstützen können?

HETEROSEXUELLE NÖTE

Wenn es um Kontakte zu Mädchen und Frauen geht, dann stehen Jungen rasch vor der Frage, wie sie sich verhalten sollen, um bei Mädchen gut anzukommen. Viele glauben, sich Mädchen gegenüber möglichst kräftig, kontrolliert, dominant und cool präsentieren zu müssen, auch wenn sie das nach außen nicht unbedingt zeigen und vielleicht sogar eher den schüchternen und unscheinbaren Jüngling abgeben. Viele Jungen glauben, dass es einzig und allein die Aufgabe des Mannes sei, die Initiative zur Kontaktaufnahme mit Mädchen zu ergreifen, oder sie haben das Gefühl, in der Beziehung oder beim Geschlechtsverkehr stets eine führende Rolle übernehmen zu müssen.

Diese innere Überzeugung hat eine sexuelle Entsprechung, die der amerikanische Verhaltenstherapeut Bernie Zilbergeld stellvertretend für die Phantasien vieler Männer auf den Punkt gebracht hat: «Er ist einen halben Meter lang, hart wie Stahl und macht die ganze Nacht nicht schlapp.» Unter dem Einfluss eines derart hohen Anspruchs bewegt sich ein Junge oder Mann stets am Abgrund des Versagens. Wer hoch hinauswill, kann tief fallen! Gerade während der Pubertät, wenn Jungen noch keine sexuelle Erfahrung haben, können sexuelle Versagensängste sehr lebendig sein – einen zu kleinen Penis zu besitzen, es beim ersten Mal nicht gut zu machen, keine Erektion zu haben, zu früh zu ejakulieren. In der schlimmsten Phantasie eines Jungen redet am nächsten Tag die ganze Schule über seine Schwächen. Leider werden Versagensängste oft dadurch am Leben gehalten, dass gleichaltrige Jungen im Klassenverband, in der Clique oder in Sport- und Freizeitgruppen eigene Schwächen zu kompensieren versuchen, indem sie sich größer und stärker machen, als sie sich in Wirklichkeit fühlen. So entsteht ein Gruppendruck, von dem die meisten glauben, sich ihm beugen zu müssen.

Versagensängste verschwinden im Normalfall rasch, wenn Jungen ihre ersten Beziehungen aufnehmen, erste sexuelle Erfahrungen machen und erleben, dass es funktioniert. Der erste Geschlechtsverkehr kann ein sehr schönes Erlebnis sein, das einen Jungen in seinem Gefühl der Männlichkeit wachsen lässt, ihm Selbstbewusstsein verschafft und ihn stärkt. Es ist jedoch für viele Jungen verwirrend, dass eine «platte Männlichkeit» bei Mädchen und Frauen heutzutage eher gemischte Gefühle auslöst, als dass sie mit lauten Hurraschreien begrüßt wird. Ein «Macho», wie es oft verallgemeinernd heißt, ist häufig mit negativen Assoziationen belegt, nicht nur bei Mädchen, sondern auch bei vielen Jungen. Dagegen setzen Werbung, Hollywood und Zeitgeist weiterhin auf typisch Männliches: Waschbrettbäuche, coole Sprüche, Schwertkämpfe, Leistungsdenken und das Ziel, später die Familie zu ernähren – der Softie ist nicht angesagt. Andererseits schwirren Begriffe wie «Gleichberechtigung» oder «weibliches Selbstbewusstsein» in den Köpfen vieler Jungen herum – Begriffe, die sich nicht unbedingt damit vereinbaren lassen, dass ein Junge dominant, kämpferisch und cool zu sein hat. Ebenso verwirrend ist das Phänomen, dass Jungen in ihrer emotionalen Pubertätsentwicklung häufig den Mädchen um ein bis zwei Jahre hinterherhinken, aber nichtsdestotrotz den Anspruch haben, ihre Freundin beschützen und an die Hand nehmen zu wollen.

Mädchen werden von Jungen recht ambivalent erlebt; zum Teil selbstbewusst, emanzipiert und authentisch, in sexuellen Dingen oder im Werben jedoch eher zurückhaltend und dem Jungen die Initiative überlassend. Pubertierende Mädchen sind oft nicht die wilden, selbstbewussten jungen Frauen, wie sie von manchen Erwachsenen herbeigesehnt werden, sondern eher abwartend und in der Rolle derjenigen, die die «triebhaften» Jungs abwehren müssen. Dieses Hin und Her zwischen dem, was von Jungen an Männlichem erwartet wird, und dem, was ihnen im Kontakt zu Mädchen begegnet, zwingt viele Jungen zu einem Spagat, der schwer zu bewältigen ist und Verunsicherung und Überforderung hervorrufen kann: cool sein oder offen, draufgängerisch oder rücksichtsvoll, wild oder schüchtern, lässig oder aufmerksam?

Ein Jugendlicher sagte einmal während eines Seminars: «Wenn ich das Wort Emanzipation höre, kriege ich die Krätze. Neulich sagte unsere Klassenlehrerin, sie bräuchte drei starke Männer, die ihr beim Kistenschleppen helfen. Ich hab ihr gesagt: ‹Nehmen Sie doch drei kräftige Emanzen.› Dann meinte sie, Männer seien nun mal körperlich stärker als Frauen. Dann hab ich ihr gesagt: ‹Typisch Frau: Wenn es ihnen in den Kram passt, machen sie sich klein und schwach und überlassen alles Schwierige den Männern. Wenn ihnen die Männer dann zu stark werden, kriegen sie eins über die Rübe, und dann heißt es: Emanzipation. Aber fürs Kistenschleppen sind wir allemal gut genug.›» Er muss das wohl so wütend vorgetragen haben, dass er eine Verwarnung bekommen hat.

Eine ähnliche Verunsicherung erlebte Maik, 16, und flog anschließend aus einer Berliner Jugendfreizeiteinrichtung. Maik hatte sich wiederholt an ein Mädchen herangemacht, ihr zwischen die Beine gefasst und versucht, ihr einen Kuss zu geben, obwohl sie ein klares und deutliches «Nein!» signalisiert hatte. «Machoschwein!», schimpften die Mädchen, «Looser», die Jungen. Nun kannte ich Maik und wusste, was ihn beschäftigte, denn ich hatte einige Wochen zuvor ein Seminar mit ihm und seinen Freunden geleitet. In diesem Seminar hatten Maik und einige andere Jungs aus seiner Clique über ihre Verunsicherung im Kontakt zu Mädchen gesprochen, und es war deutlich geworden, dass sie sich dem Druck der Jungen und Mädchen aus ihrer Umgebung nicht gewachsen fühlten.

In der Clique herrschte ein rigides Männerbild, und bei den Jungs kursierten «Lebensweisheiten» wie: «Wenn eine Frau ‹Nein!› sagt, dann meint sie ‹Ja!›, oder: «Du musst dich einfach nur ranmachen, Alter, darfst nicht so schüchtern sein, dann klappt das schon!», und Ähnliches. Wie gesagt: cool oder offen, wild oder zurückhaltend? Manche Jungen sind grenzüberschreitend, weil sie solche Fragen nicht klären können.

Die Verunsicherung mit der männlichen Rolle schlägt bei einigen Jungen in verdeckte oder offene Aggression gegen Mädchen und Frauen um. Jungen und junge Männer, die ein rigides Männlichkeitsbild verinnerlicht haben, richten ihre Aggressionen nicht gegen Frauen, weil sie sich *über*legen, sondern weil sie sich *unter*legen fühlen. Die Zeichnung eines Jungen, die ich am Ende eines Seminars auf einem Stuhl fand, bringt die Nöte vieler Männer und Jungen auf den Punkt:

Was bei vielen zunächst als «frauenfeindlich» daherkommt, ist in Wirklichkeit eine tief sitzende Hilflosigkeit und Angst, zu versagen. Mädchen und Frauen werden von einigen Jungen nicht als zweitklassig angesehen, weil sie als im Vergleich zu Männern schwächer phantasiert werden, sondern weil in sie Macht projiziert wird («Zeig mal dein Penis – Vergiss es, du Flasche»). Ein Jugendlicher, der seine Freundin mehrmals geschlagen hatte und sich wegen seiner Aggressionen von mir beraten ließ, sagte einmal: «Ich kann es nicht ertragen, dass sie mit Argumenten kommt, gegen die ich mich nicht mehr wehren kann. Sie ist eine Frau, und ein Mann darf einer Frau nicht unterlegen sein. Dann schlage ich halt zu.»

HOMOSEXUELLE NÖTE

Oft wird angenommen, es gebe eine pubertäre Übergangsphase zwischen der Masturbation und späterem heterosexuellem Sex, in der sich Jungen gleichgeschlechtliche Partner suchten. Nach einer Studie der Bundeszentrale für gesundheitliche Aufklärung (Jugendsexualität. Wiederholungsbefragung von 14- bis 17-Jährigen und ihren Eltern) waren es 2001 fünf Prozent der befragten Jungen, die körperliche Kontakte zum gleichen Geschlecht gehabt hatten, während eine andere Untersuchung sogar nur von ein bis zwei Prozent spricht (Schmidt 1993). Im Vergleich zu den sechziger und siebziger Jahren ist die gegenseitige Masturbation bei Jungen heutzutage rapide zurückgegangen. Damals kam man weniger auf die Idee, schwul sein zu können, weil Homosexuelle eine eher «geisterhafte» Minderheit darstellten, über die kein Mensch redete. Heute dagegen fürchten viele Jungen, schwul zu sein, weil Schwule wesentlich präsenter sind. Das verschreckt solche, die sich noch zögerlich mit ihrer sexuellen Orientierung auseinander setzen.

Ähnlich wie Jungen während der Pubertät ihr Verhältnis zu Mädchen und Frauen kritisch und suchend hinterfragen, überprüfen sie auch, zu welchem Geschlecht sie sich stärker hingezogen fühlen, zumal es immer offensichtlicher wird, dass heutzutage vielfältige Möglichkeiten des Zusammenlebens gesellschaftlich akzeptiert sind. Von Jungen erfährt man jedoch nur spärlich oder gar nicht, was sie hinsichtlich ihrer sexuellen Orientierung beschäftigt. Viele fürchten, sie könnten von Eltern, Mitschülern oder Freunden als schwul eingestuft werden, wenn sie sich mit ihren Gedanken und Sorgen jemandem mitteilen würden. Wer viel mit Jungen zu tun hat, wird bestätigen können, dass Jungen ihren Fragen zur Homosexualität eher verdeckt als offen Ausdruck verleihen, indem sie sich auffällig schwulenfeindlich zeigen oder ihre Kumpels «im Scherz» bezichtigen, schwul zu sein.

Die Auseinandersetzung mit der sexuellen Orientierung während der Pubertät hat, wie ich an anderer Stelle bereits erklärt habe, viel mit der Suche nach Männlichkeit zu tun, und die Gefühle, die Jungen Homosexuellen entgegenbringen, sind in diesem Zusammenhang vielfältig und verwirrend. Einerseits wird in Schwule viel Weibliches hineinprojiziert, das Jungen aus ihrer männlichen Verunsicherung heraus häufig abwehren müssen – passiver Analverkehr, Tuntenhaftigkeit, Verweichlichung. Weibliches Verhalten jedoch hat oftmals auch etwas Reizvolles, das sich viele Jungen bei sich selbst nur schlecht zugestehen können – verführt zu werden, umworben zu werden, sich Zeit zu nehmen und zu überlegen, ob man zum Sex bereit ist oder nicht. Ein richtiger Mann kann und will immer.

Sogar Sex unter Männern kann Jungen neugierig machen. Im schwulen Sex vereint sich das Männliche mit dem Männlichen – eine Phantasie, die den Prozess der pubertären Suche vieler Jungen nach Männlichkeit spiegelt. Ein Fünfzehnjähriger, der ein Seminar mit schwulenfeindlichen Bemerkungen zu stören versuchte, sagte: «Wenn ich an Schwule denke, dann stelle ich mir immer vor, dass ich unter der Dusche stehe und von hinten ein Schwuler mit einem dicken großen Schwanz auf mich zukommt. Das ist einfach eklig!»

Doch ein «dicker großer Schwanz» ist kein Symbol für Ekel, sondern ein Symbol für Männlichkeit. Vermutlich verbirgt sich hinter der Abwehr des Jungen das Bedürfnis, etwas von der Männlichkeit des «dicken großen Schwanzes» abzubekommen.

Um derartige Widersprüchlichkeiten mit der sexuellen Orientierung zu bewältigen, vertreten Jungen eine oft rigide Moral, was Erwachsenen wie Schwulenfeindlichkeit erscheinen mag. Doch angebliche Vorurteile gegenüber Homosexuellen sind oft nur ein jugendlicher Versuch, dem inneren Chaos eine Struktur zu verleihen.

Zusammengefasst könnte die innere Ambivalenz vieler Jungen wie folgt aussehen:

- Ich mag Schwule nicht, weil die so weiblich sind. Männer müssen hart sein.
- Ich beneide Schwule, weil die weiblich sein dürfen. Eigentlich würde ich auch gerne mal passiv sein und mich verführen lassen.
- Mich reizen Schwule, weil da zwei Männer etwas miteinander anstellen. Eigentlich will ich, dass ein Mann mit einem dicken großen Schwanz kommt und mir ein wenig von seiner Männlichkeit abgibt.
- Zum Glück stehe ich auf Mädchen und Frauen.
- Manchmal ertappe ich mich dabei, dass ich auch Jungen und Männer geil finde. Hoffentlich werde ich nicht schwul.
- Um mit alledem zurechtzukommen, finde ich Schwulsein eklig. So weiß ich wenigstens, wo es langgeht.

Eltern könnten ihren Söhnen Orientierung geben, wenn sie Homosexualität selbstverständlicher in Gespräche über Sexualität integrieren und die jugendlichen Ängste und Sorgen hinsichtlich der sexuellen Orientierung im Auge behalten würden. Ein Junge, der sich mit seiner sexuellen Orientierung beschäftigt und sexuelle Gefühle zu anderen Jungen und Männern hat, muss nicht zwangsläufig später auch schwul werden.

Homosexualität ist für viele Eltern nach wie vor ein großes Tabu. Die Vorstellung, einen schwulen Sohn haben zu können, löst oftmals Verunsicherung und Abwehr aus. Besonders Vätern scheint die Gewissheit, einen schwulen Sohn zu haben, erhebliche Probleme zu bereiten. Wie sich bei einer Studie des Niedersächsischen Ministeriums für Frauen, Arbeit und Soziales von 2001 über die Lebenssituation schwuler Jugendlicher herausstellte, hat fast die Hälfte der Befragten im Alter zwischen 15 und 25 nicht mit dem Vater über die Homosexualität sprechen können. Über ein Viertel muss sogar langfristig damit zurechtkommen, von ihm wegen des Schwulseins abgelehnt zu werden.

Dabei wäre gerade die uneingeschränkte Unterstützung der Väter sowohl für hetero- als auch für homosexuelle Jungs von großem Wert. Heterosexuelle Jungs würden im Vater ein Vorbild finden, angstfrei mit der eigenen Verwirrung umzugehen; schwule Jungen würden durch die Hilfe des Vaters in der Konfrontation mit der männlichen heterosexuellen Umwelt gestärkt, die vielen Schwulen die Jugend nach wie vor zur Hölle machen kann.

«ICH GLAUBE, WIR HABEN UNS VERSTANDEN!»

Eine traurige Erfahrung mit seinem Vater machte Carsten, 32: «Ich war damals 20. Es war die Zeit nach meinem Abitur. Ich arbeitete als Paketzusteller in Dortmund. In meiner Mittagspause lud mich mein Vater in ein teures Restaurant in der Dortmunder Innenstadt ein. Er sagte, er wolle einiges mit mir besprechen. Einige Tage zuvor hatte ich meiner Mutter erzählt, dass ich schwul bin. Sie hatte fast hysterisch reagiert, geweint, mir Vorwürfe gemacht, aber am Ende gesagt, ich müsse mein eigenes Leben leben. Ich bat meine Mutter, mit Vater über mich zu sprechen. Ich hing sehr an ihm; ich fürchtete aber auch, dass er mich fallen lassen würde, wenn er erfuhr, dass ich schwul bin. Er hat oft abfällig über Schwule geredet, ich dachte, es würde sicher nicht leicht werden. Als er mich zum Essen einlud, war ich sicher, dass er mit mir über mein Schwulsein reden wollte. Wir trafen uns also im Restaurant, und ich war sehr nervös. Ich erwartete einen Vortrag oder dass er mir ein schlechtes Gewissen machte. Aber nichts geschah. Er erzählte von beruflichen Problemen, Stress im Büro und so weiter. Dann irgendwann, ich hielt es kaum noch aus, fragte ich ihn, ob Mutter meinetwegen mit ihm geredet hätte. Er reagierte gar nicht. Erzählte weiter vom Büro und von seiner Sekretärin, die gekündigt hat, und von seinem Kollegen, der in den Augen meines Vaters ein beruflicher Versager war. Nach etwa zehn Minuten fragte ich ihn erneut – dieses Mal war es so, dass ich meinen ganzen Mut zusammennehmen musste. Ich wäre am liebsten aufgesprungen und gegangen. Doch er antwortete: ‹Es gibt Dinge auf der Welt, die sind so pervers, dass es darüber nichts mehr zu sagen gibt. Ich glaube, wir haben uns verstanden!› Gab mir zwei freundschaftliche Klapse auf die Wange und erzählte weiter vom Büro.»

(Aus: Braun / Martin: Gemischte Gefühle. Ein Lesebuch zur sexuellen Orientierung.)

Doch nicht nur Väter, auch viele Mütter reagieren verunsichert, ängstlich oder abwehrend, wenn sie erfahren, einen schwulen Sohn zu haben. Johanna, 45, ist Lehrerin und hat einen schwulen Sohn, Sebastian, der sechzehn war, als sie von seiner Homosexualität erfahren hat. Vermutlich stehen ihre Ängste und Sorgen stellvertretend für das, was viele Mütter beschäftigt.

J. B.: Wie haben Sie erfahren, dass Sebastian schwul ist?

> Johanna: Das war vor zwei Jahren. Sebastian kam von einer Klassenfahrt wieder und war irgendwie verändert – gar nicht mehr so fröhlich, abwesender als sonst. Eines Tages habe ich ihn beiseite genommen und ihn gefragt, was los ist. Er fing an zu weinen und sagte, dass er sich verliebt habe. Ich fragte ihn: «Wer ist denn die Glückliche?», und dann sagte er: «Sven aus meiner Klasse.»
>
> (Pause. Johanna weint.)
>
> (...)

Aber glauben Sie nicht, dass es vielen Schwulen heutzutage gut geht?

> Wenn ich ehrlich bin, nein. Die meisten bleiben allein und werden einsam alt. Die wenigsten können eine befriedigende Beziehung haben. Neulich wollte sich ein Bekannter von uns das Leben nehmen, weil sein Freund sich nicht um ihn gekümmert hat. Was sind das denn für Zustände?

Aber so etwas kommt doch in heterosexuellen Beziehungen ständig vor ...

> Da haben Sie Recht. Vielleicht sind es auch egoistische Gründe, wegen denen es mir schlecht geht.

Zum Beispiel?

> Ich bekomme von Sebastian keine Enkelkinder. Gut, ich habe noch Marissa, aber Sebastian fällt als Erzeuger flach. Ich gebe zu, das ist gemein, dass ich so denke, aber es belastet mich.

Das ist nicht gemein, das ist ein Punkt, der viele Eltern beschäftigt. Gibt es noch andere egoistische Gründe?

Hoffentlich halten Sie mich jetzt nicht für bekloppt, wenn ich das sage. Ich sage es besser nicht.

Jetzt machen Sie mich neugierig …

Es gibt auch etwas Positives an Sebastians Homosexualität: Er geht mir nicht verloren. Eine andere Frau wäre eine Konkurrenz für mich, ein anderer Mann ist es nicht. Ich kann mir einfach nicht vorstellen, dass mir ein anderer Mann meinen Sohn wegnehmen würde; eine Frau würde das ohne weiteres tun.

Gibt es Wünsche an Ihren Sohn?

Wenn ich ehrlich bin, ja.

Viele Eltern haben erotische Wünsche an ihre Kinder. Die meisten verleugnen sie, weil sie es bedrohlich finden.

Ich weiß nicht, ob es unbedingt erotische Wünsche sind. Aber ich merke, dass ich Sebastian behalten möchte.

(…)

Wie geht es Ihnen denn mit schwuler Sexualität?

(nachdenklich) Ich weiß, es ist absurd, aber bei Heterosexuellen stört mich Analverkehr nicht – bei Homosexuellen stößt er mich ab.

Warum?

Weil der passive Teil der Beziehung irgendwie degradiert wird; ein Mann, der sich degradieren lässt; ich weiß, das ist absurd, aber der passive Mann ist in meinen Augen unmännlich.

Könnte es sein, dass Sie fürchten, dass Ihr Sohn unmännlich und dann für Sie nicht mehr attraktiv ist?

Ist es schlimm, wenn ich Ja sage?

Nein, wenn es so ist …

Mein Gott, ich dachte immer, ich bin so aufgeklärt, und jetzt kommt raus, dass ich eigentlich stockkonservativ bin. Es ist wirklich so, dass ich nicht will, dass Sebastian in die Rolle einer Frau schlüpft. Er verliert dann an Attraktivität.

Der « richtige » Heterosexuelle, der keine weiblichen Anteile hat, ist eben doch reizvoller?

(Lacht.) Es ist schon unglaublich, wie widersprüchlich Gefühle sein können. Ich weiß selber nicht, was eigentlich los ist. Aber das ganze Thema berührt mich an der Basis. Ich wünsche mir einfach nur, dass Sebastian glücklich wird.
(Das Interview ist ein Auszug aus: Braun, Joachim: Ich will keine Schokolade.)

Jungen entdecken, statistisch gesehen, am häufigsten zwischen dem 14. und dem 17. Lebensjahr, dass sie schwul sind. Bei den meisten verursacht diese Erkenntnis, die auch Coming-out genannt wird, zunächst einen Schock. Sie fühlen sich ausgegrenzt und schämen sich dafür, anders zu sein als die Jungs aus ihrer Klasse oder Clique. Die einige Seiten vorher zitierte niedersächsische Studie hat überdies ergeben, dass ein Coming-out heutzutage, in einer relativ homosexuellenfreundlichen Zeit, die gleichen Ängste hervorruft wie noch vor dreißig Jahren. Folglich machen viele schwule Jugendliche den Prozess der homosexuellen Entwicklung während der Pubertät zu einem großen Teil nach wie vor mit sich allein aus. Während sich ihre heterosexuellen Geschlechtsgenossen in ersten Liebesbeziehungen ausprobieren und erste sexuelle Erfahrungen machen, ziehen sich schwule Jugendliche häufig in sich zurück und reagieren mit Depressionen und Isolation. Den ersten Freund haben schwule Jugendliche durchschnittlich mit 19,3 Jahren, während sich ihre heterosexuellen Geschlechtsgenossen bereits mit durchschnittlich 16,8 Jahren befreunden.

Eltern haben großen Einfluss darauf, in welcher Qualität das Coming-out ihres Sohnes verläuft. Während es oft belächelt oder mit «Wie süß!» honoriert wird, wenn ein Zwölfjähriger einen Liebesbrief von einer Mitschülerin aus der Hosentasche zieht, würden dieselben Eltern vermutlich aus allen Wolken fallen, wenn der Brief von einem Mitschüler wäre. Dieses «aus allen Wolken fallende» Klima ist es, das homosexuelle Jungen oft verarbeiten müssen, wenn sie sich mit ihren Gefühlen an die Öffentlichkeit wagen.

Wenn mich Jungen zu einer Beratungssitzung aufsuchen, weil sie ein Coming-out zu bewältigen haben, geht es *immer* auch darum, es den Eltern zu sagen. Ein Jugendlicher benötigt in diesem Alter noch sehr stark die emotionale Unterstützung seiner Eltern, um seine Sexualität entfalten zu können. Manchmal reagieren Eltern gelassen und unterstützen ihren Sohn nach allen Kräften. Häufig jedoch beschuldigen Eltern ihren Sohn oder diskutieren mit ihm, ob man die Homosexualität nicht irgendwie «wegmachen» könne. Andere machen sich selbst Vorwürfe, in der Erziehung etwas falsch gemacht zu haben. Aus Verunsicherung und ohne es zu wollen, verletzen und demütigen viele Eltern ihre Söhne mit jeder Bemerkung, die sie zu dem Thema äußern.

Sexualität ist eines der intimsten Dinge. Dafür verlacht oder beschämt zu werden ist mit das Schlimmste, was einem Menschen widerfahren kann. Je besser es Vätern und Müttern gelingt, eigene Vorurteile gegen Homosexualität zu bewältigen, desto besser können sie ihre Söhne beim Coming-out und bei der sexuellen Identitätsfindung unterstützen.

Jedoch kann die Krise vieler schwuler Jugendlicher auch einen positiven Effekt haben: Aus der Not heraus tun sich die meisten Jungen irgendwann mit anderen Schwulen und Lesben zusammen oder nehmen an Coming-out-Gruppen teil, um ihre Erlebnisse zu verarbeiten und mit ihrer Sexualität umgehen zu lernen. Viele erleben es dort, wie es ist, über sich, ihre Gefühle und ihre Sexualität zu sprechen – eine Lernerfahrung, die späteren Beziehungen zugute kommt und heterosexuellen Jungen leider häufig fehlt.

SEXUALAUFKLÄRUNG

Je vertrauter zu Hause über Sexualität und Beziehung gesprochen werden kann, desto freier wird sich der Sohn fühlen. Sexuelle Aufklärung ist sozusagen das Rüstzeug, das ihm mit auf den Weg gegeben wird, um sich in Beziehungen zurechtzufinden. Außerdem lernt er durch Gespräche, seine Bedürfnisse und Empfindungen in Beziehungen artikulieren und einfordern zu können.

Über Sexualität sollte zu Hause gesprochen werden, bevor Jungen ihren ersten Koitus erleben. Denn nur die wenigsten Eltern springen vor Freude an die Decke, wenn ihnen ihr Fünfzehnjähriger während des Abendessens andeutet, dass er bald ungewollt Vater wird. Es ist wichtig, Söhne rechtzeitig über die gängigen Verhütungsmethoden zu informieren, sie über die Folgen einer Vaterschaft aufzuklären und dabei möglichst auch über die elterlichen Ängste zu sprechen, die Mutter oder Vater zu dem Thema bewegen.

Viele Eltern vermeiden es tendenziell immer noch, mit ihren Söhnen über deren Verantwortung bei einer möglichen Schwangerschaft nach einem Koitus zu sprechen.

Die Bundeszentrale für gesundheitliche Aufklärung fand heraus, dass, obwohl die Verhütungsberatung durch Eltern zunimmt, Mädchen mit 72 Prozent nach wie vor häufiger über Empfängnisverhütung informiert werden als Jungen mit 57 Prozent (Bundeszentrale für gesundheitliche Aufklärung 2001). Dabei würden intensivere Gespräche mit Jungen die Risiken ungewollter Schwangerschaften erheblich mindern. Jungen vermeiden Verhütung häufig nicht aus Verantwortungslosigkeit, sondern aus Verunsicherung. Sie wollen dem Mädchen als Mann gefallen, «es» gut machen, sie befriedigen, dabei nicht unsicher wirken und bei allen Ansprüchen an sich selbst die Erektion halten können. Ein Kondom ist ein großer zusätzlicher «Unsicherheitsfaktor»: Es unterbricht den Sex und damit womöglich auch die Erektionsstärke, es lässt sich nicht immer leicht öffnen, geschweige denn überziehen, vor allem, wenn der Penis nicht mehr hundertprozentig steif ist. Man braucht ein wenig sexuelle Erfahrung, um mit einem Kondom souverän umgehen zu können. Da Jungen oft Schwierigkeiten haben, zu ihrer sexuellen Unerfahrenheit zu stehen oder zuzugeben, etwas nicht zu können, lassen sie ein Kondom zuweilen auch aus dem Spiel und verlassen sich darauf, dass die Freundin die Pille nimmt. Je einfühlsamer Eltern mit ihrem Sohn über solche Dinge sprechen können, desto mehr unterstützen sie ihn in seiner sexuellen Entwicklung und der Fähigkeit, in Beziehungen Verantwortung zu übernehmen.

Elf- und zwölfjährige Jungen sind häufig nicht über den ersten Samenerguss oder «Feuchte Träume» informiert. So viel Mühe sich Eltern mit der Menstruation ihrer Tochter geben, so nachlässig gehen sie häufig mit der Sexualaufklärung ihrer vorpubertären Söhne um (Kluge 1998). Mangelndes Wissen jedoch kann zur Folge haben, dass Jungen bei der Selbstbefriedigung ein schlechtes Gewissen entwickeln und dadurch insgesamt einen rauen Start ins Liebes- und Sexualleben haben.

Ein populäres Aufklärungsmedium unter älteren Jungen ist die Pornographie. Meist sind Eltern nicht gerade begeistert, wenn sie erfahren, dass ihr Sohn sich einen Porno «reingezogen» hat. Vermutlich enthalten die Szenen, die in einem Porno gespielt werden, nicht gerade die Werte, die Eltern ihrem Sohn über Liebe und Sexualität mit auf den Weg geben wollen. Es ist wichtig, mit Jungen Gespräche zu beginnen, wenn sie erfahren haben, dass er einen Porno gesehen hat. Wirklichen Schaden in seiner psychosexuellen Entwicklung erleidet ein Junge aufgrund von Pornokonsum jedoch nicht. Viele Jungen sind eher verunsichert und fragen sich, ob und wie ein Mann so lange durchhalten kann oder muss, wie es im Film gezeigt wird. Oft hilft es, wenn Jungen erfahren, dass die Realität ganz anders ist als im Filmstudio, wo mehrere Kameras und ein hektischer Regisseur mit einem gelangweilten Filmteam im Rücken um das Paar herumschwirren.

Meist reden Jungen nicht über Unsicherheiten und Ängste. Sie sind dennoch dazu bereit, wenn es für sie wichtig ist, zu erfahren, welche Einstellungen und Gefühle Mutter oder Vater bei so einem «heiklen» Thema hat.

Grundsätzlich sollten Eltern allen Fragen mit offenen und ehrlichen Antworten begegnen, sei es zum Penis, zum Kitzler, zu feuchten Träumen, zu sexuellen Reaktionen oder zur Homosexualität. Je besser ihr Sohn informiert ist, desto sicherer wird er sich in seiner Sexualität fühlen.

Ich erlebe es immer wieder, dass selbst sechzehn-, siebzehnjährige Jungen behaupten, alles zu wissen. Zeige ich ihnen Bilder von der Vagina, haben sie keine Ahnung, was ein Kitzler ist, geschweige denn, wo er sitzt. Man braucht nicht viel Phantasie, um sich vorzustellen, dass die erste Begegnung mit einem Mädchen schon allein deswegen verunsichernd sein kann, weil ein Junge überhaupt nicht weiß, welche Stellen er berühren soll, um Lust zu erzeugen.

Eltern sollten weder ihre eigenen Grenzen überschreiten, wenn sie über Sexualität sprechen, noch verlangt jemand von ihnen, ein wandelndes Sexlexikon zu sein. Je offener und authentischer sie sich zur Sexualität verhalten, desto hilfreicher ist es für den Sohn, desto glaubwürdiger sind die Eltern als Vorbild. Denn viele Jungen überspielen ihre eigenen Schamgefühle und glauben, sie müssten über alles reden können, weil es aus ihrer Sicht nicht «männlich» ist, Dinge zu nah an sich rankommen zu lassen. Viele sind auch der Überzeugung, alles über Sexualität wissen zu müssen. Wenn Jungen dagegen die Grenzen ihrer Eltern erfahren, finden sie Mut, zu ihren eigenen Grenzen zu stehen.

Wenn sich Söhne hartnäckig Gesprächen verschließen oder

Eltern das Gefühl haben, bei ihnen eine Grenze zu überschreiten, dann sollten sie sich vorsichtig zurückhalten und sie zu nichts zwingen.

Ich erlebe es häufig, dass Eltern die Grenzen ihrer Söhne ignorieren, weil sie, ähnlich wie manche Jungen, der Auffassung sind, man dürfe nicht «verklemmt» sein und müsse umfassend über Sexualität reden können.

Gerade in der Pubertät jedoch, wo Jugendliche beginnen, sich von ihren Eltern zu lösen, und immer mehr eigenen Raum für sich beanspruchen, kann diese Nähe vom Jugendlichen zu seinen Eltern gar nicht mehr uneingeschränkt gewünscht werden.

Wer im Begriff ist, sich zu trennen, bindet sich nicht erneut durch die Offenbarung intimer Dinge.

II. TRAUMJOB ELTERN

Nicht nur Söhne, auch Eltern pubertieren.

Während der Sohn an Autonomie gewinnt und sich zunehmend von seinen Eltern löst, müssen sich Eltern nach und nach mit der Tatsache abfinden, ihren Sohn als Kind zu verlieren. Das kann die vielfältigsten Gefühle auslösen: Freude und Stolz, Trauer und Wut, Schuld, Eifersucht, Angst und Sorge.

Auf welche Weise Eltern die Pubertät ihrer Kinder erleben und verarbeiten, hat viel mit ihrer eigenen Biographie zu tun: wie die eigene Pubertät verlaufen ist, wie sich die Beziehung zu den eigenen Eltern gestaltet hat oder wie man mit der Notwendigkeit zurechtkommt, sich allmählich auf das Alter vorzubereiten, während dem Sohn Tür und Tor offen stehen.

Doch bevor man durchatmen und sich aus der Verantwortung verabschieden kann, gibt es noch eine Menge zu tun: Geld verdienen und beruflich funktionieren, den Haushalt organisieren und das Familienleben gestalten. Kein leichtes Unterfangen, wenn man vor der Aufgabe steht, einem Heranwachsenden beim Sprung ins Leben die Hand zu halten.

BLICK IN DEN SPIEGEL

GELASSENHEIT DURCH SELBSTERKENNTNIS

Kinder und Jugendliche konfrontieren uns unweigerlich mit uns selbst. Die Entwicklungsphase der Pubertät, aber auch jeder einzelne Jugendliche in seinem individuellen Verhalten rufen bestimmte Erinnerungen, Erfahrungen, Erlebnisse in uns wach, die erheblich dazu beitragen, wie wir ihre Pubertät erleben – ob wir eher gelassen reagieren oder aufbrausend, ob wir uns hilflos oder beschämt fühlen oder ob wir voller Schuldgefühle sind. Nicht immer verläuft dieser Prozess bewusst. Oft sind wir mit Jugendlichen in Streitigkeiten verstrickt oder machen uns übermäßig Sorgen, ohne zu merken, dass wir mit uns selbst im Clinch liegen und oft uns selbst uns die größten Sorgen bereiten.

Eines Tages rief mich eine Mutter an und vereinbarte mit mir einen Termin zusammen mit ihrem vierzehnjährigen Sohn Raimund. Im Beratungsgespräch erzählte sie, Raimund wäre sehr isoliert, fände keinen Anschluss in der Klasse und benötige beraterische, wenn nicht gar therapeutische Unterstützung. Sie würde sich große Sorgen um seine Zukunft machen, da er über ein zu geringes Selbstwertgefühl verfüge, sich schlecht durchsetzen könne und in Zukunft sowohl beruflich als auch privat erhebliche Probleme bekommen würde. Als ich Raimund fragte, wie es ihm ginge, wenn er das höre, antwortete er, dass er in der Tat sehr schüchtern sei, ihn das jedoch nicht sonderlich belasten würde. Im Laufe der Sitzung beschlich mich zunehmend

das Gefühl, dass es sich bei dem Ganzen mehr um ein Problem der Mutter handelte als um ein Problem ihres Sohnes. Als ich Mutter und Sohn meinen Eindruck mitteilte, platzte es aus Raimund heraus: «Wenn ich ehrlich bin, weiß ich gar nicht, warum ich hier bin. Es stimmt, dass ich schüchtern bin, aber mir macht das überhaupt nichts aus. Die Einzige, die ein Problem damit hat, ist meine Mutter.» Und zur Mutter gewandt, sagte er teils wütend, teils flehend: «Wenn du mich doch endlich damit in Ruhe lassen könntest, Mama! Ich bin gar nicht so schlimm, wie du denkst!» Daraufhin erzählte seine Mutter, als Jugendliche ein einsames, verschüchtertes Mädchen gewesen zu sein, das von allen gehänselt wurde. Vor allem Jungs gegenüber habe sie sich stets ein stärkeres Selbstbewusstsein gewünscht. Auch heute noch würde sie sich von ihrem Mann zu vieles gefallen lassen. Bei ihrem Sohn befürchte sie nun eine ähnliche Entwicklung. Sein ganzes Verhalten erinnere sie daran, wie es ihr damals ergangen sei. Am Ende der Sitzung war sie es, die sich zu einer längerfristigen Beratung entschloss, nicht ihr Sohn.

WENN ELTERN IHRE EIGENE PUBERTÄT DURCHLEBEN

In Seminaren für Eltern oder pädagogisch Tätige konzentriert sich eine Arbeitseinheit häufig auch auf die eigene Pubertät der Teilnehmenden. Viele Erwachsene haben im Laufe von zwanzig oder dreißig Jahren und in der Hektik von Beruf und Familienalltag vergessen, welche Emotionen in ihrer Pubertät lebendig waren. Zum Beispiel die aufgestaute Wut gegen Eltern und Lehrer, die sich womöglich nur schlecht oder überhaupt nicht entladen konnte. Das Auf und Ab von Stimmungen, mal euphorisch heiter, mal zu Tode betrübt. Achselgeruch, Pickel und ein Körper, der in seiner Unkoordiniertheit alles andere als reizvoll war. Die Sehnsucht nach der großen Liebe und der Traum, mit ihr durchzubrennen. Die Sticheleien seitens der Mitschüler, der Druck in der Klasse, sich als stark beweisen zu müssen, der Kampf um die Gunst der Mädchen, das Gefühl, nirgends hinzuzugehören.

Es ist oft verblüffend, wie berührt Erwachsene reagieren, wenn sie in einer angeleiteten Übung einiges von dem wiedererleben, was sie als Jugendliche beschäftigt hat. Oft werden die Parallelen zum Verhalten den eigenen Kindern gegenüber mehr als offensichtlich. Eine Teilnehmerin erinnerte sich während einer solchen Übung daran, dass sie in der Pubertät niemanden hatte, mit dem sie über ihre sexuellen Gefühle hätte sprechen können. Zugleich spürte sie deutlich ein schmerzhaftes Gefühl der Einsamkeit. Nun begriff sie auch, warum die Pubertät ihrer eigenen Tochter ein unterschwelliges Gefühl von Unruhe und Unbehagen in ihr auslöste.

Oft entdecken Eltern durch das pubertäre Verhalten Heranwachsender auch Gefühle von Angst, Wut und Abwehr in sich, weil Jugendliche etwas ausleben wollen, das ihnen selbst damals nicht gestattet war. Häufig haben sich Eltern zum Beispiel nicht getraut, sich gegen die eigenen Eltern durchzusetzen. «Ich kann mich nicht entsinnen, dass ich meine Eltern so angebrüllt habe», oder: «Das hätten wir uns früher mal erlauben sollen!» In den meisten Fällen jedoch wäre es für die persönliche Entwicklung heilsam gewesen, mit den eigenen Eltern damals wütender, rebellischer und kämpferischer umgegangen zu sein. Manche Mütter und Väter entdecken auch, dass sich ihre eigenen Kinder heutzutage sexuell wesentlich freier und unbefangener ausprobieren können, als sie selbst es konnten oder durften. Oder sie erleben, dass Jugendliche mit Lehrern selbstbewusst und konfrontativ umgehen – vielleicht nicht unbedingt ein typisches Jugendverhalten früherer Generationen.

Eine Mutter erzählte, dass sie wütend auf ihren Sohn sei, weil er sich bei Lehrern Dinge herausnehme, die sie als Schülerin niemals gewagt hätte. Im Seminar erkannte sie, den Sohn insgeheim um dessen Mut, mit Autoritäten offen Konflikte auszutragen, zu beneiden – Neid auf eine Fähigkeit, über die sie bis heute nicht verfüge.

ANREGUNG FÜR ELTERN

ERINNERN SIE SICH?

Nehmen Sie sich einen Augenblick Zeit und gehen Sie gedanklich und emotional zurück in die Zeit Ihrer Pubertät.

– Welches Verhältnis hatten Sie zu Ihrem Körper? Mochten Sie sich?

– Welche Wünsche, Sehnsüchte und Träume beschäftigten Sie?

– Fühlten Sie sich in dieser Zeit von Ihren Eltern angenommen?

PUBERTÄT VERSUS MIDLIFE-CRISIS

Doch nicht nur die persönliche Vergangenheit lebt auf, wenn die eigenen Kinder pubertieren. Auch das gegenwärtige Leben der Eltern kann sich auf unbequeme Weise im Verhalten von Heranwachsenden spiegeln. Einen solchen Spiegel beschert uns die Natur: Viele Eltern, deren heranwachsende Söhne und Töchter in der Pubertät sind, haben die vierzig bereits überschritten und steuern geradewegs auf die letzte Phase ihres Lebens zu, die der Psychoanalytiker Erik H. Erikson als die Phase der Reife bezeichnet hat. Die «Reife» beginnt etwa mit dem 45. Lebensjahr und ist die Zeit, die uns bewusst oder unbewusst auf den Abschied vom Leben vorbereitet.

Es gilt zu überprüfen, ob unser Lebensgefühl unseren innersten Wünschen und Zielen entspricht. Eltern, die in einer Ehe oder Partnerschaft leben, fragen sich vielleicht, ob der Partner oder die Partnerin auch wirklich der Mensch ist, den sie ins Alter begleiten wollen. Oder sie zweifeln rückblickend, ob sie sexuell auf ihre Kosten gekommen sind. Womöglich gibt es Wünsche, die niemals zum Zuge kommen durften und die nun, bei nachlassender äußerlicher Attraktivität, auch schwer zu erfüllen sind. Mütter oder Väter ohne Partner müssen sich mit dem Zustand des Alleinlebens arrangieren und geraten womöglich in Panik, weil sie befürchten, sich mit zunehmendem Alter nicht mehr verlieben zu können. Oder sie hinterfragen ihre berufliche Situation: Haben sie zum Beispiel die beruflichen Ziele erreicht, die ihnen vorgeschwebt haben, oder ist es für die großen Karrieresprünge womöglich längst zu spät?

Dieser Reifeprozess vollzieht sich nach Erikson zwischen zwei entgegengesetzten Polen, die er Ich-Integrität und Verzweiflung genannt hat.

Ich-Integrität bedeutet, das Älterwerden zu genießen; den körperlichen Alterungsprozess als naturgegeben zu akzeptieren und von dem Gefühl zu zehren, sowohl beruflich als auch privat ein erfülltes Leben zu leben. Oft jedoch wird der Übergang zum Älterwerden als etwas Krisenhaftes erlebt – als Midlife-Crisis, wie es etwas umständlich heißt. Viele fürchten sich bewusst oder unbewusst vor dem Tod, sind mit dem bisher Erreichten im Leben nicht zufrieden, zweifeln an ihrem Beruf, ihrer Partnerschaft oder dem Maß ihrer sexuellen Erfüllung. Manche Frauen erleben die Wechseljahre als etwas sehr Belastendes, fühlen sich körperlich unwohl, leiden unter Schweißausbrüchen, Herzrasen, fallen in Depressionen. Auch Männer entwickeln wechseljahrähnliche Symptome, werden reizbar, stimmungslabil, fühlen sich alt und nutzlos. Mitunter leben sogar Gefühle aus der Pubertät wieder auf.

«Es sind recht heftige, unkontrollierbare Gefühle», sagt Isabel, Mutter einer dreizehn- und einer siebzehnjährigen Tochter, «die ich schon lange aus meinem Leben verbannt hatte. Sexuelle Phantasien zum Beispiel, die ich als junges Mädchen hatte, oder ein unendlich quälendes Gefühl von Sehnsucht, wobei ich gar nicht genau weiß, nach wem oder was ich mich überhaupt gesehnt habe.»

Nun gibt es zwischen der Reife und der Pubertät eine verblüffende Parallele: Beide Lebensphasen sind Übergänge und bereiten auf einen neuen, entscheidenden Lebensabschnitt vor. Während Eltern sich innerlich allmählich auf den Lebensabend einstellen müssen, purzeln Heranwachsende geradewegs ins Leben hinein.

Während sich Eltern auf ihren Weggang vorbereiten, sind Jugendliche im Begriff, anzukommen. Während Eltern «verfallen», blühen Jugendliche auf. Die Jugend, mit der Eltern tagtäglich konfrontiert werden, kann so zu einem Spiegel vergangener Wünsche, unerfüllter Hoffnungen und nicht erreichter Ziele werden. Viele Eltern überhäufen ihre Heranwachsenden regelrecht mit eigenen Berufswünschen, die sie in ihrem eigenen Leben nicht verwirklichen konnten – der gut verdienende Freiberufler, der erfolgreiche Beamte, der kreative Maler, der gefragte TV-Star. Oder sie wünschen sich für ihren Sohn eine Partnerin, die mehr ihren eigenen Erwartungen entspricht als der Lebenswelt und den Bedürfnissen ihres Sohnes.

Oft weckt die Pubertät auch Gefühle von Neid, Missgunst und Verzweiflung: Jugendliche haben eine Zukunft voller Chancen vor sich – Chancen, die sich den Eltern in dieser Fülle oft nicht mehr bieten werden. Während ein Vater bitter schlucken muss, ein berufliches Ziel nicht erreicht zu haben, stehen dem Sohn womöglich mit demselben Ziel noch Tür und Tor offen. In einer Beratung erzählte mir ein Vater, der ein mäßig erfolgreicher Theaterschauspieler ist, dass sein Sohn über ein großes schauspielerisches Talent verfüge und dass er, der Vater, die Phantasie kaum ertrage, sein Sohn könne jemals erfolgreicher sein als er selbst.

Viele Söhne verfügen über das Talent, eines Tages mehr Geld zu verdienen als der Vater. Das könnte zur Folge haben, dass der Vater, der zurzeit noch über die finanzielle Macht in der Familie verfügt, dem Sohn in dieser Hinsicht künftig unterlegen sein wird. Vielen Vätern treibt diese Phantasie die Schweißperlen auf die Stirn – verständlicherweise, denn damit ändern sich die Machtverhältnisse. Jungen, die zum Mann werden, die körperlich kräftiger und auch zunehmend selbstsicherer werden, rütteln am Thron des Vaters, was Vätern zu akzeptieren nicht leicht fällt.

Auch körperlich entwickeln sich Jugendliche entgegengesetzt zu dem, was bei den Eltern geschieht: So mancher Vater muss jetzt schmerzlich zur Kenntnis nehmen, dass sein Sohn beim Dauerlauf die Führung übernimmt oder beim Fahrradrennen nicht gleich außer Puste gerät. Während einige Eltern vor dem Badezimmerspiegel kritisch und besorgt jede Falte betrachten, sprühen ihre Kinder vor jugendlicher Attraktivität und sind glatt wie ein Pfirsich. Ein Vater sagte einmal während einer Beratung, es mache ihn regelrecht sauer, dass sein Sohn ihm andauernd über seinen mit der Zeit immer dicker gewordenen Bauch streichele. Das würde ihm stets bewusst machen, dass er älter geworden sei, während sein Sohn vor jugendlicher Schönheit nur so strotze.

Auch intellektuell haben Jugendliche ihren Eltern einiges zu bieten. Heranwachsende sind häufig viel besser als Eltern in der Lage, Fakten zu lernen und Zusammenhänge zu begreifen, weil das Gehirn durch die schulischen Lernprozesse trainiert bleibt. Erwachsene dagegen werden durch die Routine ihres Lebens oft träge und eingefahren. Auch das rüttelt am elterlichen Thron.

So manche jugendliche Klugscheißerei basiert auf realem Besserwissen.

LEBENDIGE SEXUALITÄT

Häufig verunsichert Eltern die lebendige Sexualität Heranwachsender. Während sich Jugendliche in einer Hochphase ihrer sexuellen Potenz befinden und über eine Jugendlichkeit verfügen, der die Welt zu Füßen liegt, müssen Eltern damit zurechtkommen, dass ihr Beziehungs- und Sexualleben eine andere Qualität bekommt. Eltern, die sich nicht ausleben konnten oder die das Gefühl haben, in ihrem Sexual- und Beziehungsleben etwas verpasst zu haben, kann der Anblick der Jugend Gefühle von Trauer, Neid, Missgunst und Wut bescheren. Speziell Jungen in der Pubertät, die über eine hohe sexuelle Potenz verfügen, befinden sich in einem entgegengesetzten Entwicklungsprozess zum Vater, dessen Potenz allmählich nachzulassen beginnt. Ein junger Mann, der gerade dabei ist, sich sexuell und in Beziehungen auszuleben, kann seinen Vater ganz schön ins Schwitzen bringen, wenn der sich zunehmend «schwächer» fühlt, gleichzeitig jedoch nach wie vor sexuelle Wünsche intensiv verspürt.

Eine Mutter, die aufgrund schmerzlicher Erfahrungen mit der Liebe abgeschlossen hat, kann es vielleicht kaum ertragen, wenn sich ihre jugendlichen Kinder andauernd frisch und heftig verlieben. Ich erinnere mich an eine Mutter, die mich zu einer Beratung aufsuchte, weil sie eine chronische Wut auf ihre Tochter verspürte. Die Tochter war kurz davor, auf das Gymnasium überzuwechseln, schien jedoch im letzten Moment zu scheitern, weil sie sich heftig und glücklich in einen jungen Mann verliebt hatte und kaum noch Zeit fand, für die Schule zu lernen. Im Beratungsgespräch erkannte die Mutter, dass es gar nicht so sehr das Scheitern in der Schule war, das sie so in Rage brachte, als vielmehr die Unbeschwertheit, mit der sich ihre Tochter verlieben konnte. Sie selbst war inzwischen in etlichen Beziehungen gescheitert und hatte innerlich längst die Hoffnung auf eine erfüllende Partnerschaft aufgegeben.

Ein anderes Beispiel lieferte ein Elternpaar, das mich aufsuchte, weil es sich um den Sohn sorgte, der im Alter von siebzehn noch keine Freundin hatte. Der Vater, 55, ein übergewichtiger LKW-Fahrer, brummelte die ganze Sitzung über stereotyp vor sich hin, ihm wäre alles egal, Hauptsache, sein Sohn würde nicht schwul. Ich dagegen wurde das Gefühl nicht los, dass es der Vater war, der homosexuelle Wünsche in sich spürte und sie auf seinen Sohn projizierte. Dabei beschäftigte mich die Sorge, dass der Vater einen Großteil seines Lebens hinter sich gebracht hatte, ohne sich seinen homosexuellen Wünschen stellen zu können.

Oft kann die auflebende Sexualität der Jugendlichen auch beiden Eltern schmerzlich bewusst machen, dass in deren Partnerschaft nur wenig oder keine Sexualität gelebt wird. Es kann bedrohlich werden, wenn Jugendliche plötzlich ein lebendiges Sexualleben in die Familie tragen, während das Sexualleben der Eltern längst gestorben ist. Gerade Eltern, die innerlich mit ihren sexuellen Wünschen aneinander abgeschlossen haben, können durch Jugendliche wieder an solche Wünsche erinnert werden.

DEN SPIEGEL BLANK WISCHEN

Die Notwendigkeit, die eigene Beteiligung an solchen Konflikten zu entlarven, kann bei Eltern auf heftigen inneren Widerstand stoßen. Es ist einfacher zu sagen: «Mein Sohn bereitet uns Schwierigkeiten», als sich einzugestehen, selbst in der einen oder anderen Form an diesen Schwierigkeiten mitzuwirken. Ich erlebe es immer wieder, dass Beratungsprozesse ins Stocken geraten, weil Eltern nicht bereit sind, über das ewige Klagen hinaus sich selbst anzuschauen, zu hinterfragen, welche Gefühle die Pubertät ihres Sohnes in ihnen selbst auslöst und was sie selbst dazu beitragen, dass sich die Beziehung zu ihrem Sohn nicht weiterentwickeln kann. Dabei verspricht eine tiefere Selbsterkenntnis auch ein höheres Maß an Gelassenheit.

Je mehr Eltern verstehen, an welcher Stelle sich das Verhalten ihres Sohnes mit ihren eigenen Erfahrungen, Erlebnissen und Wünschen verhakt, desto besser können sie dem ganzen Geschehen gegenüber auf Distanz gehen, desto gelassener bleiben sie.

Heyko zum Beispiel war Ende dreißig, als er mich zu einer Beratung aufsuchte, weil er fast täglich mit seinem Sohn Johannes, 15, in heftige Streitigkeiten verwickelt wurde. Johannes machte sich gerne älter und erwachsener, als er war, wirkte recht altklug, wusste ständig alles besser und hatte, vermutlich auch aufgrund dessen, wenig Kontakte zu anderen Jugendlichen. Es war offensichtlich, dass er zur Welt der Erwachsenen gehören wollte, obwohl er noch ein Jugendlicher war. Das machte den Vater unglaublich wütend. Ständig verstrickten sich Vater und Sohn in Machtkämpfe, in denen der Sohn glaubte, alles besser zu wissen. Während der Beratung jedoch entdeckte Heyko, dass der übermäßige Wunsch seines Sohnes, erwachsen zu sein, etwas in ihm selber anrührte. Heyko war mit einem Vater aufgewachsen, der sich nur wenig um seinen Sohn gekümmert hatte. Daher wünschte er sich als Jugendlicher stets einen erwachsenen Mann, der ihm einen Vater ersetzen würde. Doch um diesen Mann zu finden, glaubte er sich erwachsener und reifer geben zu müssen, als er es war. Auch Heyko war ein Besserwisser. Als ihm diese Parallele bewusst wurde, relativierte sich seine Wut, und er konnte seinem Sohn zugewandter, dem ganzen Geschehen gegenüber jedoch mit mehr innerer Distanz begegnen. Heyko war gelassener geworden.

Gewiss bedarf es nicht immer einer Beratung oder Therapie, sich eigene Anteile in der Beziehung zu Jugendlichen bewusst zu machen. Oft hilft es, innerlich bereit zu sein, die Spur der eigenen inneren Verstrickungen aufzunehmen und sie zu verfolgen, bis man ergründet hat, an welcher Stelle man selber ins Geschehen involviert ist. Solche Spurensuche ist sinnvoll, wenn man mit Jugendlichen immer wieder an ähnlichen Punkten in Streit gerät. Wenn man herausfindet, dass man Heranwachsende mit Erwartungen belegt, die eigene Wünsche und Bedürfnisse spiegeln. Wenn ein bestimmtes Verhalten des Heranwachsenden bei Eltern wiederkehrend Wut oder Hilflosigkeit auslöst, obwohl die Situation vielleicht gar nicht so ausweglos ist. Wenn Eltern Charaktereigenschaften oder Verhaltensweisen am Jugendlichen nicht mögen, die sie an sich selber kennen. Häufig sind es nicht die großen Traumata, die es aufzudecken gilt. Häufig ist es einfach die Pubertät, die gewisse Erinnerungen bei Eltern wieder lebendig macht.

WÜNSCHE UND ERWARTUNGEN

Nehmen Sie sich einen Augenblick Zeit und überprüfen Sie, welche Erwartungen Sie an Ihren Sohn haben.

– Wie soll er sein?

– Was soll er erreichen?

– Was für eine Partnerin wünschen Sie sich für ihn?

«ICH WILL NICHT SO SEIN WIE MEIN GROßVATER»
(Dagmar, 45)

Die Geschichte von Dagmar und Steffen zeigt, wie sowohl die Biographie des Sohnes als auch Dagmars eigene Biographie auf Konflikte in der Pubertät wirken können.

Dagmar: «Steffen ist jetzt vierzehn. Seit einigen Monaten macht er mir große Probleme. Ich weiß – vieles hat mit der Pubertät zu tun, aber ich komme damit nicht klar. Er ist nur noch mit seinen Freunden unterwegs, Freunde, die ich überhaupt nicht mag, weil sie viel in der Gegend herumhängen und irgendwie schlecht auf ihn einwirken. Ich kann auch gar nicht genau sagen, was mich an ihnen stört, aber irgendetwas stimmt nicht. Vielleicht habe ich Angst, Steffen zu verlieren. Vielleicht bin ich eifersüchtig. Ich weiß, als Mutter sollte man da ein wenig mehr drüberstehen, aber ich kann nicht gegen meine Gefühle an. Zu Hause heißt es nur noch, «der hat gesagt, und der hat gesagt», aber was ich dazu meine, ist völlig egal. Er ist auch so anders plötzlich, nicht mehr der Junge, den ich kenne. Mit einem Mal in die Höhe geschossen – ich muss zu ihm aufschauen, wenn ich mich mit ihm streite. Da steht dieser Riese vor mir und brüllt mich an! Die tiefe Stimme, der laute Gang, dieses polternde, aggressive Verhalten, das ist alles so fremd. Er behandelt mich, als wäre ich seine Zofe. Er lässt sich alles hinterhertragen, lässt seinen Dreck von mir wegmachen, lässt sich auf Knien bitten, dies oder das an Pflichten zu übernehmen. ‹Steffen, bitte räum doch mal die Spülmaschine aus, bitte, Steffen, bitte, bitte.› Mein jetziger Mann sagt immer: ‹Lass ihm sein eigenes Leben, wenn er mit seinen Freunden zusammen sein will, aber setze ihm Grenzen, wenn es um seine Pflichten geht. Sonst tanzt er dir auf der Nase herum.› Grenzen setzen – das hört sich immer so einfach an, aber wie?

Er will nicht zur Schule, weigert sich, irgendetwas für unser Zusammenleben zu tun, brüllt rum und bockt, wo er nur kann. Aber irgendetwas hindert mich daran, ihm Grenzen zu setzen, mich ihm gegenüber durchzusetzen, ihn zur Schule zu zwingen und es mit ihm auszukämpfen, wenn er die Spülmaschine nicht ausräumt. Denn das ist so fast die einzige Pflicht, die er noch im Haushalt hat. Alles andere hat er erfolgreich abgeblockt. Aber ich will ihn nicht beherrschen, ich will nicht, dass er sich mir unterlegen fühlt. Ich bin eine typische Mutter (lacht) – ich will, dass wir harmonieren. Ich kann es nicht ertragen, dass wir Streit haben. Ich konnte Streit noch nie ertragen. Wissen Sie, meine ganze Kindheit war ein einziger großer Streit. Mein Vater ist schon früh gestorben, und wir haben viele Jahre bei meinen Großeltern gelebt. Mein Großvater war so ein Patriarch vom alten Schlag, hat mich oft tagelang ins Zimmer gesperrt, mich geschlagen, mir verboten, mit anderen Kindern was zu machen. Ich habe mir immer geschworen: Du wirst nie so wie Opa. Wenn du mal Kinder hast, wirst du eine liebe und geduldige Mutter sein. Du wirst alles tun, damit sie sich wohl fühlen. Du wirst niemals schimpfen. Jetzt, wo Steffen fast ein Mann ist, fällt es mir schwerer denn je, ihm zu sagen, was er zu tun und was er zu lassen hat. Ich will nicht, dass er sich mir unterlegen fühlt. Ich will nicht, dass es ihm so geht, wie es mir damals mit meinem Großvater ergangen ist. Auf der anderen Seite fühle ich mich Steffen oft ausgeliefert. Es ist unglaublich, wie er mit mir umspringt – egoistisch, unsozial, rüpelhaft. Er hat einen Ton, der mich fast zur Verzweiflung bringt. Letztens habe ich ihm gesagt: ‹Steffen, so kannst du doch nicht mit deiner Mutter umspringen›, und dann schaut er mich nur an und grinst. Das ist so respektlos, dass es mir in der Seele wehtut.»

Im Laufe des Gespräches gewann ich den Eindruck, Steffen würde bei Dagmar allmählich die Position des gefürchteten Großvaters einnehmen. Als ich Dagmar damit konfrontierte, sagte sie:

«Das mag sein. Wenn ich genau drüber nachdenke, habe ich fast die gleiche Angst vor Steffen, wie ich sie damals vor meinem Großvater gehabt habe. Auf eine gewisse Weise behandelt mich Steffen so, wie mein Großvater mich damals behandelt hat.»
«Und wenn Sie sich weigern, Steffen Grenzen zu setzen, dann drängen Sie ihn förmlich in die Rolle Ihres Großvaters hinein.»
«Da fällt mir ein: Ein einziges Mal, das war etwa vor drei Wochen, da habe ich mich durchgesetzt. Steffen hatte wieder mal seine Hausaufgaben nicht gemacht, und ich habe ihm verboten, rauszugehen, bevor die Hausaufgaben nicht fertig waren. Irgendwann ist er dann doch abgehauen, natürlich ohne seine Hausaufgaben zu machen, und zwar zu einem seiner Freunde. Ich bin fast verrückt geworden vor Wut, habe gedacht: ‹Wie kann der deine mütterliche Autorität so umgehen? Was tue ich, dass man so mit mir umspringt?› Dann habe ich bei dem Freund angerufen, mir Steffen geben lassen und ihm gesagt, dass die Geschichte jetzt Konsequenzen hätte. Mir war zwar

noch nicht klar, welche Konsequenzen, aber ich war innerlich bereit, den Kampf aufzunehmen. Ich hatte mich regelrecht mit meiner Wut verbündet, war das erste Mal nicht mehr so hilflos wie sonst. Das muss Steffen gespürt haben. Es war gar nicht so sehr das, was ich gesagt habe, sondern wie ich es gesagt habe. Steffen kam dann auch sofort nach Hause, ist um mich herumgeschlichen und hat sich irgendwann später sogar entschuldigt. Sie glauben gar nicht, wie mich das erleichtert hat. Danach hatten wir überhaupt keinen Streit mehr. Und je mehr ich darüber rede, desto klarer wird mir, dass ich ihm Grenzen setzen muss. Anders geht es gar nicht.»

JUNGE, KOMM BALD WIEDER

WENN LOSLÖSUNG GELINGEN SOLL

Bis hierher war die Rede davon, dass die Pubertät den Prozess der Ablösung des Jugendlichen von seinen Eltern einleitet. Jetzt geht es darum, den Sohn auch wirklich gehen zu lassen. Eltern stehen der Loslösung und der zunehmenden Autonomie des Heranwachsenden nicht passiv gegenüber und schauen zu, ob er es schafft oder nicht. Vielmehr sind sie aktiv daran beteiligt, ob und wie dieser Ablösungsprozess gelingt. Die Pubertät ist die Zeit, in der es für Jugendliche und Eltern um Abschied geht.

Im Grunde genommen stellt sich das Thema Abschied vom Augenblick der Geburt an, wenn sich das Kind aus der körperlichen Verbundenheit mit der Mutter löst. Jeder Entwicklungsschritt, der nun folgt, entfernt Eltern und Kinder zunehmend voneinander. In der Trotzphase versucht das Kind, es auch ohne die Eltern zu schaffen, und vielleicht gelingt es ihm, allein ins andere Zimmer zu krabbeln. Der Besuch des Kindergartens und später der Schule schafft eine größere räumliche und zeitliche Distanz zwischen Eltern und Kind. Die Pubertät intensiviert die sozialen Beziehungen außerhalb der Familie und bereitet darauf vor, ein Leben «außer Haus» zu führen. Im Erwachsenenalter ist die Distanz zu den Eltern spürbar gewachsen, und sie gipfelt im Tod der Eltern, die im Normalfall zeitlich vor ihren Kindern sterben. Die Trennung wird jetzt endgültig vollzogen.

Im gesamten Prozess der Entwicklung vom Säugling zum Erwachsenen ist die Pubertät eine Lebensphase, die Eltern und Kinder am spürbarsten voneinander trennt. Während der Pubertät müssen sich Eltern darauf vorbereiten, sich von ihrem

Sohn (oder ihrer Tochter) zu verabschieden: sowohl im räumlichen als auch im psychologischen Sinne von seiner bisher so vertrauten Rolle als ihr Kind.

Die Pubertät mit Bartwuchs, körperlichem Wachstum, Autonomiekonflikten und ersten Liebesbeziehungen hält Eltern das Unvermeidliche dieser Zukunft vor Augen. Ein Zwölfjähriger, der seinen eigenen Willen demonstrativ durchzusetzen versucht, sagt implizit: «So wie du mich früher hattest, wirst du mich bald nie mehr haben!»

Die Vorstellung jedoch, dass der Sohn eines Tages ein erwachsener Mann und außer Haus sein könnte, löst, bewusst oder unbewusst, bei vielen Eltern Gefühle der Angst, Sorge und Trauer aus.

Eine Mutter rief mich an und bat um Rat, weil ihr achtzehnjähriger Sohn für eine Ausbildung in eine andere Stadt ziehen und seine Freundin nicht mitnehmen wollte. Was sie tun könne, wollte sie wissen, schließlich könne man doch ein Mädchen nicht einfach wegen einer Ausbildung sitzen lassen. Die Antwort ist ganz einfach: gar nichts, denn ein Achtzehnjähriger ist alt genug, um solche Entscheidungen alleine treffen zu können.

WENN HEAVY METAL PLÖTZLICH WIE BEETHOVEN KLINGT

Vielen Eltern fällt es schwer, Heranwachsende ziehen und ihre eigenen Erfahrungen machen zu lassen. Freddy Quinn verlieh solch elterlichen Gefühlen eine Stimme, als er 1962 sang:

«Junge, komm bald wieder, bald wieder nach Haus.
Junge, fahr nie wieder, nie wieder hinaus.
Ich mach mir Sorgen, Sorgen um dich.
Denk auch an morgen, denk auch an mich.

Wohin die Seefahrt mich im Leben trieb,
ich weiß noch heute, was mir Mutter schrieb.
In jedem Hafen kam ein Brief an Bord,
und immer schrieb sie: ‹Bleib nicht so lange fort!›»

Solch elterliche Abschiedsschmerzen sind nachvollziehbar und verständlich, denn schließlich haben Eltern ihren Sohn dessen ganzes Leben hindurch begleitet, haben Höhen und Tiefen mit ihm durchlebt, Streit und Versöhnung, Liebe und Schmerz.

Wenn auch vieles oft schwierig und anstrengend war, so überwiegen doch häufig Gefühle der Liebe und Zuneigung, und geht er fort, so hinterlässt er eine große, oft schmerzhafte Lücke.

Eine Zeit lang suchte mich eine Mutter auf, deren zwanzigjähriger Sohn Alexander im Begriff war, eine Ausbildung zu beginnen und auszuziehen. Beide, Mutter und Sohn, erlebten den Prozess der Trennung mit großer Trauer. Die Mutter sagte:

«Alexander war ein sehr schwieriger Junge in der Pubertät. Wir haben uns oft gestritten, und immer hatte ich das Gefühl, es nicht zu schaffen mit ihm. Es gab sogar eine Zeit, in der ich ihn zu einer Jugendpsychologin geschickt habe. Gerade aber diese Schwierigkeiten waren es, die Alexander und mich intensiv miteinander verbunden haben. Wir sind durch unzählige Krisen hindurchgegangen und haben es irgendwann geschafft, das zu lösen. Heute haben wir ein Verhältnis, in dem jeder den anderen lassen kann. Ich musste mühsam lernen, dass Alexander sein eigenes Leben lebt, in dem ich nicht mehr viel zu sagen habe. Doch wenn ich mir vorstelle, dass sein Zimmer, aus dem immer diese Heavy Metal-Musik kam, nun plötzlich für alle Zeiten tot daliegt, dann werde ich unendlich traurig. Es klingt vielleicht lächerlich, aber ich werde mich noch an all die verkrusteten Teller und die Männermagazine, die auf dem Boden lagen, zurücksehnen.»

Mutter und Sohn durchlebten den Prozess der Trennung bewusst und unter Wahrnehmung aller Empfindungen, die dadurch entstanden. Es ist nie leicht, sich nach all den Jahren des gemeinsamen Erlebens zu trennen. Jeder Schritt, den ein Jugendlicher in Richtung Eigenständigkeit und Selbstverantwortung tut, steuert ein Stück näher auf den Tag X zu und konfrontiert Eltern unweigerlich damit, dass das Familien- und Zusammenleben in dieser Intensität irgendwann ein Ende haben wird.

AUCH ELTERN LERNEN, VERANTWORTUNG ZU ÜBERNEHMEN

Doch die bevorstehende räumliche Trennung ist nur die eine Facette des Abschieds, den Eltern zu bewältigen haben. Auf der anderen Seite müssen sich Eltern von ihrer Rolle der Erziehenden lösen. In gewisser Weise haben sie einen ähnlichen Abschiedsprozess zu durchleben, wie ihn Heranwachsende während der Pubertät bewältigen müssen.

Während Jugendliche aus einer Zeit herauswachsen, in der sie gehegt, umsorgt und von den Eltern bestimmt wurden, stehen Eltern nun vor der Aufgabe, die Rolle der Umsorgenden und Bestimmenden aufzugeben. Sie müssen sich innerlich davon trennen, einen kleinen Jungen, einen süßen Bengel, einen Piepmatz zum Sohn zu haben. Vielmehr haben sie es zunehmend mit einem (werdenden) Mann zu tun, der einen eigenen Willen hat und der allmählich alleine weiß, was er will. Vieles von dem, was Eltern ihrem Sohn vorleben, was sie ihm mit auf den Weg geben wollen, was sie ihm raten oder vorschreiben, wird plötzlich nicht mehr gehört. Es hat nicht mehr die Bedeutung, die es noch vor einigen Wochen, Monaten oder

Jahren hatte. Die Führungs- und Vorbildfunktion, die Eltern zwangsläufig inne hatten, verliert in gleichem Maße an Kraft, wie der Sohn an Eigenständigkeit und Selbstvertrauen gewinnt. Die elterliche Autorität schwindet von Tag zu Tag. So etwas kann Eltern sehr verletzen.

Viele Eltern erleben es als kränkend, fühlen sich persönlich angegriffen oder werten es als Zeichen eigener Unzulänglichkeit, wenn sie schrittweise das Gefühl bekommen, in ihrer Funktion als Eltern nicht mehr benötigt zu werden.

«Manchmal denke ich, ich bin nichts wert», sagte eine Mutter, deren Sohn soeben achtzehn geworden war. «Er hat zu allem eine andere Meinung, widerspricht mir andauernd und gibt mir das Gefühl, dass ich nur noch Unsinn rede. Ich zeige ihm das zwar nicht, aber innendrin trifft mich das ganz schön.»

Solche Veränderungen verlangen von Eltern ein hohes Maß an Flexibilität. Plötzlich unterliegt es nicht mehr ihrem Einfluss, welche Hose er anhat, ob er die Schule schafft, welchen Beruf er ergreift, mit welchen Freunden er seine Zeit verbringt und wie er seine Freizeit gestaltet. Plötzlich werden Eltern nicht mehr konsultiert, wenn der Sohn sich mit Nöten und Problemen herumschlägt, die er vielleicht nicht einmal in ihrem Sinne zu lösen gedenkt. Plötzlich merken sie, dass ihre Sorgen und Befürchtungen, die sie sich um sein Verhalten, seine Sozialkontakte, seine Zukunft gemacht haben, immer mehr in seine Verantwortung übergehen. Solch eine neue Rollenverteilung kann aufseiten der Eltern eine große Lücke hinterlassen, und viele Eltern fragen sich: «Wie fülle ich mein Leben aus, wenn nicht durch mein Kind?», oder, zugespitzt: «Welchen Sinn hat es, dass ich noch hier bin, wenn mich niemand mehr braucht?»

«Ich wusste immer», sagte eine Mutter, «wenn mich etwas bedrückt hat, dass ich eine Aufgabe zu erfüllen hatte. ‹Kopf hoch›, habe ich mir gedacht, ‹du darfst jetzt nicht schlappmachen, du bist für die Kinder da!› Das hat mir immer wieder Kraft gegeben. Jetzt aber, wo meine Kinder erwachsen werden, frage ich mich, was ich hier soll, was ich wert bin, wie meine Zukunft ohne meine Kinder aussehen könnte.»

Wenn die Erziehung wegfällt, ändert sich die Lebensaufgabe der meisten Eltern. Sie müssen jetzt für sich selbst herausfinden, wie sie ihre Zukunft gestalten wollen, wie ihr Alter aussehen könnte, welche Dinge ihrem Leben wieder einen Sinn geben könnten. Nicht nur Jugendliche müssen es lernen, Verantwortung für sich zu übernehmen, auch Eltern müssen akzeptieren, dass sie die Verantwortung jetzt nur noch für ihr eigenes Leben in die Hand zu nehmen haben. Insofern erfordert der Abschied nicht nur von Jugendlichen, sondern auch von Eltern Auseinandersetzung und Kraft und kann vielschichtige Gedanken und Gefühle auslösen:

- Stolz und Freude, weil Eltern sehen, dass sich ihr Sohn auch ohne ihren Einfluss prächtig entwickelt.
- Trauer, weil sie spüren, dass der Abschied von einem geliebten und nahe stehenden Menschen bevorsteht.
- Wut, weil jemand geht.
- Schuld, weil sie rückblickend vielleicht das Gefühl haben, etwas in der Beziehung zu ihren Kindern falsch gemacht zu haben.
- Eifersucht, weil sie spüren, dass die Freundin oder das soziale Umfeld ihres Sohnes an Stellenwert gewinnt, während der elterliche Einfluss zunehmend in den Hintergrund gerät.
- Sehnsucht und Nostalgie, weil sie es gerne wieder so hätten wie früher, als er noch ein Kind war.
- Angst und Sorge um ihren Sohn, weil sie nicht wissen, wie er alleine zurechtkommt.
- Angst und Sorge um sich selbst, weil sie nicht wissen, wie ihre eigene Zukunft ohne den Sohn aussehen könnte.

- Gefühle der Abhängigkeit und des Klammern-Wollens, weil ihnen die Vorstellung, ohne den Sohn zu leben, Angst bereitet.

All das sind legitime Gefühle, die den elterlichen Trennungsprozess begleiten. Eltern sollten, was auch immer in ihnen hochkommt, zu solchen Gefühlen stehen und sich nicht dafür schämen, sich nicht dagegen wehren und sich nicht dafür schuldig fühlen.

WENN MÜTTER ZU SEHR KLAMMERN

Bei aller Vielschichtigkeit und Ambivalenz elterlicher Gefühle geht es in der Ablösung zwischen Eltern und Sohn nur um das eine Ziel: dass er sie – räumlich und emotional – verlassen darf, ohne sich schuldig zu fühlen; dass er ein von den Eltern unabhängiger Erwachsener sein darf, ohne Angst haben zu müssen, der Eltern-Sohn-Beziehung oder Vater oder Mutter damit zu schaden.

Freddy Quinns Junge, der bald wieder nach Hause kommen sollte, durfte in Wirklichkeit nicht erwachsen werden. Er musste sich heimlich hinausschleichen, weil seine Mutter ihn nicht so ohne weiteres hatte gehen lassen wollen:

«Ich weiß noch, wie die erste Fahrt verlief.
Ich schlich mich heimlich fort, als Mutter schlief.»

Als ihm das gelungen war, erwartete ihn bald an Bord der Versuch, ihn zurückzuholen:

«Als sie erwachte, war ich auf dem Meer.
Im ersten Brief stand: ‹Komm doch bald wieder her!›»

Es ist eben nicht leicht, jemanden gehen zu lassen, der einem nahe steht. Jedoch fällt Abschied umso schwerer, je mehr Jugendliche für die Eltern eine Funktion haben. Manche Mütter neigen dazu, in ihren Söhnen so etwas wie einen Partnerersatz zu sehen. Gerade, wenn die Söhne älter, reifer und reflektierter werden und sich zunehmend zu interessanten und amüsanten Gesprächspartnern und Gesellschaftern entwickeln, kann die Verlockung, ihn als einen gleichwertigen Partner neben sich zu spüren, recht groß sein.

Ich erlebe es immer wieder in Beratungen, dass Mütter solche Wünsche und Bedürfnisse in sich spüren, aber nicht wissen, wie sie damit umgehen sollen. Innerlich schämen sie sich dafür oder haben Angst, ihren Sohn zu missbrauchen. Mütterliche Wünsche an Söhne jedoch sind nichts Verwerfliches und auch nichts, wofür sich Mütter zu schämen brauchen. Sie werden nur dann zu einem Hindernis in der Ablösung des Sohnes, wenn sie nicht bewusst wahrgenommen oder verleugnet werden und wenn sie dazu führen, dass Mütter ihre Söhne nicht gehen lassen können; wenn Mütter nicht mehr den Reifungsprozess und das Autonomiebestreben des Sohnes vor Augen haben, sondern bestrebt sind, eigene Bedürfnisse in der Beziehung zu befriedigen. Oft spüren Jungen, dass derartige mütterliche Erwartungen existieren, und wagen es nicht, die Mutter zu enttäuschen.

Ich erinnere mich an ein Beratungsgespräch mit einer allein erziehenden Mutter und ihrem Sohn, in dem die Mutter offenbarte, ihrem Sohn nicht zuzutrauen, ohne ihre Hilfe seine Ausbildung zu absolvieren, die Miete zu bezahlen, den Haushalt zu führen. Sie bestand hartnäckig darauf, dass ihr Sohn dazu nicht in der Lage sei. Der Sohn jedoch machte einen durchaus selbständigen Eindruck, hatte aber das Gefühl, sich davonschleichen zu müssen, und litt bei diesem Gedanken unter schweren Schuldgefühlen. Im Verlauf mehrerer Beratungen erkannte die Mutter, dass ihr Misstrauen in die Selbständigkeit des Sohnes nur vordergründig war. Dahinter verbarg sich eine große Angst, sich dem Älterwerden und einem möglichen Leben ohne Partner zu stellen.

Etwas Ähnliches, aber weitaus Verletzenderes erzählte ein Jugendlicher, dessen Mutter alle Freundinnen, mit denen er eine Liebesbeziehung einging, eifersüchtig abwertete. Eines Abends, nachdem ihr der Sohn eine neue Freundin vorgestellt hatte und er von der Mutter wissen wollte, wie das Mädchen ihr gefalle, sagte sie: «Du brauchst keine Angst zu haben, dass dir die jemand vor der Nase wegschnappt. Die ist so hässlich, da macht sich kein normaler Mann ran.»

Einige Mütter binden ihre Söhne oft auch in einer übermäßig versorgenden Weise an sich, stellen sich selbst hinten an und bringen immer wieder Opfer, um ihn nicht zu verlieren. Die Amerikanerin Evelyn S. Bassoff erzählt in ihrem Buch «Mutter und Sohn»:

«Weil Jonathan mit zwölf Jahren so offensichtlich von mir wegwollte – durch sicheres Handeln und seine Wortkargheit –, war ich unsicher geworden, ob wir in Zukunft noch in Kontakt bleiben würden. Im Gegensatz zu meinem Mann, der seine Leidenschaft für Sport mit Jonathan teilte und eine natürliche Kameradschaft pflegte, spürte ich, dass mein Sohn und ich in Zukunft nur noch wenig gemeinsame Interessen haben würden. Nur durch akribische Befriedigung seiner Wünsche könnte ich für ihn wichtig bleiben, nahm ich irrigerweise an.»

Der kleine Prinz, der sich um nichts im Haushalt zu kümmern braucht, der sich vieles an Respektlosigkeiten herausnehmen darf und der gehätschelt und getätschelt wird. Solchen Müttern fällt es oft schwer, Grenzen zu setzen und durchzugreifen.

WENN VÄTER ZU SEHR KLAMMERN

Manche Väter haben die Tendenz, Söhne durch Machtkämpfe zu binden, statt darauf einzugehen, was die Söhne an Zuwendung benötigen. Solche Kämpfe verhindern Wachstum, zumal Jugendliche noch in einer emotionalen und wirtschaftlichen Abhängigkeit vom Vater sind. Ein Jugendlicher, 17, erzählte mir, dass er mit seinem Vater vergeblich darum streiten würde, eine Monatsmarke für den öffentlichen Nahverkehr zu bekommen. Das Argument des Vaters lautete, er habe kräftige Beine und könne auch sein Fahrrad benutzen.

Ein Siebzehnjähriger sagte: «Sobald ich meinem Vater meine Ansichten erkläre, die anders sind als seine, geht er an die Decke. Er explodiert regelrecht. Er hört sich gar nicht mehr an, was ich zu sagen habe, weil er glaubt, nur er sei im Recht. Ich habe es mir abgewöhnt, überhaupt noch mit ihm zu sprechen, wenn ich nicht seiner Meinung bin.»

Väter neigen auch dazu, Söhne durch Erwartungen zu binden, die sich auf die Leistungen des Sohnes beziehen. Der Sohn solle in der Schule fleißig sein, eine vernünftige Ausbildung beginnen oder ein bestimmtes Studium absolvieren, um dem Vater zu gefallen. Vielleicht soll er auch einen Beruf ergreifen, den der Vater sich oft selbst gewünscht hat, aber aus diesen oder jenen Gründen nicht ergreifen konnte. Es schwächt die Beziehung zwischen Vater und Sohn, wenn es für den Sohn nur noch darum geht, Leistung zu erbringen, und das, was sich der Sohn an Einfühlung, Liebe und Zärtlichkeit vom Vater ersehnt, unter den Anforderungen erstickt wird. Erwartungsdruck hemmt Wachstum. Ein Penis wird erst recht nicht steif, wenn man ihn dazu zu drängen versucht. Das sollten Väter eigentlich wissen.

Bindend wirken sich die väterlichen Erwartungen vor allem dann aus, wenn sie eine doppelte Botschaft enthalten: Wenn sich Väter auf der einen Seite wünschen, einen erfolgreichen

Sohn zu haben, auf der anderen Seite jedoch unbewusst den Erfolg des Sohnes bekämpfen, weil sie es gar nicht ertragen können, dass der Sohn erfolgreicher werden könnte als sie selbst.

Ich habe bereits an anderer Stelle von einem Vater berichtet, der Theaterschauspieler ist und bei seinem Sohn ähnliche schauspielerische Neigungen entdeckte. Dieser Vater wünschte sich stets, dass sein Sohn eines Tages ein berühmter Schauspieler werden würde. Als sein Sohn ihm jedoch beim Mittagessen völlig unerwartet offenbarte, eine schauspielerische Laufbahn einschlagen zu wollen, reagierte der Vater so erschreckt, dass es förmlich aus ihm herausplatzte: «Was? Das ist doch nicht dein Ernst! Dazu hast du doch gar kein Talent!» Erschreckt über seine Reaktion, begriff der Vater, dass er nichts mehr fürchtete, als dass sein Sohn ihm schauspielerisch überlegen sein könnte, und entschuldigte sich rasch für seinen Ausrutscher.

WERDE ERWACHSEN, ABER BLEIBE EIN KIND!

Der Psychoanalytiker und Familientherapeut Helm Stierlin spricht bei Erwartungen und Vorstellungen, die Eltern an ihre heranwachsenden Kinder und Jugendliche haben, von *Delegationen*. Stierlin sagt, dass die Fähigkeit des Jugendlichen, sich von seinen Eltern abzulösen, im Großen und Ganzen durch drei Hauptformen elterlicher Delegationen beeinflusst wird (Stierlin, 2001):

1. Elterliche Vorstellungen und Erwartungen, die die Qualität jugendlicher Autonomie betreffen. Stierlin:

«Das Kind wird entweder als stark, als fähig, auf eigenen Füßen zu stehen, wahrgenommen oder als krank, schwach, infantil, für immer abhängig.» Wenn Heranwachsende als

«schwach» eingestuft werden, wird diese Einschätzung nicht immer offensichtlich formuliert. Das Lied «Junge, komm bald wieder» zum Beispiel enthält eine eher versteckte Abwertung. Dort heißt es zu Beginn im Refrain: *«Ich mach mir Sorgen, Sorgen um dich.»* Sorgen jedoch beinhalten zugleich: «Ich traue es dir nicht zu, dass du dein Leben alleine in die Hand nehmen kannst. Ich glaube nicht, dass du auf eigenen Füßen stehen kannst. Ich halte dich für infantil und von mir abhängig. Ich bin gezwungen, mir Sorgen zu machen, weil du so ein schwacher Mensch bist.»

2. Elterliche Vorstellungen und Erwartungen, die die Fähigkeit des Jugendlichen betreffen, neue Beziehungen einzugehen. Stierlin: «Die Eltern betrachten ihn entweder als erfolgreich oder erfolglos im Finden von Freunden, Sexual- und Ehepartnern.» Manchmal höre ich Eltern über ihre Heranwachsenden klagen: «Er ist noch nicht beziehungsfähig. Jeder, der sich auf ihn einlässt, muss die gleiche Macke haben wie er selbst.»

3. Elterliche Vorstellungen und Erwartungen, «die die Treue des Jugendlichen den Eltern gegenüber respektive seine Schlechtigkeit und Destruktivität, wenn er sie verlassen wollte, betreffen». Wenn er geht, tut er den Eltern etwas an, enttäuscht sie, kränkt sie, hinterlässt sie in Einsamkeit und Verzweiflung. Die Liedzeile *«Denk auch an morgen, denk auch an mich»* erinnert an diese dritte Form elterlicher Delegationen und arbeitet mit Schuldgefühlen: «Wenn du gehst, enttäuschst du mich. Wenn du mich verlässt, bist du mir untreu. Dann hast du mir bewiesen, dass ich dir egal bin.»

Oft werden solche elterlichen Erwartungen versteckt an Heranwachsende gerichtet. In der Regel sagt ein Vater nicht: «Ich halte dich für lebensuntüchtig, weil ich es nicht ertragen kann, dass du mir als erfolgreicher, erwachsener Mann überlegen sein könntest.» Die Botschaft, die den Jugendlichen erreicht, lautet stattdessen: «Du bist nicht in der Lage, dein Leben zu meistern!», und hinterlässt ein Minderwertigkeitsgefühl beim Sohn. Ebenso selten sagt eine Mutter: «Ich möchte, dass du bei mir bleibst, weil ich mich vor einem Leben ohne dich fürchte.» Die Botschaft, die den Jugendlichen stattdessen erreicht, lautet oft: «Du schaffst es nicht, alleine für dich zu sorgen», oder: «Du bist beziehungsgestört – kein Wunder, dass dich keine will!»

Versteckte Botschaften machen es Jugendlichen so schwer, die Trennung letztendlich zu vollziehen, weil sie die Erwartung der Eltern immer erst als solche entlarven müssen, um dagegen aufbegehren zu können. Offene Erwartungen dagegen haben den Vorteil, dass sie im Konflikt ausgetragen und aus der Welt geschafft werden können.

Zuweilen werden Jugendliche auch in der Rolle des Kindes gehalten, um die Beziehung der Eltern zu stabilisieren. Manche Eltern sind gerade deshalb so sehr mit den Problemen des Jugendlichen befasst, weil es in der Partnerschaft erheblich kriselt. Überspitzt formuliert: Es ist immer noch besser, einen scheiternden Jugendlichen zu Hause zu haben, als sich einzugestehen, dass die Liebe zum Partner eingefroren ist.

Solche Erwartungen an Kinder und Jugendliche sind unbewusst, oder sie werden verleugnet und dürfen nicht thematisiert werden, gerade weil es ein Problem der Beziehung ist, über Konflikte in der Partnerschaft nicht sprechen zu können.

Eine Familie – Vater, Mutter und Sohn Raphael, 18 – suchte mich auf, weil Raphael den drängenden Wunsch hatte, auszuziehen. Er wagte es jedoch nicht, diesen Schritt zu tun, weil er sich von seinen Eltern kritisiert und entmutigt fühlte. Die El-

tern wiederum beteuerten, sie würden einen Auszug mit allen Mitteln unterstützen, weil Raphael nur auf diese Weise wirklich selbständig werden könnte.

In den Beratungssitzungen jedoch bombardierten sie ihn mit derart negativen Erwartungen, dass ich rasch einen Eindruck davon gewann, weshalb Raphael kein Zutrauen in ein eigenständiges Leben finden konnte. Vor allem der Vater misstraute ihm, in der Lage zu sein, einen Job zu finden und für den eigenen Lebensunterhalt sorgen zu können.

Als Raphael eines Tages aktiv wurde, auf Wohnungssuche ging und seine Eltern stolz mit ersten Erfolgen konfrontierte, bestätigte sich mein Verdacht: Der Vater weigerte sich, ihn finanziell zu unterstützen, wenn er einen Auszug wahr machen sollte. Sein Argument lautete: «Du bist noch viel zu unreif, als dass ich dich auf eigenen Füßen stehen lassen könnte. Wenn du es wagen solltest, auszuziehen, entziehe ich dir die finanzielle Unterstützung.» Die Mutter stimmte dem zu (obwohl sie sich hin und wieder auf Raphaels Seite schlug). Auch Raphael kippte um, gab dem Vater innerlich Recht, verfiel fortan in Niedergeschlagenheit und Antriebslosigkeit und fühlte sich minderwertig und klein.

In weiteren Sitzungen stellte sich jedoch heraus, dass es in der Ehe der Eltern erheblich kriselte. Beide Ehepartner fürchteten, im Falle eines Auszuges des Sohnes auf sich selbst gestellt zu sein. Die unterschwellige Botschaft hinter den Abwertungen des Vaters, die Raphael nicht erkennen konnte, lautete: «Bleib bei uns, weil wir sonst entdecken, dass wir uns trennen wollen.»

Erst als die Eltern sich ihrer Beziehung und einer Paartherapie stellten, konnte die unbewusste Dynamik der Familie angemessen thematisiert werden und Raphael seine eigenen Wege gehen.

DIE FLASCHE IST HALB LEER – ODER HALB VOLL?

Negative Erwartungen, heimliche Wünsche und verdeckte Botschaften, die nicht entlarvt werden, sind in der Pubertät besonders wirksam, weil Heranwachsende noch nicht über genügend emotionale und wirtschaftliche Autonomie verfügen.

Insofern sollten Eltern alle negativen, entwicklungshemmenden Erwartungen, die sie gegenüber ihrem Heranwachsenden feststellen, genau überprüfen.

Mir wurde einmal ein Sechzehnjähriger von seinen Eltern zur Beratung geschickt, weil seine Freizeitgestaltung zu eindimensional sei. Er spielte Fußball, bastelte sich seine Musik am heimischen Rechner und las die restliche Zeit Science-Fiction-Romane. Solche Hobbys erschienen den Eltern im negativen Sinne als zu «männlich». Aufgrund dieser «unausgewogenen» Interessen würde es ihm nicht gelingen, eine Freundin zu finden, denn welches Mädchen hätte schon Interesse an Fußball, Computermusik und Science-Fiction-Romanen. Mein Verdacht war jedoch, dass es ihm schwer fiel, Mädchen kennen zu lernen, weil ihm von zu Hause zu wenig positive Bestärkung mit auf den Weg gegeben wurde. Viele Eltern würden sich danach sehnen, einen Sohn zu haben, der, statt vor dem Fernseher abzuhängen, sich körperlich austobt, eine musikalisch-kreative Ader entwickelt hat und sich ansonsten hinter Büchern vergräbt.

Oft ändert sich die Beziehung zwischen Eltern und Heranwachsenden schlagartig, wenn sie größeres Zutrauen in das bekommen, was ihr Sohn tut und denkt. Je mehr Vertrauen Eltern in die Lebenskompetenz und die Beziehungsfähigkeit Heranwachsender entwickeln, desto gestärkter geht der Jugendliche aus der Beziehung zu den Eltern hervor, desto besser kann er sich aus seiner abhängigen Rolle eines Kindes lösen. «Junge, komm nicht wieder.»

MÄDCHEN FÜR ALLES, RUND UM DIE UHR
MÜTTER UND SÖHNE

«Es gibt einen großen Unterschied zwischen Vätern und Müttern», sagt Maria, 44, Mutter zweier Söhne: «Wenn mein Mann bei der Arbeit ist, dann ist er auch wirklich mit seiner Arbeit beschäftigt. Wenn ich bei meiner Arbeit bin, dann bin ich gedanklich und emotional damit beschäftigt, ob Tim seine Fischstäbchen hinkriegt, ob es mit Justins neuer Liebe klappt, ob Tim seine Mathearbeit schafft, ob Justin wieder gekifft haben könnte, ob Tim eine frische Unterhose angezogen hat, ob Justin den Schlüssel eingesteckt hat, und so weiter und so fort. Manchmal frage ich mich, ob das jemals ein Ende nimmt.»

Die Aufgabenverteilung zwischen Männern und Frauen hat sich in den letzten Jahren und Jahrzehnten kaum verändert. In den meisten Familien obliegt es hauptsächlich Müttern, sich um die Organisation des Haushalts und die Erziehung der Kinder zu kümmern, während Väter einen Großteil ihrer Aufmerksamkeit der Arbeit widmen.

Das Bundesministerium für Familie hat herausgefunden, dass sich die Emanzipation zwar in den Köpfen der meisten Paare durchgesetzt hat, sich vom Zeitpunkt einer Geburt an jedoch ein anderes Bild abzeichnet: Nur 45 Prozent der häuslichen und erzieherischen Arbeiten werden von beiden Partnern gemeinsam erledigt, weitere 44 Prozent werden alleine von den Müttern vollbracht. Je älter die Kinder werden, desto mehr verfestigen sich die Rollen.

Mütter sorgen dafür, dass immer etwas zu essen im Haus ist,

leihen ihr Ohr, wenn es irgendwo brennt, und bringen Kamillentee, Halswickel und Fieberthermometer, wenn eines der Kinder krank ist. Bei Misserfolgen und Niederlagen, die Kinder erdulden müssen, leiden Mütter oft genauso, als sei es ihnen selbst passiert. Und über alledem fragen sie sich, was sie selbst dazu beitragen, dass es in der Schule, mit der Liebe oder in der Beziehung zum Vater nicht funktioniert. «Wenn meine Söhne von einer Wespe gestochen werden», sagt Maria, «dann bin ich die Erste, die den Stich spürt. Ich bin aber auch die Erste, die sich für den Stich verantwortlich fühlt.»

Obendrein sind Mütter dafür zuständig, dass Grenzen eingehalten und Regeln befolgt werden. Wenn es in der Schule etwas zu klären gibt, dann sind es meistens die Mütter, die zu Lehrern und Elternabenden gehen und die sich hinterher mit ihren Kindern darüber auseinander setzen, was künftig anders zu laufen hat. Ob die Jungs nun Markenklamotten oder No-Name-Produkte tragen, ob die Sportsachen gewaschen sind und die Katze zu fressen hat – es liegt an den Müttern, das zu organisieren. «Beim Tanzen oder Joggen, meine Kinder sind immer und überall mit dabei», sagt Maria.

Mütter sind also vor allem für das Innenleben, die innere Organisation, einer Familie zuständig, während Väter die Außenwelt, das Berufsleben, repräsentieren. Diese Rollenverteilung bedingt auch, dass Mütter ihren Kindern, wenn sie in die Pubertät kommen, eine größere Streitfläche bieten. Denn vieles, was in der Pubertät durchkämpft wird, kreist um alltägliche und scheinbar banale Dinge – ob der Müll runterzutragen und der Tisch zu decken ist, wann der Sohn zu Hause zu sein hat, ob die Hausaufgaben gemacht sind, welche Freunde mit nach Hause gebracht werden dürfen und wann ins Bett zu gehen ist. Oft sind es Mütter, die die geballte Wut der Söhne abbekommen, wenn sie sich vom Vater vernachlässigt fühlen, während Väter weitgehend aus allem herausgehalten werden.

Solche Konflikte und Auseinandersetzungen wirken auch auf die Qualität einer Eltern-Kind-Beziehung.

Verena, Mutter einer Tochter, 16, und eines Sohnes, 14, beklagt, wie unterschiedlich sie und ihr Mann zu Hause empfangen werden:

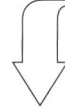

«Wenn ich am späten Nachmittag nach Hause komme, dann habe ich oft viel zu schleppen. Rechts und links eine Einkaufstüte, Getränke, Waschpulver. Damit muss ich bis in den vierten Stock. Spätestens im ersten höre ich schon so laute Gitarrenmusik, dass mein Trommelfell platzen könnte. Eigentlich habe ich dann schon gar keine Lust mehr, weiterzugehen. Wenn ich die Wohnung betrete, sieht es oft chaotisch aus: Alle Türen stehen offen, selbst die vom Schlafzimmer, wo sie nichts verloren haben. Häufig sind noch ein, zwei Freundinnen von Lena da, während Matthias vor dem Fernseher sitzt und Chips frisst. Überall müffelt es. Dann heißt es, Taschen auspacken, Wohnung aufräumen, Abendessen vorbereiten und meine Kinder erstens dazu zu motivieren, mir bei alldem zu helfen, und zweitens sie dazu zu kriegen, ihre Hausaufgaben zu machen. ‹Kaum kommst du nach Hause, nervst du›, heißt es dann oder: ‹Wenn Papa kommt, gibt es nie Streit!› Das stimmt allerdings. Wenn mein Mann nach Hause kommt – das ist so gegen sieben –, dann ist das meiste erledigt. Die Kinder halten sich in ihren Zimmern auf, das Abendessen steht auf dem Tisch. Sobald er die Tür aufschließt, schlüpfen sie aus ihren Löchern und fallen ihm um den Hals. So ungerecht kann Leben sein.»

Aber nicht nur organisatorische Dinge, auch seelische Krisen erreichen Mütter oft ohne Einschränkung. Wenn sich Heranwachsende antriebslos oder depressiv fühlen, stundenlang im Bett liegen und an die Decke stieren, nicht zur Schule wollen oder mit sich und der Welt im Clinch liegen, sind Mütter oft die Ersten und manchmal auch die Einzigen, die damit konfrontiert werden.

«Wenn es Sorgen gibt», sagt Verena, «dann höre ich mir alles an – und leide mit. Wenn geschmollt wird, dann bin ich diejenige, die sich das ansehen muss. Mein Mann ist eher für Raufereien und Boxkämpfe zuständig.»

Es bleibt nicht aus, dass Mütter durch die stärkere häusliche Präsenz oft auch eine intensivere Beziehung zu ihren Kindern haben als Väter. Das häufige Austragen von Konflikten, das Mitfühlen mit allem, was die Kinder beschäftigt, schaffen neben aller Belastung auch Nähe und Vertrauen und vertiefen die Bindung. Das kann bei Heranwachsenden dazu führen, sich heftiger von der Mutter frei strampeln zu müssen als vom Vater. Es ist eben anstrengender, sich von jemandem zu lösen, zu dem eine sehr vertraute Beziehung besteht, als sich von jemandem lösen zu müssen, der ohnehin «weiter weg» ist.

DIE ERSTE GROSSE LIEBE

Aus Sicht der Jungen kreisen die Konflikte mit der Mutter vor allem um eine innere Ambivalenz zwischen Bindungswunsch auf der einen und Ablösungsbestreben auf der anderen Seite. Bei aller Notwendigkeit, erwachsen zu werden und sich gegenüber der Mutter behaupten zu müssen, spürt ein Junge auch, dass er viel zu verlieren hat. Oft ist die Mutter die wichtigste Bezugsperson für einen Jungen – er empfindet starke Gefühle für sie, bewundert sie, findet sie attraktiv und vertraut sich ihr an, wenn ihn etwas bedrückt. Etwas pathetisch ausgedrückt ist die Mutter die erste große Liebe des Sohnes. Häufig hat die Beziehung zwischen Mutter und Sohn auch eine sexuelle Komponente.

Christine, 49 und Ärztin aus Regensburg, erinnert sich noch gut daran, wie sie bei ihrem zehnjährigen Sohn Malte damals sexuelle Impulse entdeckte: «Aus einer Frauenzeitschrift hatte ich einige gymnastische Übungen herausgesucht, die Malte und ich gemeinsam probiert haben. Die Übungen erforderten engen Körperkontakt, und Malte schien das zu gefallen. Zu meiner Verblüffung merkte ich irgendwann, dass mein Sohn sich irgendwie anders verhielt, so, als habe er sexuelle Gefühle zu mir. Das wurde mir manchmal zu heiß, sodass ich die Übungen zeitweilig abgebrochen habe. Manchmal habe ich gedacht: ‹Der flirtet ja jetzt schon wie ein erwachsener Liebhaber. Da wird er es bei Frauen später mal leicht haben.›» Als Malte jedoch seine ersten Schamhaare bekam, schob die Pubertät der kindlichen Unbekümmertheit einen Riegel vor. Malte sandte kaum noch sexuelle Signale aus, schloss im Badezimmer hinter sich ab und vermied es, sich nackt vor der Mutter zu zeigen.

Beatrice, 52, Lehrerin aus Berlin, erging es ähnlich: «Felix war ungefähr zwölf, als ich eines Nachmittags mit ihm gerauft hatte, er sich auf mich drauflegte und ich merkte, dass er eine Erektion hatte. Im ersten Moment habe ich einen Schrecken bekommen. Einen Moment lang habe ich überlegt, was ich tun soll, um ihn nicht brüsk zurückzuweisen. Irgendwann bin ich unter irgendeinem Vorwand raus aus der Rückenlage.»

Doch nicht nur Söhne können sexuelle Gefühle zu ihren Müttern verspüren, auch viele Mütter entdecken sexuelle Impulse, wenn ihr Sohn in die Pubertät kommt und zunehmend männlichere Züge annimmt.

Christine erinnert sich: «Als sein Körper kräftiger wurde, regte sich etwas in mir. Einmal, da wollte er gerade zur Tür raus und mich zum Abschied umarmen, und ich merkte, dass er etwas in mir auslöste. An manchen Tagen musste ich mich richtig zurückhalten, so anziehend fand ich ihn.»

Maria machte ähnliche Erfahrungen, wenn auch nicht ganz so intensiv: «Justin und Tim haben beide sehr schöne, sehr männliche Körper. Ich kann zwar nicht sagen, dass ich sexuell für die beiden etwas empfinde – das wäre übertrieben ausgedrückt. Aber irgendetwas Reizvolles strahlen sie auf mich aus. Wenn ich sie umarme, dann denke ich oft: ‹Die Freundinnen, die die beiden mal bekommen, haben viel Glück.› Und gleichzeitig geht es mir durch den Kopf, dass mein Mann keine tolle Figur hat. Da lob ich mir doch meine knackigen Jungs.»

Manche Mütter erzählen mir, sich keiner sexuellen Gefühle bewusst zu sein, aber nachts hin und wieder sexuelle Träume von ihren Söhnen zu haben. Viele dieser Träume tauchen gerade dann auf, wenn der Sohn in der Pubertät ist; wenn sich sein Körper und sein Verhalten zunehmend männlicher entwickeln und wenn er mehr und mehr über eine sexuelle Ausstrahlung verfügt. Einige Mütter reagieren erschreckt, weil sie nun fürchten, durch ihre Empfindungen ein sexuelles Tabu – das so genannte Inzesttabu – zu verletzen. Doch viele Väter erleben Ähnliches. Auch sie mögen plötzlich entdecken, ihre zunehmend erwachsener werdende Tochter aufregend zu finden. Bei Frauen / Müttern sind solche Gefühle nur stärker tabuisiert als bei Männern / Vätern.

SÖHNE SIND ANDERS, MÜTTER AUCH

Für einen Jungen ist es nicht leicht, sich aus dieser vertrauten und zum Teil auch erotisch gefärbten Beziehung zur Mutter zu lösen und seine eigene Männlichkeit zu entwickeln. Irgendwann kommt er in ein Alter, in dem er kein «Muttersöhnchen» mehr sein will – ein Alter, in dem es cool ist, möglichst wenig mit der Mutter gemeinsam zu haben. Manche Jungs stapfen lieber bei Regen und Schneematsch nach Hause, als dass sie sich vor der Schule von Mama abholen ließen. Was sollen die

Mitschüler denken, wenn man mit 15 noch ins Auto der Mutter steigt oder mit ihr gesehen wird?

Einige Jungen grenzen sich von der Mutter ab, indem sie sich besonders «männlich» geben und die Mutter bei jeder sich bietenden Gelegenheit herausfordern. Selbst in der Wohnung laufen manche nur noch mit Baseball-Kappe herum, während die Sprache einen coolen, provokanten und zuweilen auch aggressiven Unterton bekommen kann. Einige Jungen werden rüpelhaft und Raum einnehmend und demonstrieren durch eine breitbeinige Sitzhaltung oder ein überlautes Auftreten: «Platz da, Mama, hier kommt ein Mann!» Viele Jungen wetteifern auch besserwisserisch mit ihren Müttern oder verhalten sich in einer Weise männlich, von der sie vermuten, dass es von der Mutter überhaupt nicht gern gesehen wird. Die Mutter soll erkennen, dass der Sohn nicht so ist wie sie: «Ich gehe jetzt meinen eigenen Weg, und der ist anders als deiner!»

Diese Form der Abgrenzung, die Müttern gehörig auf die Nerven gehen kann, ist normal und für die Entwicklung des Jungen notwendig, denn dadurch erlangt er zunehmend ein Gefühl für sich selbst als Mann. Manche Mütter erschreckt es, wenn sie erkennen, dass ihr Sohn sich genauso gebärdet, wie sie ihn eigentlich niemals haben wollten. Wenn sie plötzlich einen kleinen «Macho» zu Hause sitzen haben, obwohl sie mit solchen Männern eigentlich nie etwas zu tun haben wollten.

Für viele Mütter bedeutet es auch eine Umstellung, plötzlich einen anderen Sohn zu haben als diesen netten, süßen, «geschlechtslosen» kleinen Engel. Denn Jungen lösen sich von ihren Müttern quasi allein schon durch die Zugehörigkeit zum männlichen Geschlecht.

Die vielen Gemeinsamkeiten, die Mütter mit ihren Söhnen bisher teilten, können nun gänzlich verschwinden. Während Mütter mit ihren Töchtern noch einiges an gemeinsamen Interessen und Hobbys entdecken mögen, entfernen sich Söhne zuweilen in unerreichbare Weiten und Welten. Väter haben es oft leichter, über ein gemeinsames Hobby wie Fußball, Autorennen oder Computer mit ihrem Sohn in Kontakt zu bleiben.

«Seit meiner in der Pubertät ist, habe ich Angst, mich von ihm zu entfremden», sagt Angelika in einer Elterngruppe über ihren fünfzehnjährigen Jan. «Die Woche über ist er nur noch mit seinen Freunden unterwegs, und am Wochenende geht er mit meinem Mann zum Fußballplatz, oder sie gucken sich das Ganze im Fernsehen an. Da bleibt für mich nicht mehr sehr viel an Aufmerksamkeit übrig.»

Doch es sind nicht nur die gemeinsamen Interessen, die zur Enttäuschung vieler Mütter im Laufe der Pubertät nachlassen. Viele Jungen werden jetzt, indem sie zu Männern werden, auch in ihrem Verhalten ganz anders als ihre Mütter und in vieler Hinsicht für sie nicht mehr greifbar.

Zum Beispiel erzählen sie ihren Müttern nicht mehr ganz selbstverständlich alles, was sie bewegt. Das kann einer Mutter zu schaffen machen, denn Mütter sind es gewöhnt, dass ihnen die Kinder vieles anvertrauen. Maria fürchtet, dass sie nur noch Belangloses von ihren Söhnen erfährt:

«Ich lebe in einer Art Nebel, was meine Söhne betrifft. Gewiss, sie plappern unglaublich viel, was in der Schule passiert ist, wie es beim Sport war, wer bescheuert ist und wer nicht, aber was sie wirklich bewegt, was wirklich innendrin los ist, das erfahre ich nicht. Vor einigen Wochen musste ich auf Justins Hochbett klettern, weil ich ein Buch brauchte, das dort lag. Dort oben fand ich zwei Briefe, die ihm ein Mädchen mal geschrieben hatte. Ich habe die Briefe zwar nicht gelesen, aber ich weiß, dass sie ungefähr zwei Jahre alt sind. Aus dem einen Brief war ein Foto mit einem Mädchengesicht herausgezogen, sodass ich vermute, Justin schaut es sich abends an. Es scheint, dass Justin dieser Beziehung, die seit zwei Jahren vorüber ist, noch immer nachtrauert. Davon erfahre ich als Mutter nichts, kein Wort. Wenn ich nicht zufällig diese Briefe gesehen hätte, hätte ich überhaupt nicht realisiert, dass mein Sohn sich mit Liebesgefühlen beschäftigt. Verstehen Sie mich bitte nicht falsch: Es geht nicht darum, dass ich ihn ausforschen will. Er hat sein eigenes Leben, und das hat mich nicht zu interessieren. Mir geht es darum, dass es eine Seite bei meinen Söhnen gibt, die mir unglaublich fremd ist. Dass irgendetwas unendlich Wichtiges im Leben dieser Menschen geschieht und ich, obwohl ich auf engstem Raum mit ihnen zusammenlebe, nichts davon weiß, ja, es nicht einmal ahne. Diese Ahnungslosigkeit ist mir aus Beziehungen zu Männern vertraut; Männer, in deren Gegenwart ich immer das Gefühl hatte, wie hinter einer Nebelwand zu leben.»

Oft höre ich auch von Müttern, dass sie mit den aggressiven, kämpferischen Seiten ihrer Söhne nicht umgehen können. Vielen Müttern fällt es nicht leicht zu akzeptieren, dass ihre Söhne, wenn sie wetteifern und sich um jeden Preis durchzusetzen versuchen, so grundverschieden von ihnen als Frauen sind.
Verena sagt:

«Bei Matthias kann ich nicht immer alles nachvollziehen, was ich früher nachvollziehen konnte, als er noch ein Kind war. Matthias hat, wie sein Vater, eine aggressive Seite, die mir als Frau fremd ist. Er brüllt seine Wut einfach raus. Für ihn selbst ist das sicherlich gut: Er kann sich von allem Frust befreien und braucht die Dinge nicht aufzustauen. Doch mich erschreckt das. Ich merke, dass ich ihn ständig bremse, ihm das Wort verbiete, wenn er wütend wird, ihn zurechtweise, wenn er in der Schule jemanden verhauen will. Dabei ist Matthias gar kein Angreifer; er wehrt sich nur, wenn man ihm etwas getan hat. Neulich kam er nach Hause und wollte einen Jungen verprügeln, der seinen besten Freund zu Boden geschlagen hat. Sein bester Freund läuft seit einiger Zeit wegen eines Skiunfalls an Krücken. Matthias war über den Angriff so wütend, dass er seinen Freund rächen wollte. Vielleicht ist das ja auch richtig so, doch ich kann es nicht ertragen. Es ist so eine andere Welt als meine. Dieses Kämpfen, Raufen, Schlagen, Brüllen, Siegen, Rächen – mein Sohn ist so anders, als ich es bin. Lena steht mir in vielen Dingen einfach näher.»

Viele Frauen haben zu Männern und zu den aggressiven, kämpferischen und dominanten Eigenschaften, die Männern zugeschrieben werden, widersprüchliche Gefühle. Einerseits suchen sie einen Mann, der genau über diese Eigenschaften verfügt; an den sie sich anlehnen können, der sich durchsetzt, der die Führung übernimmt und der seine Frau beschützt, ernährt und versorgt. Andererseits wünschen sie sich Einfühlung und Rücksichtnahme und lehnen es ab, vom Mann dominiert zu werden. Solch ambivalenten Gefühle kennzeichnen unser Verhältnis zum anderen Geschlecht – ein Verhältnis, das Frauen wie Männern in vieler Hinsicht fremd und unbekannt, in seiner Fremdheit und Gegensätzlichkeit aber auch anziehend und erotisch erscheint. Oft bleibt es nicht aus, dass sich diese innere Widersprüchlichkeit von Müttern auch auf die Söhne übertragen kann; dass eine Mutter auf der einen Seite die männlich aggressiven Eigenschaften ihres Sohnes ablehnt, sich auf der anderen Seite jedoch genau diese Eigenschaften an ihm wünscht.

«Ich gebe zu», sagt Verena, «dass ich es auch toll finde, wie Matthias sich durchkämpfen kann. Insgeheim bewundere ich ihn sogar dafür. Ich bin mir nicht sicher, ob mein Sohn meine innere Ambivalenz spürt, aber wenn er sie spürt, dann kann er gut damit umgehen. Er lässt sich von mir nicht beeinflussen – er geht seinen Weg!»

Doch nicht alle Jungen sind so gefestigt wie Matthias. Wenn Jungen in ihrer männlichen Rolle eher unsicher sind und noch sehr an der Mutter hängen, können innere Ambivalenzen der Mutter die männliche Entwicklung des Sohnes auch blockieren. Denn widersprüchliche Gefühle, vor allem, wenn sie unbewusst sind, beinhalten die Gefahr einer doppelten Botschaft: «Sei nicht so kämpferisch, rücksichtslos und aggressiv wie die anderen Männer, aber sei doch ein bisschen so, denn eigentlich schätze ich diese Seiten an Männern.»

Je bewusster sich eine Mutter ihrer widersprüchlichen Gefühle Männern gegenüber ist, desto authentischer und freier kann sich der Sohn entwickeln und entfalten.

ANREGUNG FÜR MÜTTER

ERINNERN SIE SICH?

Nehmen Sie sich als Mutter einen Augenblick Zeit und gehen Sie gedanklich und emotional zurück in die Zeit Ihrer Pubertät.

– Welchen Typ Junge fanden Sie anziehend und attraktiv?
– Wie musste ein Junge sein, um bei Ihnen Chancen zu haben?
– Welcher Jungentyp hatte bei Ihnen keine Chance?
– Hat sich an Ihren Vorlieben inzwischen etwas geändert?
– Welchen Typ Mann finden Sie heutzutage sexuell anziehend?
– Welchen Männertyp lehnen Sie ab?

«SEI NICHT SO WIE DEIN VATER!»

Verena erzählte auch, dass sie Matthias' Verhalten an das Verhalten ihres Mannes erinnere. Seine Konfliktbereitschaft, sein aufbrausendes Temperament und sein Impuls, zu kämpfen und zu rächen, seien etwas, das sie nur allzu gut von ihrem Mann kenne. Sie wolle jedoch nicht, dass sich ihr Sohn so entwickele wie sein Vater. Insgeheim hoffe sie, dass aus ihm eines Tages ein «besserer» Mann würde.

Darüber kann auch Maria etwas erzählen:

«Justin ist ganz anders als Tim oder mein Mann. Justin ist eher ein empfindsamer, verletzbarer Junge. Er geht sehr umsichtig mit mir um und hört mir auch mal zu, wenn mir etwas auf dem Herzen liegt. Aber eigentlich will ich auch, dass Justin ein anderer Mann als sein Vater wird. Ich habe mir immer gewünscht, dass sich mein Mann mehr zu Hause einlässt, Erziehungsaufgaben übernimmt, selbständiger im Haushalt ist. Aber er ist wie ein kleines Kind. Wenn ich beruflich mal ein paar Tage aus der Stadt raus muss, dann ruft er mich an und fragt, was er den Kindern zum Frühstück machen soll. Wenigstens einer meiner Söhne soll anders werden, umsichtiger, einfühlsamer, selbständiger. Ich will nicht noch einen Helden, der nie zu Hause ist und der nicht einmal weiß, wie man eine Waschmaschine bedient. Manchmal ertappe ich mich dabei, dass ich Justin anbrülle, weil er mich an seinen Vater erinnert. Ich glaube, damit gehe ich manchmal zu weit.»

Söhne spüren, wenn ihre Mütter sich von ihnen wünschen, anders zu sein als der Vater. Manche Jungen durchschauen solche Erwartungen, rebellieren offen dagegen und grenzen sich auf diese Weise von der Mutter ab. Andere zweifeln an ihrer Wahrnehmung oder trauen sich nicht, sich den mütterlichen Wünschen zu widersetzen. Womöglich unterdrücken sie bestimmte männliche Seiten, von denen sie glauben, dass sie von der Mutter nicht geduldet werden, nur um die Liebe der Mutter nicht zu verlieren oder um ihre Anerkennung zu erhalten. Zudem lauert auch hier die Gefahr einer doppelten Botschaft: Schließlich findet eine Mutter den Mann, den sie irgendwann einmal zum Partner gewählt hat, auf die eine oder andere Weise attraktiv. Wenn Mütter nun von ihrem Sohn verlangen, anders als der Vater zu sein, bringen sie ihn womöglich in die Zwangslage, sich anders zu verhalten, als es für die Mutter anziehend ist. Die doppelte Botschaft lautet: «Ich finde dich attraktiv, weil du so anders bist als dein Vater, aber eigentlich finde ich Männer wie deinen Vater attraktiv.»

Mütter sollten sich ihrer Erwartungen und Wünsche, die sie an ihre Söhne richten, immer bewusst sein und darauf achten, dass sie ihre Söhne damit nicht überfordern.

MÜTTER ALS VORBILDER

Die Ablösung der Söhne von ihren Müttern heißt nicht, dass Mütter auf das Abstellgleis geschoben werden – ganz im Gegenteil. Söhne wollen eine Menge von ihren Müttern haben, und wenn Mütter aufmerksam sind, dann können sie ihren Söhnen wertvolle und entscheidende Dinge mit auf den Lebensweg geben. Viele Jungen stoßen ihre Mütter regelrecht mit der Nase drauf, dass sie Bestätigung als Mann brauchen: «Seit er in der Pubertät ist», sagt Judith, Mutter eines Sohnes und zweier Töchter, «läuft er nur noch mit freiem Oberkörper durch die Wohnung. Meine Töchter sind da viel zurückhaltender, aber Sven zeigt, was er hat. Er hat auch wirklich einen schönen Oberkörper, aber neulich am Frühstückstisch war es mir dann doch zu viel. ‹Sven!›, habe ich gesagt, ‹zieh dir bitte was Vernünftiges an – ich will mir nicht vorkommen wie in einem Bauwagen!›»

Natürlich soll eine Mutter sehen, was ihr Sohn zu bieten hat. Ein heranwachsender Junge kämpft nicht nur provozierend darum, von seiner Mutter unabhängig zu werden, sondern es liegt ihm auch viel daran, dass seine Mutter ihn als Mann wertschätzt und anerkennt. Manche Söhne fordern ganz offensiv die Bestätigung von der Mutter ein, fragen ganz offen und ausdauernd nach der Qualität ihrer Arm- oder Brustmuskulatur und verpassen keine Gelegenheit, ihrer Mutter zu demonstrieren, wie männlich sie sind. Andere sind eher still und zurückhaltend und lassen es sich überhaupt nicht anmerken, dass sie gerne von der Mutter hören würden: «Mensch, du siehst aber schon ganz schön knackig aus!»

Viele Mütter ahnen nicht, wie wichtig sie als Frauen für ein positives Selbstbild des Sohnes sind. In Beratungen höre ich immer wieder: «Ich überlass' so was lieber meinem Mann», oder: «Ich bin doch kein Mann. Ich weiß doch nicht, was in einem Mann vor sich geht und was er braucht, um sich als Mann wohl zu fühlen.»

Doch Mütter sind neben ihrer Funktion als Mutter vor allem auch Frauen, und als solche haben sie einen ganz entscheidenden Blick dafür, was Jungen für ihre Männlichkeitsentwicklung benötigen. In der Begegnung zwischen Mutter und Sohn schwingt immer auch die Begegnung einer Frau und eines werdenden Mannes mit. Viele Söhne würden vor Freude einen Salto schlagen, wenn sie von ihrer Mutter erführen, gut auszusehen, einen schönen Körper zu haben, über eine männliche Ausstrahlung zu verfügen und insgesamt so, wie sie auf die Welt gekommen sind, in Ordnung zu sein. Eine Mutter kann auch versuchen herauszufinden, über welche Qualitäten ihr Sohn in der Liebe, in Freundschaften, im Umgang mit anderen Mädchen und Jungen oder im Werben um eine Partnerin verfügt, und mit ihm darüber sprechen.

Vielleicht entdecken Mütter an ihrem Sohn auch Seiten, für

die er sich schämt, weil sie ihm nicht männlich genug sind, wie Empfindsamkeit, Zurückhaltung oder ein schlanker oder wenig muskulöser Körperbau.

Vielen Jungen würde es helfen, von einer Frau zu hören, dass solche Seiten durchaus ihre Qualitäten haben. Wenn Mütter den Eindruck haben, dass ihr Sohn sich in seiner männlichen Entwicklung seinen Mitschülern unterlegen fühlt, kann es ihn aufmuntern, wenn sie seine männlichen Seiten lobend hervorhebt. Solche Wertschätzungen helfen Jungen gerade in der Pubertät, wenn Jungen oft noch sehr unsicher sind, ob ihnen ihr Körper gefällt und ob sie dem Bild eines «richtigen» Mannes entsprechen.

Der Vater eines Elternpaares, das sich einst von mir beraten ließ, sagte, er könne sich gut daran erinnern, dass seine Mutter eines Tages unerwartet in sein Zimmer kam, als er gerade dabei war, sein T-Shirt zu wechseln. Da muss er 16 oder 17 gewesen sein. Beim Anblick seines Oberkörpers habe sie spontan ausgerufen: «Du hast aber in den letzten Monaten ein ganz schön breites Kreuz bekommen!» Dies sei das einzige Mal gewesen, dass seine Mutter ihn für etwas Männliches gelobt habe. Wahrscheinlich sei es ihr gar nicht bewusst gewesen, wie sehr er sich ihre Bestätigung gewünscht habe. Jedenfalls könne er die Freude, die er damals gespürt habe, so nachvollziehen, als sei es gestern gewesen.

Über derartige Wertschätzungen hinaus kann eine Mutter ihren Sohn dazu ermuntern, sich mit ihr zu identifizieren. Es stimmt nur bedingt, dass ein Junge unbedingt einen Vater braucht, um seine männlichen Seiten in sich zur Geltung bringen zu können. Auch eine Mutter kann einiges dazu beitragen. Sie kann ihm helfen, einen Zugang zu seinen empfindsamen, «weiblichen» Impulsen zu bekommen, und ihn darin unterstützen, die Eigenschaften, die er als unmännlich abwertet, in seine Persönlichkeit zu integrieren und sich dabei trotzdem als Mann zu fühlen. Zum Beispiel können Mütter ihren Söhnen die Angst nehmen, über Gefühle zu sprechen, indem sie ihrem Sohn mitteilen, wie es ihnen selbst mit Männern geht, die nicht über sich reden können, die verschlossen sind, die Konflikte nicht austragen. Da es ein großer Wunsch eines Jungen ist, mit Mädchen und Frauen zurechtzukommen, könnte er sich seine Mutter in dieser Hinsicht zum Vorbild nehmen. Viele Mütter haben zudem die Chance, Söhnen andere Möglichkeiten der Konfliktbewältigung mit auf den Weg zu geben als den Türen knallenden Rückzug ins Zimmer oder die Auseinandersetzung mit Fäusten.

Durch Mütter können Jungen lernen, Ruhe zu bewahren, sich verbal statt körperlich auseinander zu setzen, Beziehungsprobleme konstruktiv zu lösen und Konflikte anzusprechen. Und nicht zuletzt kann eine Mutter ihrem Sohn Hinweise geben, wie Frauen empfinden, was sie sich in Beziehungen wünschen, was sie von Männern erwarten, wie sie erobert werden wollen. Wenn es Müttern gelingt, mit ihren Söhnen über solche Dinge ins Gespräch zu kommen, stärken sie seine männliche Identität.

«OHNE MICH GEHT NICHTS ...»

Viele Mütter könnten sich und die Beziehungen zu den Heranwachsenden entlasten, wenn sie sich mehr Zeit und Raum für sich selbst nähmen. Ich bin oft verblüfft, von Müttern zu hören, dass es für sie kein Leben jenseits von Haushalt und Familie geben darf. Sie laufen den ganzen Tag auf Hochtouren und fürchten, ohne ihren Einsatz bräche alles zusammen. Manche Mütter schauen mich irritiert an, wenn ich sie frage, ob es irgendeinen Bereich gibt, den sie unabhängig von der Familie für sich alleine haben.

«Wie kommen Sie denn darauf», sagte eine Mutter ganz entgeistert, «dafür habe ich doch überhaupt keine Zeit. Tagsüber sitze ich am Supermarkt an der Kasse, und wenn ich abends nach Hause komme, heißt es, Essen machen, Kinder versorgen, Wohnung sauber machen. Da bleibt keine Zeit mehr für was anderes.»

Väter nehmen sich solche Freiräume oft ganz selbstverständlich, indem sie sich in ihre Arbeit vergraben, mit Arbeitskollegen oder Kumpels einen trinken gehen oder am Sonntag auf dem Fußballplatz verschwinden. Eine derartige Abgrenzung ist in Maßen sinnvoll. Jeder Mensch braucht einen Bereich, zu dem die Familie keinen Zugang hat, irgendetwas, das es möglich macht, sich innerlich zu distanzieren und wieder aufzutanken. Das kann für Mütter ein eigenes Zimmer sein, das außer ihr niemand betreten darf. Das können Freunde und Bekannte sein, die nicht immer zwangsläufig mit der ganzen Familie der Mutter befreundet sein müssen. Das können aber auch eigene Interessen und Hobbys sein, die nur ihr gehören und an denen sonst niemand aus der Familie teilnimmt. Bei allen Verpflichtungen, die den Alltag vieler Mütter bestimmen, sollten Mütter nicht vergessen:

Es darf auch mal ohne sie pubertiert werden.

TEILZEIT VOLLEN HERZENS

VÄTER UND SÖHNE

Zwischen Bernd, 45, Abteilungsleiter eines Berliner Bekleidungsgeschäftes und seiner Frau Christa, 45, Hausfrau, gibt es häufig Streit um die Aufgabenverteilung in Erziehung und Haushalt. Christa wirft Bernd vor, er habe zu wenig häusliche Pflichten. Bernd jedoch sieht das anders. Er sagt: «Wenn ich abends nach Hause komme, bin ich fix und fertig, einfach alle. Ich will mich dann nicht mehr um Haushaltsdinge kümmern. Das kann meine Frau tun, denn schließlich ist das ihr Job!» Und es scheint auch nicht so zu sein, dass Bernd zu Hause keine Verantwortung übernehme, ganz im Gegenteil: «Ich habe den handwerklichen Kram am Hals. Wenn es im Haus etwas zu reparieren gibt, dann ist das meine Aufgabe.» Seine Frau sei viel zu ungeschickt, könne nicht mal einen Hammer von einem Schraubenzieher unterscheiden. «Und alles, was mit Finanzen und Formularen zu tun hat, halte ich auch von ihr fern. Da werde ich doch mal die Beine hochlegen können, wenn sie noch ein paar Hemden zu bügeln hat, ohne dass es immer gleich Streit geben muss.»

Das Verantwortungsbewusstsein vieler Väter hat sich über die Jahre hinweg verändert. Auch wenn es an der Umsetzung hapert und in den meisten Familien die Mütter die Hauptlast im Haushalt und in der Erziehung zu tragen haben, verfolgen viele Paare das Ideal partnerschaftlicher Aufgabenverteilung. Das Bundesministerium für Familie hat herausgefunden, dass sich Väter heutzutage sehr wohl ihrer häuslichen und erzieherischen Pflichten bewusst sind. Allerdings gewichten sie ihre väterlichen Pflichten oft dahingehend, dass sie einen Großteil ihrer Energie in den Beruf stecken.

In einer Befragung des Familienministeriums wurden Vätern und Jugendlichen Fragebögen vorgelegt, auf dem vier verschiedene Väterfunktionen nach Wichtigkeit eingeordnet werden sollten:

Die *Brotverdienerfunktion* des Vaters, die der Familie ein gesichertes Einkommen garantiert;

die *instrumentelle Funktion*, die dem Kind Wissen und Allgemeinbildung vermittelt;

die *soziale Funktion*, die zum Ziel hat, für Probleme und Anliegen des Kindes offen zu sein;

der *Karriereverzicht*, der verlangt, die eigene berufliche Laufbahn zugunsten des Kindes zurückzustellen (Die Rolle des Vaters in der Familie, 2001).

Sowohl bei Vätern als auch bei deren jugendlichen Kindern kam heraus, dass Brotverdienerfunktion und soziale Funktion für wichtiger erachtet wurden als die beiden anderen Funktionen. Das heißt: Viele Väter versuchen heutzutage, Berufstätigkeit auf der einen Seite und die Belange des Kindes auf der anderen Seite miteinander zu vereinbaren. Auch Heranwachsende wünschen sich diese Aufteilung. Sie wollen einen Vater, der arbeiten geht und der in gleichem Maße Zeit und Aufmerksamkeit in sie investiert.

DISTANZ HILFT

«Ich finde es toll, dass Papa ganz anders ist als Mama», sagt der zwölfjährige Markus. «Wenn Papa nach Hause kommt, dann spielen wir mit der Playstation. Mama schimpft immer so viel rum. Das nervt ganz schön.»

Jan, 14, sagt über Vater und Mutter: «Was mich an meinem Vater stört, ist, dass er nicht so viel Zeit für mich hat. Was ich toll finde, ist, dass wir uns so gut verstehen. An meiner Mutter nervt, dass sie andauernd weint.»

Der 13-jährige Sven, den ich gefragt habe, woran er denn merke, dass er in die Pubertät gekommen sei, sagte: «An mir merke ich das nicht, aber an meiner Mutter. Papa ist immer noch so wie früher, aber Mama wird von Tag zu Tag zickiger. Ich habe mal gehört, in der Pubertät ist das so.»

Mütter werden, weil sie häufiger zu Hause sind, von ihren Kindern oft auch als der anstrengendere Elternteil wahrgenommen. Sie sind in ihrer Funktion als Erziehende, aber auch gefühlsmäßig viel enger mit ihren Kindern zusammen, schimpfen, fordern und weinen viel häufiger in Gegenwart der Kinder als die Väter. Väter haben die Möglichkeit, das auszugleichen, indem sie vermittelnd einschreiten. Gerade weil Väter häufiger nicht zu Hause sind und von vielem Kleinkram, der die Pubertätskonflikte schürt, verschont bleiben, haben sie auch mehr Distanz zu solchen Konflikten und können besser überschauen, wie Konflikte gelöst werden können.

«Ich verstehe den Ärger meiner Frau», sagt Bernd, «sie hat auch eine Menge am Hals. Unsere ältere Tochter ist zurzeit nicht gerade einfach, und da kracht es dann schon mal öfter ziemlich heftig. Wenn mir meine Tochter die Ohren voll heult, dann versuche ich, zwischen den beiden zu vermitteln. Oft gelingt mir das auch. Als Vater bin ich in den ganzen Streit nicht so sehr involviert.»

Väter haben oft auch eine größere innere Distanz zu den Kindern, nehmen sich nicht alles so zu Herzen, fühlen sich nicht so leicht für ihre Kinder verantwortlich und bekommen nicht so rasch Schuldgefühle, wenn den Kindern mal etwas nicht gelingt. Das kann Mütter, die dazu neigen, sich über zu vieles zu heftig den Kopf zu zerbrechen, entlasten. Außerdem zeigt es Heranwachsenden, dass es auch anders gehen kann.

«Ich bin froh», sagt Anja, Mutter eines Sohnes und zweier Töchter, «dass mein Mann es oft schafft, cool zu bleiben, während ich schon längst wieder ausgetickt bin. Manchmal frage ich mich, wo wir eigentlich wären, wenn mein Mann auch so überfürsorglich wäre wie ich.»

LUSTLOSE PHANTOME

Doch oft ziehen sich Väter zu weit aus dem Geschehen heraus. In Beratungen erlebe ich es häufig, dass Väter einen Großteil der Erziehungsverantwortung an ihre Frauen delegieren. Oft sind es Mütter, die mit oder ohne ihre Heranwachsenden zu einer Beratung kommen und sich Hilfe holen. Dann mag es geschehen, dass wir innerhalb weniger Minuten in der Beratungssituation einen Spiegel dessen erleben, was zu Hause los ist: Der Vater ist zwar atmosphärisch im Raum, und es wäre unbedingt notwendig, ihn zur Lösung von Konflikten präsent zu haben, doch er bleibt als Phantom im Hintergrund. Manche Mütter erzählen sogar, es habe gar keinen Zweck, den Vater überreden zu wollen, mitzukommen. «Mein Mann hat für so was keinen Sinn. Der ist bei der Arbeit, geht vielleicht mal mit seinem Sohn zum Billard, aber das war es dann auch schon. Mehr kann ich nicht erwarten.»

Viele Väter haben einfach keine Lust, sich mit ihren Söhnen zu beschäftigen. Es langweilt sie. Sie lassen einen Großteil ihrer Energien bei der Arbeit, freuen sich, wenn sie abends ihre Frau sehen oder mit ihren Kumpels in der Kneipe abhängen können, und stöhnen innerlich auf, wenn ihr Sohn ihnen signalisiert, ihre Aufmerksamkeit haben zu wollen. Gewiss, es ist auch nicht immer spannend, sich in die Welt eines 12- oder 14-Jährigen einzufühlen. Jungen in diesem Alter können einen Vater ganz schön fordern, plappern über Kinofilme, Fernsehserien, PC-Spiele und Boxkämpfe und bieten dem Vater noch keine gleichberechtigte Ebene in der Unterhaltung.

Sich mit einem Kind oder einem Jugendlichen zu beschäftigen heißt immer auch, geben zu müssen. Als Erwachsener muss man im Umgang mit Kindern und Jugendlichen über die Fähigkeit verfügen, sich mit Dingen zu beschäftigen, die völlig an eigenen Interessen vorbeigehen können. All die kleinen Sorgen aus der Schule oder mit Freunden prallen an manchen Vätern ab wie Tennisbälle, oft, weil das Berufsleben die ganze Aufmerksamkeit des Vaters fordert.

Doch bei allem Verständnis für gestresste Väter, bei aller Nachvollziehbarkeit eines zermürbenden Berufsalltags: Es ist notwendig, sich voll und ganz auf den Sohn einzulassen.

ANREGUNG FÜR VÄTER

ERINNERN SIE SICH?
Nehmen Sie sich einen Augenblick Zeit und gehen Sie gedanklich und emotional zurück in die Zeit Ihrer Pubertät.
– Wie war die Beziehung zu Ihrem Vater?
– Hat er sich Zeit für Sie genommen?
– Was haben Sie sich von ihm gewünscht?
– Haben Sie es bekommen?

VÄTER SIND IN DEN CHARTS AUF PLATZ ZWEI

Denn Väter haben für ihre Söhne eine wichtige Funktion. In einer Befragung nannten Jungen von 15 möglichen Vorbildern den Vater ganz weit oben (Zimmermann, 1998). Zwar führten Sportler eindeutig die Ranglisten der beliebtesten Vorbilder an, jedoch rangierten die Väter bald danach auf Platz zwei, gefolgt von Filmhelden, Musikern und der Mutter, die es nur bis Platz fünf schaffte.

Die meisten Jungen idealisieren ihre Väter bereits im Kindes-

alter. Sie wollen später, wenn sie erwachsen sind, genauso werden wie ihr Vater, versuchen ihn zu kopieren, eifern ihm nach, wollen seine ungeteilte Liebe und Aufmerksamkeit. Sie empfinden ihn als Ausgleich zur Mutter, zu der sie häufig eine emotional engere Beziehung haben.

Es ist erleichternd, dem Papa auch mal anvertrauen zu können, dass die Mama «blöd» ist. Sie freuen sich, wenn er abends nach Hause kommt, und sind fasziniert von seiner Fähigkeit, den Arbeitsprozess zu bewältigen, das Geld zu verdienen und in der Welt da draußen zu bestehen. Sie balgen, raufen und toben mit ihm, haben Tränen in den Augen und schieben den Unterkiefer vor Wut nach vorne, wenn es ihnen nicht gelingt, ihn zu besiegen, kreischen aber vor Vergnügen, wenn sie spüren, dass er ihnen als Vater überlegen ist. Es gibt für einen Jungen kaum etwas Schöneres, als die eigenen Kräfte immer wieder in Kissenschlachten oder Ringkämpfen mit dem Vater (oder dem älteren Bruder) messen zu können. Viele Jungen vertrauen ihre großen und kleinen Sorgen ihrem Vater an, obwohl die Mutter als Ratgeberin für Herzensangelegenheiten in vielen Familien unangefochten die Nummer eins ist. Manchmal hilft es, die Meinung eines Mannes hinzuzuziehen. Auch während der Pubertät, wenn ein Junge beginnt, sich von den Eltern zu lösen, braucht er seinen Vater weiterhin als Vorbild. An ihm erlebt er, wie man mit Frauen umgehen kann, wie Konflikte ausgetragen werden, wie man mit Siegen und Niederlagen fertig wird. Wenn ein Vater zudem in fürsorglicher Weise ein offenes Ohr für die Probleme des Jungen zeigt und Verantwortung für die Familie übernimmt, lernt ein Junge, die fürsorglichen Seiten nicht nur bei Mädchen und Frauen, sondern auch bei sich selbst zu schätzen. Durch Väter haben Jungen die Chance, ein anderes Männerbild zu verinnerlichen als jenes, das sie unter Mitschülern und in US-amerikanischen Actionfilmen geboten bekommen.

Je mehr Zeit ein Vater mit seinem Sohn verbringt, je intensiver sich die Beziehung zwischen Vätern und Söhnen gestaltet, desto mehr kann ein Sohn aus der Beziehung lernen, desto besser entwickelt er sich durch die Pubertät hindurch.

Achim, 45, und sein Sohn Benny, 17, haben eine vertrauensvolle Beziehung zueinander. In Achim hat Benny ein Vorbild und einen Freund gefunden. Achim sagt:

«Benny und ich verbringen viel Zeit miteinander. Wir basteln viel zusammen, hocken vor dem Computer oder gehen Fußball spielen. Wir verstehen uns ohne Worte, wir sind wie eine eingeschworene Gemeinschaft. Benny sucht intensiven körperlichen Kontakt zu mir, kuschelt sich gerne an mich, schmust mit mir oder legt seinen Kopf auf meinen dicken Bauch, wenn er schlafen will. Er küsst mich sogar zum Abschied oder zur Begrüßung auf den Mund. Ich lasse ihn damit auch in Ruhe. Wenn er das braucht, dann soll er das machen. Ansonsten sind wir beide eher verschlossene Typen. Meine Frau meint, ich wäre viel zu sehr in mich gekehrt, müsse mehr aus mir herauskommen. Auch ihre Freundinnen hacken dauernd auf mir rum, setzen mich unter Druck und sagen mir, dass ich so verschlossen, wie ich bin, nicht funktionieren kann. Doch Benny ist genauso wie ich. Er sagt nicht viel, beobachtet ganz genau, was die anderen von sich geben und wie sie sich verhalten, und denkt sich seinen Teil. Wir haben die stille Übereinkunft geschlossen, die da lautet: Lass die anderen einfach reden.»

Eine Vater-Sohn-Allianz hilft dem Sohn besser, sich von seiner Mutter abgrenzen und lösen zu können. Väter, die ihre Söhne an die Hand nehmen und ihnen zu mehr Distanz zur Mutter verhelfen, sorgen auch gleichzeitig dafür, dass sich die Beziehung zwischen Mutter und Sohn freier und unbelasteter entwickeln kann.

«Wenn meine Frau nach Hause kommt», sagt Achim, «dann wissen wir, dass es Druck gibt. Meine Frau ist nicht der Typ, der sich ins Zimmer verkriecht und ein Buch liest. Wenn sie zu Hause ist, dann ist sie auch wirklich da. Wirbelt in der Küche, schreit nach Unterstützung bei der Hausarbeit, will wissen, wie unser Tag war, will sich unterhalten. Benny und ich sind dann wie eine Verschwörergemeinschaft, schauen uns nur an und denken uns: ‹Das stehen wir jetzt gemeinsam durch.›»

ANREGUNG FÜR VÄTER

ERINNERN SIE SICH?

Nehmen Sie sich einen Augenblick Zeit und gehen Sie gedanklich und emotional zurück in die Zeit Ihrer Pubertät.

– Wie ging es Ihnen als Junge unter ihren männlichen Mitschülern und Freunden? Waren Sie akzeptiert? Hatten Sie eine Führungsrolle? Oder fühlten Sie sich unterlegen?
– Wie ging es Ihnen im Kontakt zu Mädchen?
– Gab es Menschen, denen Sie sich vertrauensvoll mitteilen konnten?
– Haben Sie sich manchmal einsam gefühlt?
– Wie hätte Ihr Vater Sie damals unterstützen können?

WENN DER THRON WACKELT

Doch die ungeteilte Bewunderung und Faszination für den Vater erfahren oft während der Pubertät eine Wandlung. Je stärker, je autonomer sich Jungen fühlen, desto mehr reizt es sie, den Vater in seiner idealisierten Form vom Sockel zu stürzen. Irgendwann ist es nicht mehr selbstverständlich, dass der Vater immer Recht hat, dass er die Führung für sich beansprucht, dass er dem Sohn körperlich überlegen ist. Schließlich ist die Pubertät ja gerade auch eine Zeit, in der ein Jugendlicher ausprobieren will, was er kann und wo seine Grenzen liegen. In dieser Hinsicht ist es hilfreich, einen Vater zur Verfügung zu haben, an dem ein Junge sein Wachstum erproben und messen kann. Der allmähliche Sturz des Vaters ist ein notwendiger Prozess in der Pubertät, um dem Jungen ein Gefühl von Autonomie, Reife und Ebenbürtigkeit zu verleihen. In der Beziehung zwischen Vätern und Söhnen äußert sich diese Entidealisierung in kleineren oder größeren Machtkämpfen. Anders als bei der Mutter, mit der häufig wegen organisatorischer Dinge und aufgrund einer großen emotionalen Nähe gekämpft wird, konzentriert sich der Machtkampf mit dem Vater auf die Frage, wer grundsätzlich der Stärkere ist. Wenn die Beziehung zwischen Vater und Sohn stabil ist und der Vater seinem Sohn viel an Aufmerksamkeit und Zuwendung widmet, verlaufen solche Entmachtungsversuche häufig harmlos.

Zwischen Achim und Benny gab es immer mal wieder Rangeleien, in denen Benny Achims Führungsfunktion infrage zu stellen versuchte. Beim Fußball zum Beispiel, wo Achim Bennys Trainer ist, wollte Benny es irgendwann nicht mehr akzeptieren, dass sein Vater besser spielen konnte als er. Es gab eine Zeit, da weigerte er sich, unter seinem Vater zu trainieren, und fühlte sich gekränkt und gemaßregelt, wenn der Vater ihn kritisierte. Doch mit der Zeit wurde Benny in seiner Fußballtechnik besser, ausgefeilter und hatte seinen Vater irgendwann sogar überholt. Ähnliche Vorsprünge verschaffte er sich im Umgang mit dem PC, im Allgemeinwissen und in körperlicher Kraft. Achim fühlt einen gewissen Stolz auf die Fähigkeit seines Sohnes, in gewissen Dingen über den Vater hinausgewachsen zu sein.

Wenn Väter wenig Zeit und Energie für ihre Söhne übrig haben, kann dieses für die Entwicklung des Sohnes so wichtige Kräftemessen ganz ausbleiben, weil der Sohn sich nicht traut, seinen Vater herauszufordern, aus Angst, ihn noch mehr zu verlieren. Väter, die nicht erreichbar sind, sind auch als Vorbild, Identifikationsmodell und Zielscheibe für pubertäre Wachstumskämpfe unerreichbar. Wie soll man kämpfen, wenn der Gegner die Arena längst verlassen hat?

FÜRSORGE STATT KAMPF

Manchmal lassen sich Machtkämpfe zwischen Vater und Sohn auflösen, wenn der Vater verstärkt eine fürsorgliche Rolle übernimmt. Jede Herausforderung des Sohnes ist immer auch ein unbewusster Schrei nach Liebe, Aufmerksamkeit und Wertschätzung. Ein Angebot des Vaters, ins Kino und anschließend mit dem Sohn ein Eis essen zu gehen und über dessen Sorgen und Probleme zu sprechen, hilft oft mehr, als sich in gegenseitigen Wortgefechten und Schuldzuweisungen zu verlieren. Je verstandener sich ein Junge von seinem Vater fühlt, desto weniger wird er ihn in Kämpfe verstricken müssen.

An Gesprächsthemen zwischen Vätern und Söhnen sollte es dabei nicht mangeln. Alle Herzensangelegenheiten, die oft mit der Mutter besprochen werden, können genauso gut vom Vater verstanden und aufgefangen werden. Die Sexualaufklärung könnte zu einem großen Teil von Vätern übernommen werden. Es kann für einen Sohn sehr hilfreich sein, vom Vater zu hören, wie der sein erstes Mal erlebt hat oder welche Ängste und Schwierigkeiten ihn im Kontakt zu Mädchen und Frauen als Jugendlicher beschäftigt haben.

Viele Jungen wünschen sich auch die Unterstützung des Vaters bei der Suche nach einem geeigneten Beruf. Die an anderer Stelle erwähnte Untersuchung des Bundesministeriums hat ergeben, dass Söhne häufiger mit ihren Vätern als mit ihren Müttern über die Berufswahl sprechen. Die berufliche Orientierung während der Pubertät wird in aller Regel nicht nur mit Neugier und Pioniergeist, sondern vor allem auch mit großen Ängsten erlebt. Väter können viel tun, indem sie beruhigend auf ihre Söhne einwirken. Oft erlebe ich es jedoch, dass Väter selbst sehr unter Druck stehen, was die berufliche Entwicklung des Sohnes betrifft. Sie verlangen oft vom Sohn, sich rasch und bald in die eine oder andere Richtung zu entscheiden, und können es schlecht ertragen, dass die Pubertät und Adoleszenz eine Zeit des Suchens sind, in der ein Junge viele Wege ausprobieren muss, bis er seinen eigenen Weg gefunden hat. Manche Jugendliche wollen ins Ausland gehen, bevor sie eine Ausbildung oder ein Studium beginnen, andere wünschen sich, eine Zeit lang zu jobben, bis sie ein Gefühl dafür bekommen, was ihnen liegt. Je gelassener Väter die Berufssuche ihres Sohnes begleiten, je vertrauensvoller sie ihrem Sohn begegnen, desto hilfreicher sind sie für seine Entwicklung.

WENN EIN TEAM FEHLT

DIE BESONDERE SITUATION ALLEINERZIEHENDER

Alleinerziehen wird ambivalent erlebt.

Viele Mütter oder Väter genießen es, mehr Handlungsfreiheit zu haben, eigene Entscheidungen treffen zu können und sich nicht um alles mit dem Partner oder der Partnerin streiten zu müssen. 14 Prozent aller Alleinerziehenden finden diese Lebensform so reizvoll, dass sie sich bewusst und aus freien Stücken dazu entschlossen haben (Schneider et al., 2001).

Doch andererseits stehen Alleinerziehende oft auch unter großem Druck. Sie müssen Familienleben, Haushalt und Beruf miteinander vereinbaren, ohne einen Partner zur Seite zu haben. Sie haben mitunter finanzielle Nachteile hinzunehmen und tragen für alles, was zu Hause geschieht, die alleinige Verantwortung. Viele quälen sich mit Schuldgefühlen, weil sie zu wenig Zeit für ihre Kinder aufbringen, oder werfen sich vor, keinen Partner zu haben, der ihren Kindern als Ausgleich oder zur Identifikation zur Verfügung steht.

Auch die erzieherischen Elternrollen müssen die meisten Alleinerziehenden ohne Unterstützung bewältigen. Bei 61 Prozent aller Alleinerziehenden übernehmen weder der andere Elternteil noch eine neue Partnerin oder ein neuer Partner die Erziehungsverantwortung. Für die Betroffenen heißt das, flexibel sein zu müssen: die Kinder wertzuschätzen und zugleich auf die Einhaltung von Regeln und Grenzen zu achten; die Freizeit mit den Kindern zu gestalten und sie zugleich zu beaufsichtigen. Auch pubertäre Kämpfe müssen Alleinerziehende oft alleine durchfechten.

Paare haben es dahingehend oft einfacher. Eine Mutter und

ein Vater suchten mich wegen ihres dreizehnjährigen Sohnes Daniel auf, der, seit er in die Pubertät gekommen war, seinen Eltern zunehmende Schwierigkeiten bereitete. Daniel verweigerte die Schule und hinterließ seinen berufstätigen Eltern täglich einen unerträglichen Dreckstall. Die Eltern bekamen die Situation nicht mehr in den Griff. Während Daniels Mutter innerlich noch einigermaßen die Ruhe bewahren konnte, rastete der Vater zunehmend aus, brüllte herum und war kurz davor, Daniel zu schlagen. In der Beratung kristallisierte sich heraus, dass es sinnvoll erschien, die Rollen zwischen den Eltern aufzuteilen: Die innerlich gelassenere Mutter erklärte sich bereit, die kontrollierende Funktion zu übernehmen, mit Daniel Regeln auszuhandeln, ihn zur Hausarbeit anzuhalten und einen Großteil der häuslichen Konflikte mit ihm auszutragen. Hingegen nahm sich der Vater vor, jede Form von Auseinandersetzung mit seinem Sohn zu vermeiden und stattdessen eine fürsorgliche Haltung einzunehmen: mit Daniel die Freizeit zu gestalten, ihm für seine Sorgen und Nöte ein offenes Ohr zu leihen und zu versuchen, mit ihm gemeinsam den schulischen und sonstigen Problemen auf den Grund zu gehen.

Alleinerziehende stehen vor der Aufgabe, solche und ähnliche Situationen ohne Partner oder Partnerin zu bewältigen. Es gibt keinen Mann, der den Sohn streichelt, wenn man ihn selbst am liebsten schlagen wurde, und auch keine Frau, die ein klares Wort spricht, weil man dazu selbst nicht mehr in der Lage ist. Alleinerziehende leisten viel. Ohne sich dessen häufig bewusst zu sein, haben viele Alleinerziehende sich und ihre Kinder ohne größeren Schaden an sämtlichen Klippen des Lebens vorbeigeschifft. Es wäre sicher hilfreich, sich diese Leistung immer wieder zu vergegenwärtigen und Schuldgefühle über Bord zu werfen. Denn mit einem schlechten Gewissen überfordern sich Alleinerziehende nur zusätzlich. Ein fehlender Partner ist nicht zu ersetzen. Wenn der Beruf eine Menge Zeit frisst, so ist das nicht zu ändern. Schließlich sind Millionen von Menschen mit nur einer Mutter oder einem Vater groß geworden, ohne nennenswerten Schaden zu erleiden. Wer für die Erziehung alleine verantwortlich ist, hat genug zu tun und keinen Grund, sich mit Selbstvorwürfen zu belasten.

Oft höre ich auch von Müttern – 82 Prozent aller Alleinerziehenden sind Frauen –, dass sie im Begriff sind zu resignieren, weil sie sich der Lage nicht mehr gewachsen fühlen. «Wenn ich einen Mann hätte, wäre vieles einfacher», oder: «Mir gleitet die Erziehung aus der Hand, weil ich keinen Partner habe», sind Sätze, die ich oft höre.

Einmal rief eine Mutter in einer Radiosendung an, bei der ich zu Gast war, um Hörerfragen zur Pubertät zu beantworten. Sie war allein erziehend und hatte zwei Söhne im Alter von 14 und 11, die tagsüber, wenn sie bei der Arbeit war, so laut Musik hörten, dass sich die Nachbarn ständig beschwerten. Da die Söhne nicht auf ihre Ermahnungen hörten und sie sich aufgrund ihrer Arbeit auch nicht in der Lage sah, die Söhne zu beaufsichtigen, wusste sie keinen Weg mehr, die Situation unter Kontrolle zu bekommen. Am Telefon riet ich ihr, den Kampf mit ihren Söhnen aufzunehmen und auszukämpfen; ihnen Konsequenzen anzudrohen (zum Beispiel die Musikanlage aus dem Zimmer zu entfernen) und diese Konsequenzen notfalls auch durchzusetzen. Zugleich schlug ich ihr vor, zu den Nachbarn zu gehen, ihnen ihre Lage zu erläutern und sie zu bitten, ihr in Zukunft mitzuteilen, ob die Söhne sich an die Abmachungen halten würden oder nicht.

Alleinerziehenden bleibt oft keine andere Wahl, als trotz eines anstrengenden Arbeitsalltages die Erziehung in die Hand zu nehmen: die Hausaufgaben durchzusprechen oder die Heranwachsenden dazu anzuhalten, sich an den Schreibtisch zu setzen; sich all das anzuhören, was die Kinder bewegt und be-schäftigt; den Streit zu suchen, wenn die Küche aussieht, als habe eine Bombe eingeschlagen, oder wenn die Musik so laut war, dass sich die Nachbarn die Ohren zuhalten mussten. In vielen Fällen kann es auch entlastend sein, sich bei Freunden oder Verwandten Ratschläge und Unterstützung zu holen.

ALLEINERZIEHENDE IM KONFLIKT MIT HERANWACHSENDEN

Es ist nicht eindeutig, wie sich das Alleinerziehen auf die Ent-wicklung von Kindern und Heranwachsenden auswirkt. Die Gründe, warum Eltern allein erziehend sind, sind zu viel-schichtig, als dass sich ohne weiteres verallgemeinernde Aus-sagen treffen ließen. Es ist sicherlich etwas anderes, ob sich Alleinerziehende bewusst für diese Lebensform entschieden haben oder ob sie durch Trennung oder durch den Tod des Partners oder der Partnerin allein erziehend wurden.

Fest steht aber, dass Kinder aus Trennungsfamilien weitaus besser mit Trennungen als mit lang andauernden Krisen der Eltern umgehen können. Insofern ist eine gesunde kindliche Entwicklung unter einem allein erziehenden Elternteil ver-mutlich weitaus weniger eine Gefahr als ein Familienklima voller Streit und Hass.

Dem Max-Planck-Institut für Bildungsforschung zufolge be-schreiben Alleinerziehende ihre Kinder häufig als selbständi-ger im Vergleich zu Kindern aus Zweieltern-Familien. Auch viele Kinder aus Eineltern-Familien fühlen sich bereits relativ früh als erwachsene und gleichwertige Partner ihrer Mütter oder Väter akzeptiert, obwohl sie sich noch in der Pubertät be-finden. Das mag unter anderem damit zusammenhängen, dass Kinder aus Eineltern-Familien früher als andere mit an-packen und Verantwortung übernehmen müssen. Eine allein stehende Mutter mit einer doppelten und dreifachen Belastung ist vermutlich allein schon aus zeitlichen Gründen weniger in der Lage, überfürsorglich zu sein und ihre Kinder zu verhätscheln, als eine Mutter, die durch den Partner entlastet wird. Nicht selten richten Alleinerziehende Wünsche und Erwartungen an ihre Kinder, die sie in einer Partnerschaft an ihren Partner stellen würden. Manche Kinder spüren solche Erwartungen und bieten sich als Gesprächspartner auf einer gleichen statt auf einer Eltern-Kind Ebene an, übernehmen ersatzweise die Betreuung der Geschwister, fühlen sich für ihre Mutter oder ihren Vater verantwortlich oder unternehmen Aktivitäten mit ihren Müttern oder Vätern, die eigentlich nicht ihrem Alter entsprechen. Verständlicherweise greifen viele Alleinerziehende nach diesem Strohhalm und entlasten sich, indem sie ihre Kinder in Aufgaben einbeziehen, die ihrer Entwicklung eigentlich zuwiderlaufen.

Dieses frühe Erwachsenwerden ist ambivalent zu bewerten. Auf der einen Seite ist es sicherlich begrüßenswert, einen Heranwachsenden zu haben, der es schon früh lernt, Verantwortung zu übernehmen. Womöglich verhilft ihm seine Selbständigkeit dazu, sich in Beziehungen und im Umgang mit anderen besser zu behaupten und durchzusetzen. Auf der anderen Seite kann verfrühte Selbständigkeit auch eine Gefahr für die Entwicklung des Jugendlichen darstellen. Denn oft übersehen Eltern, dass es trotz verfrühter Selbständigkeit von Heranwachsenden nach wie vor ein hierarchisches Gefälle zwischen Eltern und Kindern gibt: Eltern haben die wirtschaftliche und erzieherische Macht, sind älter, haben mehr Lebenserfahrung und haben in vielen Dingen das Sagen. Es kann Heranwachsende überfordern, wenn dieses hierarchische Gefälle von Eltern übersehen oder verleugnet wird zugunsten einer Gleichberechtigung, die in Wirklichkeit noch nicht erreicht ist. Auch wenn Jugendliche sich von der Überlegenheit der Eltern oft eingeschränkt und in ihrem Wohlbefinden beeinträchtigt fühlen, brauchen sie diese Hierarchie. Schließlich geht es in der Pubertät darum, mit den Eltern um Gleichberechtigung, Anerkennung und um größere Rechte zu kämpfen. Eltern, die Heranwachsende zu früh aus dieser Hierarchie entlassen, berauben sie auch der Möglichkeit dieses für die Entwicklung so notwendigen Kampfes.

Der Psychologe Dr. Kurt Kreppner vom Max-Planck-Institut hat in einer Studie an 67 Berliner Mittelschichtfamilien herausgefunden, dass sich die Kommunikationsmuster in Zweieltern- und Eineltern-Familien in einem wichtigen Punkt unterscheiden: Mütter in vollständigen Familien scheinen geringere Schwierigkeiten zu haben, ein hierarchisches Gefälle zwischen sich und den Heranwachsenden zu akzeptieren. In Streitgesprächen mit ihrem Sohn oder ihrer Tochter legen sie Wert auf die Tatsache, einer anderen Generation anzugehören; betonen, dass sie über mehr Lebenserfahrung verfügen; pochen auf das Einhalten von Regeln und scheuen sich auch nicht, mit dem Kind immer wieder in den Konflikt zu gehen.

Allein erziehende Mütter dagegen tendieren dazu, in Streitgesprächen die Beziehung zwischen Mutter und Heranwachsendem zu thematisieren, statt beim eigentlichen Streitthema zu bleiben. Stattdessen wird darüber debattiert, wie es der Mutter mit ihrem Sohn und wie es dem Sohn mit seiner Mutter geht. Die Diskussion wird schnell emotional und verläuft wie ein Streit unter Gleichen. Einige allein erziehende Mütter behandeln den Heranwachsenden eher als Partner denn als Angehörigen der Kindergeneration.

Kreppner liefert ein anschauliches Beispiel für die unterschiedlichen Kommunikationsstrukturen in Ein- und Zweielternfamilien, indem er mehrere Mutter-Sohn-Paare über folgende Frage diskutieren ließ:

«Es wird immer schwieriger für die Mutter, mit dem Sohn / der Tochter ernsthaft zu diskutieren. Über die Argumente wird meist lächelnd hinweggegangen. Die Mutter bleibt oft zornig allein zurück. Was könnte getan werden, um wieder wirklich miteinander reden zu können?» Die Söhne waren zum Zeitpunkt der Befragung etwa 15 Jahre alt.

1. Beispiel: Mutter-Sohn-Gespräch in einer Zweieltern-Familie, bei der die Hierarchie und die Lebenserfahrung der Mutter im Vordergrund stehen:

Mutter: «Ja, das ist ganz schwierig. Es ist natürlich das Problem der Mütter aller Zeiten, dass die Kinder immer meinen, bei ihnen sei alles ganz anders. Und selbst die Erfahrung, die man als Mutter hat – die war ja auch mal jung, die war ja auch mal in diesem Alter –, die Erfahrung, die man gemacht hat in einer bestimmten Situation mit bestimmten Problemen, wird eben einfach nicht angenommen. Das ist eigentlich fürchterlich ärgerlich, dass, wenn wir darüber reden, du meinst, du musstest es alles selbst auskosten und durchprobieren, obwohl ich ja eben weiß, worauf es hinausläuft. Du bist überhaupt nicht bereit zu diskutieren, du wirst oft sehr ärgerlich . . .»
Sohn: «Natürlich . . .»
Mutter: «Du wirst oft sehr ärgerlich und aggressiv.»
Sohn: «Stimmt ja gar nicht. Bloß du sagst nur dumme Beispiele, du wirst immer gleich laut und so . . .»
Mutter: «Ja, weil du überhaupt nicht bereit bist, einen vernünftigen Satz zu sagen, oder . . .»
Sohn: «Aber natürlich.»
Mutter: » . . . richtig zuzuhören oder auch zu verstehen, was ich will.»
Sohn: «Ja, wenn du so 'nen Müll erzählst . . .»
Mutter: «Ja, siehst du, du redest nur von Müll und hast wahrscheinlich oftmals gar nicht verstanden, worum es geht.»
Sohn: «Das versteh ich schon, aber es macht doch gar keinen Spaß zuzuhören, wenn du da irgendwas erzählst, was überhaupt nicht stimmt.»
Mutter: «Das weißt du doch gar nicht, ob das stimmt.»

Sohn: «Natürlich weiß ich das.»

Mutter: «Das behauptest du oftmals nur.»

Sohn: «Wie oft sagst du: ‹Stefan, räum deinen Müll da weg!› Es ist ja gar nicht meiner, den habe ich da gar nicht hingelegt. (Sohn imitiert Mutter.) ‹Ja, wer ist es denn sonst gewesen?› Mit dir kann man nicht diskutieren, weil du immer gleich glaubst, ich bin es gewesen oder so.»

Mutter: «Ja, oftmals ist es ja auch so. (...) Das sind Erfahrungswerte...»

Sohn: «Du machst Vorwürfe. Du musst aber nach den Tatsachen gehen, nicht nach den Erfahrungswerten...»

Bei diesem Beispiel sind die Fronten klar: Die Mutter verhält sich als dem Sohn übergeordnet, pocht auf ihre Lebenserfahrung und will sie an ihren Sohn weitergeben. Ihr Sohn wehrt sich kräftig dagegen, was sein gutes Recht ist.

2. Beispiel: Mutter-Sohn-Gespräch in einer Einelternfamilie, bei dem die Mutter-Sohn-Beziehung im Vordergrund steht und sich der Sohn seine Rolle als Sohn erstreiten muss:

Mutter: «Also ich hab jetzt überhaupt keine Lust mehr hier, ich rede hier und erzähl dir meine Sorgen und Probleme, und du stehst da und lachst. Ich fühl mich über...»

Sohn: «Komm...»

Mutter: «...haupt nicht ernst genommen.»

Sohn: «...Deine Probleme sind ja nun wirklich. Du erzählst immer, als wenn dabei dann die Welt untergeht.»

Mutter: «Ja, das ist für mich auch ganz schlimm. Kannst du das denn nicht akzeptieren? Wenn du irgendwas hast, was dich ärgert, dann hängst du auch unter der Decke und rastest hier aus, und wenn ich das dann auch noch abwiegeln würde oder bagatellisieren oder lachen würde...»

Sohn: «Ich bin aber auch nicht deine Mutter.»

Mutter: «Ach, und eine Mutter, die soll das alles akzeptieren.»

Sohn: «Ja.»

Mutter: «Ja.»

Sohn: «Jedenfalls das meiste.»

Mutter: «Da bin ich aber überhaupt nicht zu bereit.»

Sohn: «Ich akzeptiere ja, wenn du zornig bist, aber ich muss mich da ja nicht noch darüber aufregen. Das ist doch wirklich …»

Mutter: «Nein, aber du müsstest immerhin akzeptieren, also das erwarte ich von dir, und … weil sonst fühle ich mich überhaupt nicht verstanden. Du möchtest doch auch, dass ich dich verstehe und deine Sachen ernst nehme.»

Sohn: «Ja! Aber wie gesagt: Du bist ja die Mutter, nicht wahr? Und du musst dich auch um mich kümmern. Und wenn du Probleme hast, dann kannst du weiß ich nicht zu wem gehen, aber nicht zu mir.»

Mutter: «Das find ich aber wirklich keine gute Basis, ja? Du bist ja jetzt schon so groß und möchtest in allem anderen selbständig und unabhängig sein, und da kannst du mich ja nicht hier als deinen Mülleimer benutzen, wo du alles nur reinsteckst, ja, aber von mir nichts annimmst. Und das möchte ich einfach nicht, da möchte ich wirklich, dass wir da 'ne andere Regelung finden. Sonst habe ich nämlich auch keine Lust mehr, irgendwelche Geschichten von dir zu bereden.»

Sohn: «Aber wie soll ich denn deine Probleme lösen?»

Im zweiten Beispiel sind die Fronten nicht so eindeutig. Der Streit könnte sich in dieser Art auch zwischen zwei Eheleuten oder zwischen zwei befreundeten Partnern abspielen. Indem die Mutter die Beziehung in den Mittelpunkt des Konfliktes stellt, bezieht sie implizit auch die Konsequenz mit ein, dass die Beziehung scheitern könnte. Streitgespräche, in denen es um die Beziehung geht, stellen häufig auch die Beziehung zur Disposition, selbst wenn das nicht immer ausdrücklich gesagt wird. Für Kinder von Alleinerziehenden kann diese Erfahrung eine Wiederholung bedeuten: Viele haben schon einmal schmerzlich erfahren müssen, dass Beziehungen instabil sein können.

Der Sohn im zweiten Beispiel fordert eine Hierarchie förmlich ein, indem er seiner Mutter unmissverständlich deutlich macht, dass er sie als Mutter und nicht als Partnerin benötigt. Insofern verhält er sich ähnlich wie die beiden Jungs, die tagsüber laute Musik hören und ihre Mutter indirekt zu klaren Grenzen und einer eindeutigen Hierarchie herausfordern.

III. VERFLIXTER ALLTAG

Jungen in der Pubertät haben nicht die Absicht, Eltern noch lange in der Chefposition zu lassen. Wer selbständig wird, kann auch selbst entscheiden. Und wer erwachsen wird, braucht keine Regeln – jedenfalls nicht die, die Eltern aufstellen. Daher wird gehandelt und diskutiert, gemotzt und gestreikt, gebockt und hintergangen.

Doch andererseits ist es ganz angenehm, dass Eltern die Führung behalten, denn Pubertät verlangt nach Orientierung und Struktur. Ohne die entstünden Unsicherheit und Chaos. Insofern hat der jugendliche Appell, der in Konflikten steckt, oft etwas Doppeltes: Lass mich los, aber halte mich fest, oder übersetzt: Was auch immer du tust, es ist falsch.

Es erfordert einiges an Kraft, das auszuhalten. Häufig sind Eltern verunsichert und haben ein schlechtes Gewissen, weil sie glauben, Fehler zu machen. Oder es gelingt ihnen nicht mehr, sich zu Hause durchzusetzen. Manchmal drückt man beide Augen zu, statt sich zum hundertsten Mal um vermeintliche Kleinigkeiten zu streiten. Häufig jedoch reagiert man genau entgegengesetzt und verbeißt sich, obwohl es für alle Beteiligten besser wäre, loszulassen.

Im Alltag kreisen Auseinandersetzungen häufig um Taschengeld, Haarschnitt, verdreckte Jugendzimmer, Ausgehzeiten, Schulprobleme und Alkohol- oder Drogenkonsum. Für Eltern

geht es darum, sich die Elternrolle nicht streitig machen zu lassen und abzuwägen, wann es besser ist, konsequent zu bleiben, und wann man die Zügel beruhigt aus der Hand geben sollte. In den folgenden Kapiteln gibt es Handlungsvorschläge.

REGELN, GRENZEN, KONSEQUENZEN

DURCHGREIFEN UND LOSLASSEN

In einer Sendung eines Jugendradios in Berlin-Brandenburg drehte sich eines Abends alles um das Thema «Ausgehzeiten». Jugendliche riefen an und sprachen sich über ihre Erfahrungen mit ihren Eltern aus oder holten sich Ratschläge vom Moderator oder von anderen Jugendlichen.

«Voll Scheiße, dass ich um zehn zu Hause sein muss», meinte der fünfzehnjährige Sven. «Meine Mutter hat doch gar nicht den Check. Mit fünfzehn darf man doch eigentlich schon länger draußen bleiben.»

«Ich kann Svens Mutter verstehen», sagte die zwanzigjährige Birgit. «Als ich so alt war wie du, fand ich es auch blöd, was meine Eltern mir so alles verboten haben. Heute weiß ich: Sie haben sich total viel Mühe mit mir gegeben. Und ich finde, sie haben es richtig gemacht.»

«Meine machen es auch richtig», meinte Karlo, 16. «Wir sprechen immer vorher ganz genau ab, wann ich zu Hause sein muss, und wenn meine Eltern wissen, wo ich bin, drücken sie schon mal beide Augen zu. Irgendwie cool, wie die das machen.»

«Also mein Vater ist viel zu streng», sagte Isabel, 17, «der lässt gar nicht mit sich reden. Selbst am Wochenende muss ich um zwölf zu Hause sein. Mir könnte ja was passieren. Die Eltern von meiner Freundin sind da lockerer.»

«Mir geht's so wie Sven und Isabel», meinte Marco, 15. «Meine Eltern sind auch viel zu streng. Letzten Freitag durften alle meine Freunde auf einer Party bleiben, nur ich nicht. Meine Eltern lassen auch gar nicht mit sich reden. Die Mutter von meinem Freund hat schon mal versucht, mit meiner Mutter zu reden, aber da war nichts zu machen. Irgendwie hat die ein Brett vor dem Kopf.»

Bei mir als Zuhörer blieb nach allem, was an diesem Abend gefragt und geraten, gebellt und beschwichtigt wurde, eine zentrale Botschaft hängen: Grenzen und Regeln sollten flexibel gehandhabt und der jeweiligen Situation angepasst werden. Sind sie zu starr, lösen sie ein Gefühl der Unterdrückung aus, fehlen sie dagegen ganz, führt das zu Verwirrung und Orientierungslosigkeit. Insofern brachte es die Sendung recht lebhaft auf den Punkt, was Wissenschaftler, Psychologen und Sachbuchautoren auch nicht besser hätten formulieren können: Konsequentes Verhalten ist notwendig – aber in Maßen.

Aus Sicht vieler Eltern ist es eine der schwierigsten Fragen während der Pubertät, in welchen Situationen man die Zügel anziehen sollte und wo es besser ist, sie locker zu lassen.

Ist es in Ordnung, einen Siebzehnjährigen zu Hausaufgaben anzutreiben, oder sollte man ihn seine eigenen Erfahrungen machen lassen? Darf man einem Vierzehnjährigen erlauben, nachts auf einer Party zu bleiben, oder handelt man damit fahrlässig? Was kann man tun, um einen Fünfzehnjährigen dazu zu bringen, sein Zimmer aufzuräumen? Wie übersteht man die Streits und Konflikte, die sich wegen ständiger Regel- und Grenzverletzungen ereignen? Kaum ein Problem bereitet Eltern mehr Kopfzerbrechen und ist häufiger Anlass für Auseinandersetzungen als das Thema Regeln und Grenzen.

Heranwachsende dagegen reizt es förmlich, Grenzen zu überschreiten und Regeln zu missachten, denn es macht neugierig zu erfahren, wie es ist, sich aufzulehnen. Nicht das Erlaubte und Offensichtliche lösen Neugierde aus, sondern die verbotene Zone, das verschlossene Zimmer, das «Zutritt untersagt». Wer Grenzen überschreitet und Regeln bricht, wer sich Zugang zu Dingen verschafft, die eigentlich verboten sind, ver-

hilft sich zu einem Gefühl von Freiheit und Autonomie. Wer um Viertel nach zehn nach Hause kommt, obwohl zehn Uhr abgemacht war, erlebt sich unabhängig und signalisiert seinen Eltern zugleich: «Es geht auch ohne euch!» Außerdem fordern Jugendliche eine konsequente Haltung der Eltern geradezu heraus, denn das verschafft ihnen Sicherheit. Eltern, die Grenzen setzen, vermitteln ihren Kindern das Gefühl, die Pubertät und alles, was mit ihr einhergeht, im Griff zu haben. Das wird ausgetestet.

Nur leider erhalten Eltern selten Dank dafür, dass sie sich durchsetzen. Vielmehr ernten sie herabhängende Mundwinkel, Beschimpfungen und Machtkämpfe. Wer Regeln aufstellt, läuft Gefahr, sich unbeliebt zu machen. Aus Sicht der Jugendlichen unterdrücken Eltern, die auf Absprachen Wert legen und sich konsequent verhalten, den jugendlichen Freiheitsdrang: «Nun ist man doch fast erwachsen, und dann kommen *die* andauernd dazwischen.»

Und so hat man als Mutter oder Vater oft unweigerlich das Gefühl, eine Explosion oder einen Dritten Weltkrieg ausgelöst zu haben. «Ich weiß manchmal gar nicht, ob ich nachgeben oder hart bleiben soll», sagt Bettina, Mutter eines Pubertierenden. «Bleibe ich hart, denke ich: ‹Du übertreibst mal wieder›, gebe ich nach, habe ich Angst, mich unglaubwürdig zu machen.»

In Beratungen erlebe ich es häufig, dass Eltern einen inneren Widerstand dagegen verspüren, Grenzen zu setzen und Regeln aufzustellen, und zwar nicht nur, weil es Anstrengung erfordert, konsequent zu sein. Viele Eltern versuchen, ein partnerschaftliches Verhältnis zu ihren Kindern aufrechtzuerhalten, und finden, dass Regeln und Grenzen dem zuwiderlaufen, weil diese ein Ausdruck von Autorität seien. Autorität wiederum hat den bitteren Beigeschmack einer autoritären Erziehung, wie sie in früheren Zeiten üblich war und wie sie viele Eltern in deren eigener Pubertät geprägt hat. Als ich einer Mutter spiegelte, dass ihr Sohn sie in ihrer elterlichen Autorität versuche zu attackieren, reagierte sie voller Entrüstung: «Wie können Sie so etwas sagen? Ich will doch keine Autorität sein! Ich habe mich immer bemüht, ein gleichberechtigtes Verhältnis zu meinen Kindern aufrechtzuerhalten!»

Dabei müssen sich die Begriffe «elterliche Autorität» und «partnerschaftliches Verhältnis» nicht ausschließen. Tatsächlich sind die Zeiten für Jugendliche heute wesentlich günstiger, als sie es noch in den fünfziger, sechziger oder siebziger Jahren waren. Heutzutage sind die meisten Eltern bestrebt, ihre Kinder zu mündigen und selbstbewussten Jugendlichen und Erwachsenen heranreifen zu lassen, statt sie durch rigide Verbote und Moralvorstellungen unter Druck zu setzen. Diese liberale Haltung ermöglicht es Jugendlichen, freier und heftiger um ihre Selbstbestimmung zu kämpfen, als das noch vielen Eltern in ihrer eigenen Jugend gestattet war.

Eltern jedoch verwechseln oft die Notwendigkeit, Grenzen zu setzen und Regeln aufzustellen, mit einer repressiven Autorität, wie sie früher üblich war. Sie wollen es anders machen als ihre eigenen Eltern und glauben, wenn sie ihren Heranwachsenden zu häufig mit Regeln konfrontieren und diese auch konsequent durchzusetzen versuchen, in traditionelle, autoritäre Erziehungsmethoden zurückzufallen. Das hindert sie oft daran, die Einhaltung von Regeln konsequent einzufordern.

«Manchmal komme ich mir vor wie mein Vater», sagt Bettina. «Dann schaue ich auf die Uhr und schimpfe, weil er zehn Minuten zu spät nach Hause gekommen ist. Richtig albern fühle ich mich hinterher und habe ein schlechtes Gewissen. Aber andererseits: Wenn ich nichts sage, kommt er morgen eine halbe Stunde zu spät und nächste Woche, wann er will. Irgendwie ist das alles verdammt kompliziert!»

Regeln und Grenzen haben nicht unweigerlich etwas mit Au-

torität im repressiven Sinne zu tun, sondern sie sind in erster Linie dazu da, um Jugendlichen Orientierung zu bieten und sie in einer Lebensphase zu unterstützen, die nach Struktur schreit.

Wer niemals konsequent ist, verweigert Jugendlichen den nötigen Halt, den ein Pubertierender sucht und in Form von Konflikten einfordert. Wenn Jugendliche keine Lust haben, zur Schule zu gehen oder sich an Haushaltsarbeiten zu beteiligen, braucht es eine klare Haltung der Eltern, die der Unlust des Heranwachsenden die Notwendigkeit von Pflichten gegenüberstellt. Halt und Orientierung sind etwas anderes als Macht, Willkür und Bevormundung. Was die heutige Elterngeneration zu einem großen Teil noch miterlebt hat, war ein Erziehungsstil, der vielfach geprägt war durch Macht und Bevormundung seitens der Eltern. Der Vater, der eine oft unantastbare Autorität besaß oder Vater und Mutter, deren Ansichten und Haltungen ohne Einschränkungen respektiert werden mussten.

Halt und Orientierung bedeuten jedoch, einen Vierzehnjährigen um zehn Uhr abends (oder zu einer anderen Zeit) im Haus wissen zu wollen, weil es seine Entwicklung erfordert, und nicht, weil man grundsätzlich der Meinung ist, Kinder hätten zu gehorchen (obwohl das Jugendliche oft anders sehen). Bei allem, was Heranwachsenden zu Hause an Regeln, Geboten und Grenzen auferlegt wird, sollte es dem Heranwachsenden immer transparent gemacht werden, *welchen Sinn* die Regel hat.

Rigide und starr werden Regeln erst, wenn sie keinen Sinn ergeben und sich nicht nach den Entwicklungsbedürfnissen des Jugendlichen richten, sondern ausgesprochen werden, weil es sie nun mal gibt. Damit zementieren sie die Macht der Eltern und halten den Jugendlichen in seiner Entwicklung klein. Regeln, die zu starr, und Grenzen, die zu eng gesetzt werden, verhindern jegliches seelische Wachstum; wenn Eltern zum Beispiel ihrem Siebzehnjährigen das Taschengeld verweigern oder die Freundin verbieten; wenn sie sich in die Berufswünsche ihrer Heranwachsenden mit Drohungen und Strafen einmischen, statt ihnen beratend und unterstützend zur Seite zu stehen; wenn sie aus übertriebener Fürsorge ihren Kindern die Luft zum Atmen nehmen.

Der gesamte Prozess der Pubertät erfordert einen flexiblen und sensiblen Umgang mit Grenzen und Regeln, denn das Ziel dieses Prozesses ist es, dass Jugendliche sich unter elterlichem Schutz zunehmend in ihrer Selbständigkeit erproben können. Regeln müssen in gleicher Weise gelockert werden, in der ein Jugendlicher Selbständigkeit erwerben soll. Während sich die Eltern eines Fünfzehnjährigen in die schulischen Angelegenheiten einzumischen haben, ist es fraglich, ob das bei einem Achtzehnjährigen noch immer zutrifft. Während Eltern bei einem Dreizehnjährigen darauf achten, mit wem er verkehrt, gestaltet sich das Ganze bei einem Siebzehnjährigen schon weitaus schwieriger. Insofern sollten sich Eltern bei allen Konflikten, die sich zu Hause abspielen, immer zugleich die entscheidenden Fragen stellen:

1. Seine Entscheidungskompetenz überprüfen: Was kann er allein, und was kann er noch nicht allein entscheiden? In welchen Dingen bedarf es meiner Einmischung, und wo sollte ich auch lernen, loszulassen?

2. Seine Bedürftigkeit überprüfen: Hilft es ihm, wenn ich konsequent bleibe, oder unterstütze ich ihn eher, wenn ich nachgebe? Ist es für seine Entwicklung besser, wenn ich seine Hausaufgaben kontrolliere, oder helfe ich ihm eher, wenn ich ihm selbst die Verantwortung dafür überlasse?

Thomas, 18, ließ sich über einen längeren Zeitraum von mir beraten, weil er, wie er sagte, über zu wenig Selbstbewusstsein verfügte. Das Verhältnis zu seinen Eltern war während der Kindheit und Pubertät von Anpassung und Unterordnung geprägt, und erst in der letzten Zeit kam es zunehmend zu Konflikten, weil Thomas Mut gefasst hatte, sich hin und wieder gegen seine Eltern durchzusetzen. Nachdem er sein Abitur mit recht guten Noten abgeschlossen hatte, überkam ihn der Wunsch, eine Zeit lang hier und da zu jobben, «um endlich einmal zu leben», wie er sich ausdrückte. Sein bisheriges Leben sei voller Leistungsanforderungen verlaufen, und er habe nun das Gefühl, sich mehr um sich und die Entfaltung seines Liebeslebens kümmern zu müssen. Meiner Einschätzung zufolge war es für Thomas, der stets unter zu viel Zwang, Reglementierung und Struktur gelebt hatte, heilsam, eine Zeit lang ohne feste Zukunftspläne zu leben und sich einfach treiben zu lassen. Doch als sein Vater von dieser Idee erfuhr, drohte er, sämtliche finanzielle Unterstützung zu streichen, falls Thomas nicht sofort mit einem Studium beginne. Die Reaktion des Vaters lässt erahnen, warum Thomas ein eher angepasster junger Mann ist. Inzwischen jedoch verfügte Thomas über so viel Selbstvertrauen, dass er sich gegen die Drohungen des Vaters zur Wehr setzen konnte und beschloss, sein Leben selbst in die Hand zu nehmen. Ein großer Schritt für einen zuvor überangepassten Jugendlichen. Der Vater jedoch war nicht in der Lage, den Entwicklungsstand seines Sohnes richtig einzuschätzen, und drohte Thomas weiterhin, ihm die finanzielle Unterstützung zu entziehen. Das Ganze endete in einem zermürbenden Machtkampf zwischen Vater und Sohn, in dem es Thomas letztendlich gelang, seinen Weg zu gehen.

Konflikte eskalieren, wenn sich Eltern in ihren Entscheidungen nicht an den Entwicklungsbedürfnissen der Heranwachsenden orientieren, sondern sich von eigenen Ängsten und Ansprüchen leiten lassen. Oft geht es dann nur noch darum, wer Recht und wer die Macht hat. Indem Eltern die Recht- und Machtfrage hinten anstellen und sich vollkommen auf die Entwicklung und die Bedürftigkeit des Jugendlichen einstellen, erlischt die Machtfrage wie von selbst. Die erste Frage, die sich der Vater hätte stellen müssen, wäre die Frage nach Thomas' Entscheidungskompetenz gewesen: Konnte Thomas über seine Zukunft selbst bestimmen? Ja, denn Thomas hatte dadurch, dass er die Schule erfolgreich abgeschlossen hatte, bewiesen, dass er in der Lage war, zielstrebig zu arbeiten. Darüber hinaus sollte man Achtzehnjährigen ohnehin mehr eigene Entscheidungskompetenz zutrauen. Insofern bedurfte es an dieser Stelle keiner Einmischung mehr durch den Vater. Aber es wäre hilfreich gewesen, wenn er seinem Sohn in seiner Zukunftsplanung beratend und unterstützend zur Seite gestanden hätte.

Die zweite Frage ist die Frage nach der Bedürftigkeit des Jungen: Welcher künftige Schritt in Thomas' Leben käme seiner Entwicklung am meisten zugute? Welcher Schritt würde ihm helfen? Da Thomas immer ein diszipliniertier Junge war, der zu wenig aus sich herausgekommen ist und sich in seiner Jugend stets untergeordnet hat, entspringt der Impuls, einige Zeit etwas völlig anderes zu tun, dem inneren Bestreben, zu wachsen. Vermutlich würde es seiner Entwicklung zu mehr Selbstbewusstsein gut tun, eine Zeit lang ohne feste Strukturen und Zukunftspläne zu leben. Auch diesen Weg hätte der Vater beratend und unterstützend begleiten können. Ich vermute, dem Vater, 1952 geboren, war es nicht möglich, angemessen auf die Bedürfnisse seines Sohnes einzugehen, weil ihn eigene Ängste daran gehindert haben. Sein eigener beruflicher Lebensweg war geprägt von Disziplin und einer übermäßigen Struktur, die keinen Raum ließ für Bedürfnisse wie Selbstentfaltung, Liebe und Sexualität. Insofern musste Tho-

mas' Entschluss, seiner Selbstverwirklichung mehr Raum zu geben, auf den Vater wie eine Bedrohung gewirkt haben. Eltern sollten immer auch überprüfen, ob sie im Sinne des Jugendlichen handeln oder ob eigene Ängste in ihrem Verhalten mitbestimmend sind.

Bei Tillmann, 17, lagen die Dinge ein wenig anders. Tillmann hatte ein Jahr zuvor den Realschulabschluss absolviert, war jedoch stets ein nachlässiger Schüler gewesen. Er hatte den Abschluss nur mit Ach und Krach hinter sich gebracht und neigte nun dazu, in den Tag hineinzuleben und vor dem Fernseher zu sitzen, statt sich um einen Ausbildungsplatz zu bemühen. Im Gegensatz zu Thomas fehlte es Tillmann an Perspektive und Struktur. Tillmanns Eltern waren verzweifelt und wussten nicht, wie sie mit der Antriebs- und Perspektivlosigkeit ihres Sohnes umgehen sollten. Eines Tages fasste Werner, Tillmanns Vater, den Entschluss, seinen Sohn härter anzufassen. Er bat ihn zu einem Gespräch und eröffnete ihm, dass er sich bald eine eigene Wohnung suchen müsse, wenn er nicht beginne, sein Leben selbst in die Hand zu nehmen. «Die Entscheidung hatte ich mir gut überlegt», sagte Werner, «und ich war fest entschlossen, das auch durchzuziehen. Wenn meine Frau und ich ihn weiterhin versorgt hätten, wäre alles nur noch schlimmer geworden.» Als sich Tillmanns Verhalten trotz der Drohung des Vaters nicht änderte, verlangte Werner von seinem Sohn, auszuziehen. «Das war eine schwere Entscheidung. Wir haben alles hin und her gewälzt, mit Freunden geredet, uns die Nächte um die Ohren geschlagen, aber es musste sein. Sonst wäre das ewig so weitergegangen.» Der Rausschmiss bedeutete jedoch nicht, dass die Eltern die Zügel völlig aus der Hand gegeben haben, ganz im Gegenteil. «Wir unterstützen Tillmann natürlich weiterhin, haben ihm geholfen, eine Wohnung zu finden, gemeinsam mit ihm renoviert und ihn bei der Einrichtung beraten. Tillmann soll spüren, dass es uns gibt. Aber er soll auch merken, dass er für sein Leben selbst die Verantwortung tragen muss.»

Leider gibt es keine Patentrezepte, die Eltern vorschreiben, wann es ratsamer ist, konsequent zu sein, und wann sie besser nachgeben und loslassen sollten. Jeder Jugendliche, jedes Problem und jeder Konflikt ist so einzigartig, dass sich keine allgemein gültigen Verhaltensregeln aufstellen lassen. Oft hilft es, mit Freunden zu sprechen oder eine Beratungsstelle aufzusuchen, um die Meinung von Außenstehenden einzuholen und die eigenen Ansichten und Gefühle zu überprüfen. Um Eltern jedoch eine Orientierung an die Hand zu geben, habe ich die häufigsten Konfliktherde der Pubertät daraufhin untersucht, in welcher Hinsicht man Jugendlichen mehr Entscheidungskompetenz zutrauen sollte und welchen Sinn Regeln und Grenzen für die Entwicklung des Jugendlichen haben.

TASCHENGELD

Die Auszahlung von Taschengeld hat einen hohen pädagogischen Wert. Wer über eigenes Geld verfügt, ist auch in der Lage zu entscheiden, ob er ein Eis kaufen oder das Geld lieber für die neueste Version der Playstation zurücklegen soll. Taschengeld fördert Entscheidungskompetenz, unterstützt den Prozess zunehmender Selbständigkeit und Eigenverantwortung und bereitet auf die schmerzliche Tatsache vor, dass nicht alles im Leben zu haben ist. Wer Jugendliche zu knapp hält, beraubt sie des Gefühls von Autonomie – wer zu freigebig ist, nimmt ihnen die Chance zu lernen, mit Geld umzugehen. Natürlich haben viele Kinder und Jugendliche das Gefühl, zu wenig zu bekommen, und feilschen mit ihren Eltern um jeden Cent – warum auch nicht! Wichtig ist, dass Eltern das Taschengeld vor allem auch daran bemessen, wie hoch

das Einkommen ist. Wenn Eltern über eine bestimmte Summe nicht hinausgehen können, dann muss ein Jugendlicher lernen, sich damit abzufinden.

Um Konflikte und Diskussionen zu vermeiden, kann es helfen, gegenüber dem Heranwachsenden über die finanzielle Situation zu sprechen und die Taschengeldentscheidung zu begründen. So lernen Heranwachsende, dass nicht nur ihnen selbst, sondern auch Eltern finanzielle Grenzen gesetzt sind. Das Jugendamt Nürnberg hat Orientierungswerte zusammengestellt, wie viel Geld monatlich in welchem Alter ausgezahlt werden kann (Stand: 2001):

10 Jahre	▬▬▬▬	12,50 Euro
11 Jahre	▬▬▬▬	15,00 Euro
12 Jahre	▬▬▬▬	17,50 Euro
13 Jahre	▬▬▬▬	20,00 Euro
14 Jahre	▬▬▬▬	22,50 Euro
15 Jahre	▬▬▬▬	25,50 Euro
16 Jahre	▬▬▬▬	30,50 Euro
17 Jahre	▬▬▬▬	41,00 Euro
18 Jahre	▬▬▬▬	61,00 Euro*

Diese Tabelle dient lediglich der Orientierung und ist kein pädagogisches Muss. Insofern sollten Eltern sich nicht davon unter Druck setzen lassen, wenn ihnen die finanziellen Mittel fehlen. Jährliche Taschengelderhöhung ist sinnvoll, weil sich Heranwachsende von Jahr zu Jahr rasch körperlich und seelisch entwickeln. Eine jährliche Steigerung anerkennt und wertschätzt jugendliches Wachstum.

* Die Tabelle ist auch abrufbar unter www.jugendinformation-nuernberg.de/themen/alltag/tg-wieviel.html. Die Angaben ab dem 16. Lebensjahr beziehen sich auf Jugendliche, die wirtschaftlich noch ganz von den Eltern abhängig sind.

HAARSCHNITT UND AUSSEHEN

In vielen Familien kracht es, weil der Sohn seine Haare färben will oder mit einer Mähne herumläuft, als sei die Studentenbewegung zu neuem Leben erwacht. Das ist für Eltern nicht immer leicht zu ertragen. Schließlich will man einen süßen Zwölfjährigen oder einen knackigen Sechzehnjährigen vorführen. Manche Jungen malträtieren ihre Eltern auch mit dem Wunsch, sich im Ohr, am Bauch oder an anderen Körperteilen piercen zu lassen. Bevor es wegen solcher Dinge zum Konflikt kommt, sollten Eltern bedenken, dass die Zeit der Pubertät aus Sicht von Jugendlichen eine Zeit voller Grenzen und Verbote ist, denen sie sich unterzuordnen und anzupassen haben. Insofern ist es wichtig, auch Freiräume zu schaffen, in denen sich Jugendliche unbegrenzt und ohne Einmischung der Eltern ausprobieren können. Einer dieser Freiräume ist der eigene Körper. Wie ich an anderer Stelle bereits beschrieben habe, ist der Körper ein «Instrument», mit dem im Zuge auflebender Sexualität um Attraktivität und Liebespartner geworben wird. Die Entscheidung, *wie* geworben wird, obliegt einzig und allein dem Jugendlichen, auch wenn es dem Geschmack vieler Eltern völlig zuwiderläuft, was ihr Sohn da mit sich anstellt.

Eltern, die Jugendliche bezüglich ihres Aussehens zu sehr reglementieren, nehmen Heranwachsenden zugleich die Möglichkeit, ein Gefühl für Selbstbestimmung zu bekommen. Außerdem drücken sich durch auffällige Kleidung, durch Körperschmuck oder durch lange Haare auch Abgrenzungswünsche gegenüber den Eltern («Ich bin völlig anders, als ihr es seid!») bis zu Protesthaltungen («So wie ihr will ich niemals werden») aus. Dem sollten Eltern Raum geben, damit Abgrenzung und Protest einen Rahmen haben, in dem sie sich austoben können. Zum Piercen ist jedoch zu sagen, dass Minderjährige eine Einverständniserklärung der Eltern benötigen.

Selbst Ohrlöcher müssen von Eltern genehmigt werden.Diese Maßnahme ist nötig, da Piercing einen Eingriff in den Körper darstellt und unerwünschte Nachwirkungen haben kann. Leider gibt es auch unseriöse Studios, die Jugendliche ohne Genehmigung stechen. Insofern ist es ratsam, den Prozess unter Kontrolle zu behalten.

ZIMMER AUFRÄUMEN

Wenn man ein Jugendzimmer betritt, läuft man häufig auch Gefahr, mit einem Fuß in Pizzaresten zu landen, die sich zwischen allerhand umherliegenden Unterhosen, Tassen, CD-Roms und Videokassetten versteckt haben. Manche Zimmer erwecken den Eindruck, als dürfe man nichts fallen lassen, weil man es ansonsten nicht wieder findet. Es scheint, als spiegele das grenzenlose Durcheinander solcher Zimmer das Innenleben eines Pubertierenden, das zuweilen verwirrend, orientierungslos und ohne Struktur sein kann. So verwundert es nicht, dass unaufgeräumte Zimmer in vielen Familien zu den Konfliktherden Nummer eins gehören.

Um Streits um unaufgeräumte Zimmer nicht ausufern zu lassen, sollten sich Eltern erneut die Frage stellen, was ein Jugendlicher selber entscheiden kann und wo er auf die Entscheidungshilfe von seinen Eltern angewiesen ist. Mit einem eigenen Zimmer verhält es sich ein wenig wie mit dem eigenen Körper: Überlässt man ihm die Entscheidung darüber, wie ordentlich oder unordentlich sein Zimmer aussieht, verschafft man ihm Freiräume und erspart sich selbst eine Menge an Ärger und Diskussionen.

Viele Eltern kommen ganz gut damit zurecht, die Comichefte und CD-Roms auf dem Boden liegen zu lassen – ebenso die benutzten Unterhosen. Wenn er keine sauberen mehr hat, wird er die schmutzigen in die Wäsche tun müssen. Gelingt es Eltern, an dieser Stelle innerlich loszulassen, gewähren sie dem pubertären Chaos einen begrenzten Raum, in dem es sich entfalten kann. Zugleich gestehen sie dem Jugendlichen zu, über sein eigenes inneres Chaos selbst zu verfügen und die Konsequenzen zu erdulden, die sich daraus ergeben.

Andererseits kann nachlässiges Ordnungsverhalten Auswirkungen auf die ganze Familie und die gesamte Wohnung haben. Wenn keiner mehr Kaffee trinken kann, weil alle Tassen seit Tagen im Zimmer des Sohnes vor sich hin schimmeln, wenn es der Spülmaschine nicht mehr gelingt, die Hamburgerreste vom Teller wegzuätzen, oder wenn dem Besuch erklärt werden muss, dass der aufdringliche Geruch im Haus vom Katzenklo kommt, obwohl gar keine Katze da ist, dann ist es nicht mehr nur die Sache des Sohnes, wie er mit seinem Zimmer verfährt.

Pubertät hat auch damit zu tun, soziale Kompetenzen zu erlernen und der jugendlichen Egozentrik, die viele Jugendliche nur um ihre eigenen Bedürfnisse kreisen lässt, etwas entgegenzusetzen.

Indem Eltern den Konflikt um unaufgeräumte Zimmer auf jene Themen beschränken, durch die sie selbst betroffen sind – unbenutzbares Geschirr oder das Ungeziefer, das über den Boden krabbelt –, helfen sie dem Heranwachsenden zugleich, soziales Verhalten zu erlernen. Und sie stärken sich selbst in ihrer Argumentation. Es ist leichter, einen Konflikt durchzustehen, wenn sie sich auf ihre eigene Betroffenheit berufen können, als wenn sie stets mit Moralappellen argumentieren und darauf pochen müssen, dass unaufgeräumte Zimmer nicht sein dürfen oder dass der Sohn es lernen müsse, Ordnung zu halten.

Eltern sollten loslassen, wenn es um ihn geht, oder den Konflikt ausfechten, wenn andere von seinem Verhalten betroffen sind.

Auch die Mitarbeit im Haushalt hat viel mit dem Erwerb sozialer Kompetenzen zu tun. In der Pubertät geht es nicht nur darum zu lernen, für sich selbst Verantwortung zu übernehmen, sondern auch einen Beitrag zum Gemeinschaftsleben zu leisten. Werden Jungen zu wenig in häusliche Pflichten eingebunden, nimmt man ihnen zugleich die Chance, soziale Anpassung und Unterordnung zu erlernen. Jungen gelingt es häufig erfolgreich, sich aus Haushaltsdingen herauszuhalten. Manche Jungen fühlen sich zu etwas Höherem auf dieser Welt berufen, als die Spülmaschine auszuräumen oder den Müll herunterzutragen.

Ich war erstaunt und verblüfft, von Petra, Mutter eines Pubertierenden und einer älteren Tochter, während eines Elternseminars zu hören, dass es keinen Zweck habe, ihren Vierzehnjährigen zur Mithilfe im Haushalt zu bewegen. «Warum soll ich mich anstrengen?», sagte sie, «wenn er älter ist, macht das doch sowieso seine Frau. Alle jungen Männer, die ich kenne und die geheiratet haben, haben eine Frau gefunden, die ihnen die Hausarbeit abnimmt. Ich habe nicht den Ehrgeiz, es bei meinem anders zu machen. Es kostet mich einfach zu viel Energie!»

Es ist in der Tat nicht immer einfach, Jungen zur Mithilfe im Haushalt anzuhalten. Martina, 42, zum Beispiel gehört zu jenen Müttern, die Beruf und Familienleben ohne partnerschaftliche Unterstützung bewältigen müssen und die mit einer Vollzeitbeschäftigung in einer Bäckerei, der Erziehung zweier Söhne, 16 und 14, Haushalt, Elternabenden und Gartenarbeit mehr als voll ausgelastet ist.

«Es gibt Tage», sagt Martina, «da mag ich gar nicht nach Hause kommen. Bevor ich die Haustür aufschließe, spüre ich schon, dass es Streit geben wird. Und meistens passiert es dann auch.» Um «Kleinigkeiten» geht es – dass der Ältere die

Fingernägel nicht aus dem Waschbecken entfernt, dass der Jüngere seine Sachen überall liegen lässt. «Es ist wie bei einem Hund, der in jedem Zimmer sein Häufchen lässt.» Häufig ist die Spülmaschine nicht ausgeräumt, obwohl Martina am Morgen händeringend darum gebeten hat, und die leere Milchtüte ist im Kühlschrank statt im Mülleimer gelandet. «Wenn ich abends nach Hause komme, bin ich zu müde, um mich zu streiten. Oft drücke ich einfach beide Augen zu, räume die Sachen selber weg und mache eine gute Miene, obwohl ich brüllen könnte. Das ist jedenfalls besser als diese ewigen Streitereien, die ja doch zu nichts führen.»

Bockige Jungen verfügen, was die Mithilfe im Haushalt betrifft, über große Macht. Was will man tun, wenn sich ein Jugendlicher entschieden hat, Pflichten anderen zu überlassen? Doch es ist wichtig, dass Eltern ihre elterliche Führungsrolle ernst nehmen und den Konflikt um Haushaltsdinge austragen, statt ihn zu vermeiden, auch wenn man oft lieber beide Augen zudrücken würde, um Ruhe zu haben. Häufig hilft es, Jugendlichen ganz bestimmte Pflichten im Haushalt zu übertragen – den Mülleimer, den Flurboden, das Badezimmer, die «Verwaltung» der Spülmaschine. Das grenzt das Thema Haushalt ein wenig ein und konzentriert den Konflikt auf bestimmte Bereiche.

«Das habe ich auch schon versucht», sagt Martina, «aber sie halten sich einfach nicht daran. Mir ist es, ehrlich gesagt, auch viel zu anstrengend, immer darauf achten zu müssen, dass dies und jenes erledigt wird. Dann mache ich es lieber selber.»

Aber das hieße, den Konflikt an einer Stelle zu vermeiden, wo er notwendig ist. Gewiss, es ist anstrengend, auf die Einhaltung von Regeln zu achten, aber das gehört zum Traumjob Eltern dazu. Pubertät verlangt Struktur, auch wenn sie alles dafür tut, Struktur zu verhindern.

Andererseits sind Eltern, was die Mithilfe im Haushalt betrifft, nicht immer leicht zufrieden zu stellen.

«Neulich zum Beispiel», sagt Olaf, 15, sichtlich erregt, «denke ich, ich tu ihr mal einen Gefallen und trage den Mülleimer nach unten. Und was macht sie? Kommt rein und fängt als Erstes an zu meckern, weil meine Schuhe im Flur stehen. Die sieht überhaupt nicht, was ich alles mache. Die glaubt, ich sitze den ganzen Tag nur in meinem Zimmer und glotze fern!»

Mike, 16, schimpft: «Meine Eltern sagen immer, ich wäre zu faul, würde nicht mithelfen und all so was. Aber das stimmt nicht. Erst gestern habe ich die Waschmaschine ausgeräumt und letzte Woche das Badezimmer geputzt. Die sehen nicht, was ich mache, die sehen nur, was ich nicht mache.»

Eltern neigen in der Tat dazu, eher auf das zu achten, was nicht erledigt ist, als das zu sehen, was gemacht wurde. Als Erwachsener hat man besser im Blick, welche Dinge zur Organisation des Haushaltes zu tun sind. Das verleitet dazu, übermäßig kritisch zu sein. Insofern ist es für Jugendliche oft nicht leicht, es den Eltern recht zu machen. Auch solche Konflikte können vermieden werden, wenn klare Absprachen getroffen werden, wer was zu tun hat. Und diese Absprachen sollten dann auch eingehalten werden.

ZUBETTGEHZEITEN

Je älter wir werden, desto weniger Schlaf brauchen wir. Während Säuglinge um die 16 Stunden Schlaf benötigen und ältere Menschen mit fünf bis sechs Stunden auskommen, brauchen Jugendliche je nach Alter etwa acht bis zehn Stunden Schlaf pro Nacht. Dass es immer wieder zu Konflikten ums Zubettgehen kommt, liegt natürlich hauptsächlich daran, dass sich niemand gerne vorschreiben lässt, wann er ins Bett zu gehen hat – und künftige Erwachsene schon gar nicht. Andererseits ist es auch verständlich, dass Eltern irgendwann keine Lust mehr haben und einen Tagesabschluss voller Ruhe und Entspannung herbeisehnen. Wenn dem so ist, kann es den Konflikt entschärfen, wenn Eltern mit ihrem eigenen Ruhebedürfnis argumentieren und dieses auch einfordern, statt darauf zu pochen, dass der Heranwachsende nicht genügend Schlaf bekommt. So vermeiden sie, dass ein Jugendlicher sich bevormundet fühlt und mit ihnen einen Machtkampf beginnt. Jugendliche spüren, ob Eltern mit dem, was sie einfordern, authentisch sind.

Doch nicht immer beruht ein Streit ums Zubettgehen auf dem Ruhebedürfnis der Eltern. Oft unterschätzen Jugendliche ihr Schlafbedürfnis, fühlen sich bis weit in den Abend fit wie ein Turnschuh und laufen Gefahr, am nächsten Tag im Unterricht einzuschlafen.

Vielleicht hilft an dieser Stelle erneut die Frage, was ein Jugendlicher alleine entscheiden kann und was nicht. Definitiv nicht alleine entscheiden kann er, ob er in die Schule geht oder nicht. Dieser Regel hat er sich unterzuordnen, und die Eltern haben ein Mitspracherecht. Dagegen ist es zu überlegen, ob man ihm die Entscheidung überträgt, die Zubettgehzeit selbst zu wählen. Allerdings mit der Konsequenz, am nächsten Morgen um acht in der Schule zu sein – gleich, wie müde oder erschöpft er sich fühlt. Dies hätte zumindest den pädagogischen Effekt, dass er lernt, eigenverantwortlich mit dem Einschlafen und mit der Schule umzugehen. Statt einen Machtkampf zu führen, könnten Eltern mit ihrem Sohn die Vereinbarung treffen: Zubettgehzeit flexibel, Schulbesuch pünktlich! Allerdings müssten sie es dann auch ertragen, dass er hin und wieder im Unterricht wegdöst (wenn er das nicht ohnehin schon tut).

Ein Fünfzehnjähriger, den seine Mutter zu mir geschickt hatte, stritt sich fast täglich mit seinen Eltern um Zubettgehzeiten. Als ich ihm vorschlug, er solle mit seinen Eltern über die angedeutete Lösung sprechen, sagte er aufgebracht: «Schlagen Sie das mal meinen Eltern vor. Ich wette, Sie können Ihren Satz nicht mal beenden.»

AUSGEHEN

Wenn Eltern die Ausgehzeiten von Jugendlichen beschränken, so meist in der Absicht, das außerhäusige Leben des Heranwachsenden im Blick zu behalten. Feste Heimkehrzeiten halten die Beziehung des Jugendlichen zu seinen Eltern wie durch ein unsichtbares Band aufrecht – ein Band, das Jugendliche je nach Alter mehr oder weniger intensiv benötigen. Einen Fünfzehnjährigen unbegrenzt nach draußen zu lassen hieße, die Erziehung aus der Hand zu geben. Zu Hause ist es sicherer als auf der Straße, und Eltern haben ein verständliches Interesse daran zu wissen, wo sich ihr Sohn ab einer bestimmten Uhrzeit aufhält und mit wem er verkehrt. Gerade jüngere Jugendliche können noch nicht hundertprozentig einschätzen, in welchen Gegenden Gefahren lauern und welche Kontakte harmlos und welche gefährlich sind.

Aus Sicht von Heranwachsenden werden feste Zeiten, zu denen sie zu Hause sein sollen, häufig als beschränkend, bevormundend und lästig wahrgenommen. So kommt es immer wieder zu Streitigkeiten, in denen Heranwachsende gegen Zeitgrenzen protestieren oder sich einfach nicht an die vereinbarten Heimkehrzeiten halten. Es erweist sich oft als hilfreich, wenn Eltern und Heranwachsende die Zeiten gemeinsam besprechen und vereinbaren und wenn Eltern ihre Fürsorgepflicht gegenüber dem Heranwachsenden betonen. Je transparenter sich Eltern ihren Söhnen gegenüber verhalten, desto weniger laufen sie Gefahr, in Machtkämpfe zu geraten. Sind gewisse Zeiten gemeinsam besprochen und vereinbart, ist es wichtig, als Mutter oder Vater konsequent zu bleiben, denn sonst macht man sich unglaubwürdig. Wenn man heute fünf Minuten nachsieht und morgen eine Viertelstunde, sind die Vereinbarungen irgendwann hinfällig, und dann wird es schwer, sich durchzusetzen.

Manchmal hilft es, mit dem Jugendschutzgesetz zu argumentieren, denn in diesem Fall steht die elterliche Autorität hinter einer staatlichen Autorität zurück. Das kann die Beziehung zwischen Eltern und Heranwachsenden entlasten. Mit Eltern lässt sich gut streiten, mit dem Gesetzgeber nicht (jedenfalls nicht, wenn man gerade in die Disco will). Dem Gesetz zufolge beginnt das Stadium eines Jugendlichen mit vierzehn und endet mit Beginn der Volljährigkeit. In diesem Alter dürfen sich Jugendliche grundsätzlich nicht an Orten aufhalten, «an denen ihnen eine unmittelbare Gefahr für ihr körperliches, geistiges oder seelisches Wohl droht …». Jugendlichen unter sechzehn ist der Aufenthalt in Kneipen und Diskotheken (im Gesetz heißt es etwas bieder, in «Gaststätten» und bei «öffentlichen Tanzveranstaltungen») ohne Begleitung eines Erziehungsberechtigten grundsätzlich nicht gestattet. Auch Alkohol scheidet aus. Jugendliche, die älter als sechzehn, aber noch nicht volljährig sind, dürfen sich bis 24 Uhr ohne Begleitung eines Erziehungsberechtigten in Kneipen und Discos aufhalten.*

Andererseits sollten Eltern nachsichtig sein, wenn sie ihren Sohn in Sicherheit wissen; wenn er sich bei Freunden aufhält, die die Eltern kennen, oder auf einer Party bei Klassenkameraden oder Kumpels feiert, deren Gastgebereltern den Eltern bekannt sind. Gefahren auf Heimwegen kann man vermeiden, indem man die Jugendlichen zu einer bestimmten Zeit abholt. Oft hilft es auch, mit den Eltern der Freunde zu sprechen und sich auf gewisse Zeiten zu einigen. Das mildert Konflikte oder

---

* Das Gesetz zum Schutz der Jugend in der Öffentlichkeit (JOSchG) ist auch im Internet abrufbar unter www.jugendschutz.de/joschg.htm

beugt dem jugendlichen Argument vor, X und Y dürften auch länger draußen bleiben.

Es versteht sich von selbst, dass die Ausgehzeiten mit zunehmendem Alter gelockert werden sollten. Wie ich an anderer Stelle bereits ausgeführt habe, ist die Aufnahme von Beziehungen außerhalb der eigenen Familie ein wichtiger Schritt in der jugendlichen Entwicklung. Daher sind einfühlsame und flexible Ausgehzeiten, die sich an der Entwicklung des Jugendlichen orientieren, von hohem pädagogischen Wert.

VATERSCHAFT

Für die meisten Eltern ist es ein Schock, wenn sie erfahren, dass ihr minderjähriger Sohn Vater wird, denn das verändert die Eltern-Sohn-Beziehung von Grund auf. Die Vorstellung, einen Sechzehnjährigen, mit dem man sich häufig um Ausgehzeiten und Hausaufgaben streiten muss, plötzlich als Vater zu wissen, ist schwer zu ertragen. Auch die Vaterschaft eines Neunzehn- oder Zwanzigjährigen kann Besorgnis auslösen, wenn man das Gefühl hat, der Sohn verfüge noch nicht über die nötige Reife, ein Kind großzuziehen.

Nun sind Eltern, deren Söhne Vater werden, die Hände gebunden, denn die Entscheidung für oder gegen eine Schwangerschaft trifft das Mädchen. Bei unter Sechzehnjährigen haben eventuell noch die Eltern des Mädchens ein Wort mitzureden, aber die Eltern des Jungen sind, rechtlich gesehen, bei einer derartigen Entscheidung erst einmal außen vor.

Insofern kann nicht oft genug darauf hingewiesen werden, dass Eltern mit ihren Söhnen über Verhütung im Gespräch bleiben sollten, denn Jungen überblicken oft noch nicht ihre eigene Verantwortung im Falle einer ungewollten Schwangerschaft. «Wieso, sie hat doch die Pille genommen? Was kann ich dafür, dass sie dann schwanger wird?» Solche oder ähnliche Haltungen hört man häufig von Jungen und jungen Männern, und wenn sie es nicht direkt aussprechen, so sind sie doch häufig der inneren Überzeugung, mit einer Schwangerschaft nicht viel zu tun zu haben.

Entscheidet sich das junge Paar (oder die Kindesmutter) für ein Austragen der Schwangerschaft, können Eltern helfen, indem sie sich auf die neue Situation einstellen und den Sohn in seiner Rolle als Vater unterstützen. Das erfordert jedoch von Eltern häufig ein mühsames Umdenken, denn im Falle einer Vaterschaft wächst der Sohn rascher aus seinen Kinderschuhen heraus, als es vielen Eltern lieb ist. Insofern sollten Eltern die inneren Zweifel und Zukunftssorgen um ihren Sohn ernst nehmen und sich ihre Ängste um die Beziehung zu ihrem Sohn eingestehen und sie ihm mitteilen. So erreichen sie eine gemeinsame Umstellung auf eine völlig neue Situation. Wichtig ist auch, dass Eltern sich nicht aus lauter Verzweiflung in ihrer Elternrolle überflüssig fühlen oder die Zügel völlig aus der Hand geben, denn sie werden weiterhin gebraucht, wenn auch anders als zuvor. Jetzt geht es darum, dem Sohn beratend und unterstützend zur Seite zu stehen und ihn darauf vorzubereiten, allmählich in seine Vaterrolle hineinzuwachsen. Der Sohn steht jetzt vor der Aufgabe, künftig mehr Verantwortung zu übernehmen, als das in den Jahren zuvor der Fall war. Wer könnte ihm dabei besser helfen als Eltern, die eine Schwangerschaft und Geburt bereits einmal miterlebt haben. Vielleicht werden Eltern in mancher Hinsicht jetzt sogar noch intensiver gebraucht als bisher.

MEDIEN

Es entbehrt nicht einer gewissen Spannung, was da nachmittags und am frühen Abend so alles im Fernsehen zu sehen ist. Clarissa glaubte von sich, singen zu können, und der einzige Grund, warum sie noch keinen Plattenvertrag hatte, war ihre gewaltige Fettleibigkeit. Es war in der Tat nicht schön, was die

Kamera so übergroß für uns einfing, eine weiße Gesichtshaut mit großen Poren, glänzend, konturlos und aufgedunsen. Rank und schlank müsse man sein, schimpfte Clarissa zum Publikum, dann habe man Erfolg. Dann sang sie «Didn't we almost have it all» von der knackigen Whitney Houston. Zum Glück war auch ein Experte von einer Plattenfirma zugegen, der uns sagen konnte, ob Clarissas Stimme Chancen hätte, auf CD gebrannt zu werden. Doch was er über Clarissa zu sagen hatte, das erfuhren wir gleich – nach der Werbepause. «Bleiben Sie dran!»

Man kann von Talk- oder Gerichtsshows, amerikanischen Heldenserien oder deutschen Schmuse-Soaps halten, was man will – sie sind nicht schlecht gemacht, und es erfordert ein hohes Maß an Disziplin, den Fernseher auszuschalten. Viele Jugendliche bleiben dran, auch wenn sie es eigentlich gar nicht wollen, und man überfordert sie, wenn man glaubt, sie voll und ganz der Mattscheibe oder dem Computer überlassen zu können.

Ich erlebe es hin und wieder in Beratungen und Therapien, dass Jugendliche mit übermäßigem Fernseh- und Computerkonsum zu kämpfen haben und nicht wissen, wie sie damit umgehen sollen.

«Wenn ich den Fernseher ausschalte und der Bildschirm schwarz wird», sagt Daniel, 16, «dann ist es so, als geht ein schwarzes Rollo vor mir runter. Dann fühle ich nichts Schönes mehr, nur noch Langeweile und Hoffnungslosigkeit.»

Ähnlich beschrieb Simon, 15, den Moment des Ausschaltens: «Wenn der Fernseher ausgeht, falle ich in ein großes dunkles Loch. Ein Loch, das genauso aussieht wie der Bildschirm, auf dem sich nichts mehr abspielt. Und damit ich das nicht erleben muss, lasse ich den Fernseher einfach an. Oder ich setze mich an meinen Computer und spiele irgendein Spiel.»

Erik, 16, sagt: «Bei jeder Werbepause denke ich: ‹Gleich schaltest du aber wirklich ab!› Und wenn ich dann auf den Knopf drücken will, dann hindert mich irgendetwas daran. ‹Noch fünf Minuten›, denke ich dann, oder: ‹Nur noch die eine Sendung, dann ist aber wirklich Schluss.› Meistens ist aber erst Schluss, wenn meine Ma nach Hause kommt.»

Man muss als Heranwachsender nicht schwer gestört sein, um dem Reiz eines Fernsehers oder Computers zu erliegen. Die Macht der Berieselung ist groß, vor allem, wenn man pubertiert und im Begriff ist, sich ein inhaltsreiches Leben aufzubauen. Oft fehlt es an festen Freunden, an der großen Liebe oder einem leidenschaftlichen Hobby, das dem Angebot der Medien etwas Reizvolles entgegensetzen könnte. All das, was in anderen Kapiteln dieses Buches bereits beschrieben wurde – die Identitätsdiffusion, von der Erik H. Erikson sprach, der Zwiespalt zwischen Kindheit und Erwachsenenstatus, die Sehnsucht nach Liebespartnern, die Aufregung über die sexuellen Gefühle, das mangelnde Selbstbewusstsein –, kann mit Fernsehen, Internet und Computerspielen kompensiert werden. Darüber hinaus begreifen viele Jugendliche noch nicht, für das Leben und nicht für die Schule lernen zu müssen, sodass die erforderlichen Mathehausaufgaben nur ein ödes Gähnen hervorrufen, während eine US-amerikanische Science-Fiction-Serie oder ein spannendes Computerspiel Leben in die jugendliche Bude bringt.

«Wenn ich den ganzen Vormittag in der Schule war, dann habe ich nachmittags ja wohl ein Recht auf Entspannung», sagen sich Jugendliche und tauchen ab – vor dem Fernseher oder beim Surfen im Netz, bis der Tag vorbei ist.

Aus Sicht von Eltern ist es zuweilen angenehm, Heranwachsende vor der Glotze oder vor dem PC zu wissen, denn dann hat man einen Moment lang Ruhe, kann sich eigenen Dingen zuwenden und weiß, dass sie keinen Blödsinn anstellen. Nichtsdestotrotz ist es wichtig, den Medienkonsum Heranwachsender im Auge zu behalten, falls er aus den Fugen zu geraten droht, und den Konflikt notfalls auszutragen, statt darüber hinwegzusehen. Im Umgang mit Medien benötigen Jugendliche Strukturierung, weil sie oft noch nicht aus eigener Kraft in der Lage sind, sich eine derartige Struktur zu verschaffen. Manchmal hilft es, mit Jugendlichen darüber zu sprechen und den Medienkonsum immer wieder zu problematisieren, wenn man das Gefühl hat, der Jugendliche bekomme es nicht in den Griff. Dabei geht es nicht darum, den Gebrauch von PCs oder das Fernsehen generell zu verbieten, denn das wäre unrealistisch. Wir leben in einer Zeit, in der vieles ohne Medien nicht mehr geht. Einem Jugendlichen den Fernseher oder den PC zu verbieten würde ihn im Klassenverband oder unter Freunden zum Außenseiter stempeln. Vielmehr sollten Eltern ihren heranwachsenden Kindern dazu verhelfen, Fernsehen und Computerspiele in Maßen zu genießen; zwei Nachmittagsserien und anschließend die Hausaufgaben oder pro Tag ein Film oder wie auch immer. Auch bei älteren Jugendlichen oder jungen Erwachsenen kann es unterstützend sein, sich durch hartnäckige Gespräche in die Fernseh- und PC-Gewohnheiten des Heranwachsenden einzumischen, wenn man das Gefühl hat, soziale Kontakte oder ein berufliches Weiterkommen seien in Mitleidenschaft gezogen.

Eltern sollten jedoch immer auch ihren eigenen Medienkonsum überprüfen, denn wenn die eigene Freizeitgestaltung sich hauptsächlich vor dem Fernseher abspielt, werden Heranwachsende kaum ein gutes Vorbild in ihren Eltern finden, es anders zu machen.

ALKOHOL UND DROGEN

Eine der größten Sorgen von Eltern ist es, ihr Kind könne alkohol- oder drogenabhängig werden. Diese Angst ist insofern berechtigt, als Drogen und Alkohol bei Pubertierenden eine besondere Rolle spielen: Sie verhelfen ihren jugendlichen Konsumenten zur Flucht vor den unliebsamen Seiten, die die Pubertät mit sich bringen kann und die ich an verschiedenen Stellen dieses Buches bereits ausführlich aufgezeigt habe – Ängste, Unsicherheiten, Selbstwertprobleme und ein diffuses Gefühl von fehlender Identität. Wenn es an innerem Halt und an Orientierung fehlt, ist die Tendenz, zu Drogen zu greifen, größer, als wenn man sich sicher fühlt. Trotz dieser Gefahren wird nur ein kleinerer Teil der Heranwachsenden drogen- oder alkoholabhängig – die Mehrheit bleibt gesund.

Die Lebensphase der Pubertät kann zwar einerseits eine Gefahr darstellen, die man ernst nehmen sollte, andererseits jedoch hat eine Alkohol- oder Drogensucht nicht unbedingt etwas mit der Pubertät zu tun. Die Faktoren, die einen Menschen suchtmittelabhängig machen, sind mehrdimensional. Ausschlaggebend sind vor allem eine Kombination aus

– entwicklungspsychologischen Faktoren wie dem Erleben von Pubertät und Adoleszenz;

– psychologischen Faktoren wie psychischer Labilität und Selbstwertproblemen;

– familiären Faktoren wie ständigen Grenzüberschreitungen durch Eltern und Geschwister und einer latenten Suchtstruktur in einer Familie;

– sozialen Faktoren wie Erwerbslosigkeit, mangelnder beruflicher Perspektive oder einem verstärkten Kontakt zu Drogenabhängigen;

– beruflichen Faktoren wie einem leichten Zugang zu Suchtstoffen zum Beispiel in Krankenhäusern oder Apotheken;

– genetischen Faktoren wie bestimmten Genvariationen;

– krankheitsbedingten Faktoren, die die Verabreichung von Suchtmitteln über einen längeren Zeitraum hinweg notwendig machen und eine Abhängigkeit auslösen können.

Doch Vorsicht: Nicht alle Jugendlichen, Arbeitslosen, psychisch Labilen oder Apotheker sind alkohol-, medikamenten- oder drogenabhängig. Auch ein wohlhabender Unternehmer mit einem gesicherten monatlichen Einkommen und einem strotzenden Selbstbewusstsein kann ein Suchtproblem haben. Die genauen Ursachen, die einen Menschen in eine Sucht treiben, sind letztendlich unbekannt und vermutlich so vielschichtig, dass man nur in langwierigen Therapien herausfinden kann, welche biographischen Faktoren zu einer Abhängigkeit geführt haben und welche Unterstützung jemand braucht, um suchtmittelfrei zu leben.

Nun gehen wir einmal vom Schlimmsten aus und phantasieren, der Sohn habe tatsächlich eine Alkohol- oder Drogenkarriere vor sich. Was wollen die Eltern tun? Sie können ihn vielleicht einsperren, wenn er 14 oder 15 ist, aber sie können nicht verhindern, dass er mit 20 zu Ecstasy und Marihuana greift. Sie können ihren Sohn von allen Orten fern halten, an denen Drogen verkauft werden (was auch sinnvoll ist!), aber sie werden nicht verhindern können, dass er mit 25 genau diese Orte aufsucht, um sich Drogen zu beschaffen. Sie können Gespräche führen, ihm gewisse Kontakte verbieten, ihm Aufklärungsmaterial in die Hand drücken, ihm ihre Ängste vor Augen halten (was auch alles sinnvoll ist!), und doch haben sie es letztendlich nicht in der Hand, ob sich eine Sucht manifestiert oder nicht. Dafür ist das Leben des Sohnes zu lang, er zu individuell und die Droge zu mächtig. Die immer wieder entstehenden heftigen Diskussionen in der Öffentlichkeit, ob man bestimmte Drogen verbieten oder erlauben soll, zeigen, dass nicht nur Eltern, sondern auch Staat und Bürger hilflos sind, wie man am besten mit Drogen verfahren soll.

Das Einzige, was Eltern im Fall einer Drogen- oder Alkoholsucht des Sohnes tun können, ist, für sich selbst Sorge zu tragen:

– Drogenberatungsstellen kontaktieren und sich über Abhängigkeiten informieren;

– Elterngruppen aufsuchen, um die Erfahrungen anderer Eltern einzuholen;

– eine Beratung oder Therapie in Anspruch nehmen, um eigene Anteile an dem Ganzen ans Licht zu bringen und zu lernen, mit der Situation umzugehen.

Aber die Sucht ihres Sohnes werden Eltern nicht in den Griff bekommen. Daran scheitern selbst ausgebildete Drogen- und Alkoholtherapeuten oft genug. Insofern konfrontiert Drogenmissbrauch Eltern sehr schmerzlich mit ihren erzieherischen Grenzen. Wer diese Tatsache akzeptiert, wird ruhiger und kann seinem Sohn besser zur Seite stehen, wenn er Hilfe benötigt.

Dass Eltern im Falle einer Drogen- oder Alkoholabhängigkeit die Hände gebunden sind, heißt jedoch nicht, dem Alkohol- oder Drogenkonsum eines Heranwachsenden freien Lauf zu lassen – ganz im Gegenteil. Suchtmittelmissbrauch ist noch lange keine Abhängigkeit, und wenn Eltern das Gefühl haben, ihr Sohn findet keinen maßvollen Umgang mit Alkohol oder Drogen, ist es wichtig, einzuschreiten. Die Gefahr von Drogen- und Alkoholmissbrauch ist bei Jugendlichen aus oben genannten Gründen sehr ernst zu nehmen, und daher sollten Eltern auch immer ein Auge darauf haben, ob ihr Sohn etwas zu sich nimmt und mit wem er verkehrt. Es ist wichtig, eine konsequente Haltung an den Tag zu legen und Drogen- beziehungsweise Alkoholkonflikte mit dem Sohn auszufechten und durchzustehen. Damit geben ihm seine Eltern Halt und Orientierung, zumal Suchtmittelmissbrauch fast immer auch ein Ausdruck innerer Halt- und Orientierungslosigkeit ist.

Das beste Messgerät für oder wider Suchtmittelkonsum von Heranwachsenden ist das eigene elterliche Gefühl. Viele 16- oder 17-jährige Jungen betrinken sich auf Partys oder Klassenfahrten – so etwas ist normal und gehört in gewisser Weise zu jugendlichen Ritualen dazu. Wenn Eltern ihm das verbieten, schließen sie ihn aus der jugendlichen Gemeinschaft aus. Doch halt: Wenn sie das Gefühl haben, ihr Sohn sei in dieser Hinsicht gefährdet, ist es wichtig, ihre Sorge mit ihm zu problematisieren, den Konflikt in Form von Gesprächen immer wieder zu thematisieren und so hartnäckig am Ball zu bleiben, bis sie womöglich merken, dass sie sich geirrt haben, oder bis der Sohn spürt, dass die Eltern Recht haben. Solange Eltern Indizien zu haben glauben, dass Suchtmittelkonsum ihrem Sohn nicht gut tut, bleiben sie im Konflikt glaubwürdig. Daher ist es auch wichtig, immer am Verhalten des Sohnes und entlang der elterlichen Beobachtungen zu argumentieren und nicht in Allgemeinplätze zu verfallen wie: «Alkohol ist nicht gut für die Leber», oder: «Heute Alkohol, morgen Heroin.» Damit erreichen Eltern ihren Sohn nicht und rufen womöglich nur Widerstand hervor, denn ab einem gewissen Alter will man die Moralappelle von Eltern nicht mehr hören.

Bei unter Sechzehnjährigen gelten andere Regeln; in diesem Alter ist die Abgabe von Alkohol in der Öffentlichkeit ohne Begleitung eines Erziehungsberechtigten verboten. Manche Eltern nehmen das als Entscheidungsgrundlage, wenn es darum geht, einem Vierzehnjährigen Alkohol zu genehmigen oder nicht. Andererseits kann es hilfreich sein, einen jungen Heranwachsenden unter elterlicher Aufsicht mit Alkohol vertraut zu machen. So lernen Jugendliche, in Maßen mit Alkohol umzugehen. Eltern sollten entscheiden, was für ihren Sohn besser ist, und sich dementsprechend konsequent verhalten.

Häufig werden Eltern auch damit konfrontiert, dass ihre

Söhne Haschisch und Marihuana rauchen. Während einige Eltern sehr besorgt darauf reagieren, lässt das andere kalt. Auch hier zählt vor allem das elterliche Gefühl, ob der Heranwachsende in seinem Konsum gefährdet ist oder nicht. Auf manche Jugendliche wirkt Cannabis so reizvoll, weil es im Gegensatz zu Alkohol die Sinne täuscht. Wenn ein Jugendlicher noch sehr unsicher in seiner Entwicklung ist, ist die Gefahr eines Cannabismissbrauchs vermutlich größer als bei einem gefestigteren Jugendlichen.

Ich berate oder therapiere Jugendliche, die regelmäßig kiffen und davon beeinträchtigt sind, nicht über einen längeren Zeitraum, sondern verweise sie an eine Drogeneinrichtung, mit deren Hilfe sie zunächst den Haschischkonsum in den Griff bekommen sollen. Ein unter Drogeneinfluss stehender Jugendlicher verfügt nicht über die nötige Wachheit, die für einen Therapie- oder Beratungsprozess erforderlich ist. Wer den Konflikten des Alltags zu entfliehen versucht und wie hinter einer Nebelwand lebt, vermeidet die Bewältigung seiner Probleme, statt sie anzugehen.

Ein gelegentlicher Konsum unter Jugendlichen kommt häufig vor und sollte für Eltern nicht unbedingt ein Grund zur Sorge sein, es sei denn, sie haben das Gefühl, ihrem Sohn tue das nicht gut. In körperlicher Hinsicht ist Cannabis weitaus weniger gefährlich als Alkohol, jedoch besteht immer auch die Gefahr einer seelischen Abhängigkeit. Mein Rat: Eltern müssen beurteilen, ob ihr Sohn Cannabis verträgt oder nicht. Panik ist nicht angebracht, wenn der Sohn mal einen Joint raucht.

Ich erinnere mich sogar an eine Mutter, die sich geradezu wünschte, dass ihr Sohn einmal kiffen würde: «Der ist so angepasst, so isoliert – es täte ihm richtig gut, wenn er einfach mal irgendeinen Blödsinn anstellen würde, sich mit seinen Kumpels besaufen oder einen Joint rauchen würde. Aber das macht der nicht!»

Regelmäßiger Suchtmittelkonsum beeinträchtigt den seelischen und geistigen Lernprozess in der Schule und wirkt sich negativ auf das aus, was sich Jugendliche eigentlich aneignen sollten: Orientierung, Struktur und Selbstsicherheit.

Wenn Eltern das Gefühl haben, ihr Sohn schade sich, sollten sie seinen Suchtmittelkonsum immer wieder thematisieren, bis sich eine Lösung abzeichnet. Thematisieren heißt hier: Ängste und Sorgen mitteilen, den Unterschied zwischen Alkohol und Cannabis herausarbeiten und keine Entschuldigungen und Ausreden zulassen.

Solche elterlichen Einmischungen können auch bei einem jungen Erwachsenen noch durchaus zulässig und hilfreich sein.

Im Umgang mit Drogen und Alkohol sollten sich Eltern immer auch ihrer Vorbildfunktion bewusst sein. Eltern, die selbst missbräuchlich mit Alkohol, Drogen oder Medikamenten umgehen, sind nicht nur ein schlechtes Vorbild, sie wirken auch unglaubwürdig, wenn es darum geht, den Sohn für den Fall eines missbräuchlichen Drogenverhaltens zu unterstützen. Eine Mutter, die ständig Beruhigungstabletten nimmt, wird ihren Sohn kaum davon überzeugen können, dass Suchtmittelmissbrauch den seelischen Reifungsprozess negativ beeinflusst.

Hin und wieder erlebe ich auch Eltern, die zwar nicht missbräuchlich, aber nachlässig mit Suchtmitteln umgehen und in Gegenwart ihrer Kinder und Heranwachsenden bedenkenlos Cannabis konsumieren. Oft wird der Cannabiskonsum damit gerechtfertigt, dass Alkohol in aller Regel auch ohne Einschränkungen in Gegenwart von Kindern und Jugendlichen zu sich genommen wird. Aber: Cannabis und Alkohol können nicht so ohne weiteres miteinander verglichen werden. Cannabis gehört zur Gruppe der Halluzinogene und kann Sinnestäuschungen hervorrufen, die für Jugendliche eine große Verführungsgefahr bedeuten können. Gerade in der Pubertät, wenn der Wunsch, in andere Realitäten zu fliehen, aus genannten Gründen sehr drängend sein kann, sollte man Jugendlichen diese Möglichkeit nicht auch noch unbedacht vor Augen halten. Außerdem übersieht solch ein Verhalten, dass Heranwachsende bezüglich Suchtmitteln Orientierung und Struktur benötigen. Eltern, die in Gegenwart ihrer Kinder bedenkenlos Cannabis konsumieren, werden unglaubwürdig und fallen als Unterstützung aus, wenn sich plötzlich herausstellen sollte, dass der Sohn mit Drogen nicht umgehen kann.

ARENA SCHULE

WENN NOTEN ZU WAFFEN WERDEN

Es kann Eltern zur Verzweiflung bringen, einen Sohn zu haben, der die Schule verweigert. Der seine Hausaufgaben nicht erledigt, seine Unterlagen nicht in Ordnung hält, unpünktlich zum Unterricht erscheint, nicht lernt oder mit seinen Lehrern im Dauerclinch liegt. Die Gründe, warum sich ein Heranwachsender der Schule widersetzt, sind vielschichtig, und es muss im Einzelfall genau geschaut werden, was einen Jugendlichen dazu bewegt, zu streiken. Manche Schüler leiden unter Konzentrationsstörungen, andere fühlen sich den Leistungsanforderungen nicht gewachsen. In den letzten Jahren setzt sich auch zunehmend die Erkenntnis durch, dass Schulversagen vor allem ein Jungenproblem ist.

Es ist nicht unbedingt «cool», sich etwas beibringen zu lassen – Wissen ist Macht, und Wissen ist männlich. Wer glaubt, darüber unbegrenzt zu verfügen, stört den Unterrichtsablauf, legt sich mit Lehrern an, schaltet geistig ab und weigert sich zu lernen, häufig mit dem Ergebnis, dass die Noten alles andere als Wissen spiegeln. Zudem sind die Anforderungen, die an Schüler gerichtet werden, in erster Linie «weiblich»: Kommunikationsfähigkeit, Lesefreude, Teamgeist und sprachliches Geschick.

Doch hinter der lernunwilligen Fassade verbirgt sich häufig eine große Bedürftigkeit. Wer den Unterricht stört und alles besser weiß, sucht Aufmerksamkeit und Anerkennung. Wer die Schuld für die schlechten Noten Lehrern und Eltern zuschiebt, zeigt, dass eine Seite in ihm nicht erwachsen werden will. Oft agiert ein Jugendlicher mit seiner Schulverweigerung auch den Wunsch nach Zuwendung und Liebe von den

Eltern aus. Insofern ist schulisches Versagen immer auch ein versteckter Hilferuf, und es stellt sich die Frage, wonach ein Junge sucht und was er braucht.

DURCH DIE SCHULE ERWACHSEN WERDEN

Eltern sollten sich vergegenwärtigen, dass der Schulbesuch nicht nur eine Frage von Intellekt und Fleiß ist, sondern vor allem auch einen seelischen Reifungsprozess in Gang setzt und hohen psychischen Kraftaufwand erfordert. Sobald ein Kind in die Schule kommt, wird es verstärkt damit konfrontiert, von der Außenwelt, sprich von Lehrern und Mitschülern, bewertet zu werden. Es muss sich in den Klassenverband integrieren können, wird im günstigen Fall von den Mitschülern angenommen und erlebt, dass Freundschaften entstehen und wachsen. Im ungünstigen Fall bleibt es isoliert oder wird zum Außenseiter abgestempelt. Im Kontakt zu Lehrern bekommt es Rückmeldungen über seine Stärken und Schwächen, indem es für Schreiben, Rechnen, Malen und Sport Noten erhält. Bestenfalls werden die Neigungen des Kindes mit guten bis sehr guten Noten versehen, doch meistens stellt sich bald heraus, dass das Kind hier und da Schwächen hat, Singen ja, Malen nein, Deutsch mangelhaft, Rechnen gut. Und nicht zu vergessen: Es kann von Kindern als demütigend erlebt werden, wenn Mitschüler oder Geschwister aufs Gymnasium dürfen, während man selbst die Real- oder die Hauptschule besuchen muss. Die impliziten Botschaften in solchen Entscheidungen lauten immer auch: «Ich bin nicht so gut wie die anderen.»
Für den Psychoanalytiker Erik H. Erikson bewegt sich der psychische Reifungsprozess eines Schülers zwischen den beiden Polen Werksinn und Minderwertigkeitsgefühl. Das heißt: Gelingt die Bewältigung von Kritik, erbringt ein Schüler Leistung, gelingt sie nicht, droht ihm ein Gefühl des Versagens.

Rückmeldungen und Kritik erfordern Selbstbewusstsein und die Kunst, eigene Grenzen zu erkennen und anzunehmen. Andererseits wächst Selbstbewusstsein durch die Fähigkeit, die eigenen Schwächen zu sehen und Niederlagen verarbeiten zu können. Deshalb kann eine Weigerung, sich dem System Schule unterzuordnen, immer auch eine Weigerung sein, sich seinen Grenzen und Schwächen zu stellen. Schulprobleme sind Selbstwertprobleme.

Ich erlebe es häufig in Beratungen, dass Jugendliche nicht lernen wollen, weil sie es zu vermeiden versuchen, einer möglichen Niederlage ins Auge zu sehen. Es ist einfacher, sich zu sagen: «Ich habe die Matheklausur versiebt, *weil* ich nichts getan habe!», als sich einzugestehen: «Ich habe die Matheklausur versiebt, *obwohl* ich etwas getan habe.»

Doch die Gründe, warum Kinder und Jugendliche in der Schule scheitern, sind vielschichtiger. Vergegenwärtigt man sich den Prozess der Pubertät, dann wird deutlich, dass die Institution Schule bei einem Heranwachsenden eine Vielzahl innerer und äußerer Konflikte auslösen kann, die ihn in seinem psychischen Reifungsprozess beeinflussen und im Idealfall sogar weiterbringen können. Jede Facette eines schulischen Konfliktes beinhaltet immer zugleich auch eine Botschaft, die, wird sie vom Jugendlichen erkannt, ihm zu mehr Reife verhilft.

Typische Schulkonflikte in der Pubertät äußern sich wie folgt:

• **Schule ist eine Autorität.** Oft weigern sich Schüler, etwas für die Schule zu tun, weil sie Schwierigkeiten haben, sich anzupassen und unterzuordnen. Das System Schule verfügt über die Macht, Schüler zu bewerten und darüber zu entscheiden, ob ein Schüler weiterkommt oder ein Jahr wiederholen muss. Heranwachsende, die während der Pubertät heftig mit Autoritäten zu kämpfen haben und Grenzen von Eltern und/oder

Lehrern schlecht akzeptieren können, kämpfen diesen Konflikt häufig in der Schule aus und verweigern sich, weil sie sich der Autorität der Schule nicht ausliefern wollen. Doch sie laufen Gefahr, damit zu scheitern. Zwar kann es in gewissem Sinne für das jugendliche Selbstbewusstsein förderlich sein, gegen die Autorität eines Lehrers aufzubegehren und sich nicht alles gefallen zu lassen. Manche Schüler jedoch schießen über das Ziel hinaus, verweigern die Leistung oder verausgaben sich in Machtkämpfen, die zu nichts führen, außer dass die Noten schlecht sind. Die zu lernende Botschaft an den Jugendlichen lautet:

Mich anzupassen heißt nicht unweigerlich, mich zu unterwerfen. Manchmal muss man sich anpassen, um ein Ziel zu erreichen.

• **Schule erfordert Struktur** in Form von Regelmäßigkeit, Pünktlichkeit und Disziplin – ein Gräuel, wenn man lieber chaotisch wäre und sich eigentlich in vermüllten Jugendzimmern am wohlsten fühlt. Jugendliche müssen lernen, dass Scheitern programmiert ist, wenn sie sich nicht an ein gewisses Maß an Ordnung und Struktur halten – Ordnerinhalte auffrischen, Hausaufgaben erledigen und für Klausuren lernen. Daher noch einmal der Rat: Eltern sollten die Gelegenheit schaffen, dass sich das pubertäre Chaos entfalten kann (zum Beispiel in Jugendzimmern), und da bei der Strukturierung helfen, wo es wirklich notwendig ist (zum Beispiel in der Schule). Die zu lernende Botschaft an den Jugendlichen lautet:

Es gibt Bereiche, die dürfen chaotisch sein. Aber es gibt auch Bereiche, die verlangen Struktur. Strukturierung ist kein Zwang, sondern hilft mir bei der Erreichung meiner beruflichen Ziele.

• Schule konfrontiert mit der Möglichkeit des Scheiterns und Versagens. Wie wir an anderen Stellen gesehen haben, ist die Pubertät häufig eine Zeit voller Unsicherheiten, in der die Fragen «Wer bin ich?» und «Was kann ich?» noch nicht ausreichend geklärt sind. Niederlagen können immer auch das zarte Pflänzchen von Selbstwert und Autonomie zerstören. Eine Sechs in Mathe kann das Selbstbewusstsein ebenso erschüttern wie ein Scheitern im Sport. Die zu lernende Botschaft an den Jugendlichen lautet:

Niederlagen zeigen mir, wo meine Grenzen sind. Nun gilt es herauszufinden, was ich kann. Nur so werde ich mir meiner selbst bewusst.

• Schule fordert Eigenverantwortung. Viele Schüler haben das Gefühl, für die Schule und nicht für sich selbst zu lernen. Das ist weitgehend normal und gehört zum Prozess der Pubertät. Dieses Gefühl macht es aber auch schwer, sich anzupassen und unterzuordnen. Warum soll man etwas sinnvoll finden, zu dem man gezwungen wird? Die zu lernende Botschaft an den Jugendlichen lautet:

Was ich erreiche, liegt zu einem großen Teil an meinem Willen und an meinem Einsatz, auch wenn andere mich zur Schule zwingen.

• Schule pocht auf Pflichten – und verstößt damit gegen die jugendliche Auslegung des Lustprinzips, die besagt: «Wenn mir danach ist, dann erledige ich meine Sachen, aber niemand kann von mir verlangen, dass ich irgendetwas tue, das nicht irgendwie meiner Lust entspricht.» Die zu lernende Botschaft an den Jugendlichen lautet:

Ich komme nur weiter, wenn ich gelernt habe, Pflichten zu erfüllen. Den Spaß darf ich mir hinterher trotzdem gönnen.

• **Schule zwingt in soziale Strukturen.** In der Schule erleben sich Jugendliche im Kontakt zu Mitschülern und Lehrern, befreunden sich, verlieben sich, setzen sich auseinander, streiten sich. Jungen werden damit konfrontiert, sich mit Lehrerinnen und Lehrern, also weiblichen und männlichen Autoritätspersonen, zu befassen, die, je nach Biographie des Jungen, bestimmte Konflikte in Form von Machtkämpfen und Konkurrenzen auslösen können: «Von Frauen lass ich mir gar nichts sagen», oder: «Der glaubt wohl, der weiß alles besser als ich.» Manchmal kann eine positive Lehrerinnen- oder Lehrer-Schüler-Beziehung auch ein rigides Frauen- oder Männerbild aufweichen. Die zu lernende Botschaft an den Jugendlichen lautet:

In Beziehungen entdecke ich mich selber.

• **Schule fordert soziale Anpassung.** Ein Klassenverband verlangt Anpassung an die Regeln und Bedürfnisse einer Gruppe. Wer redet, stört die anderen, und wer ständig zu spät kommt, auch. Das konfrontiert Jugendliche mit ihrem oft so hohen Maß an Egozentrik: «Alles dreht sich nur um mich!» Die zu lernende Botschaft an den Jugendlichen lautet:

Ich bin ein Individuum mit Recht auf Selbstverwirklichung, aber ich lebe auch in Gruppen, auf die ich Rücksicht nehmen muss.

• **Schule schafft Realität.** Jugendliche überschätzen sich oft in dem, was sie können. Viele träumen von einer Karriere als Fußballweltmeister, Star-Architekt oder Action-Held und haben das Gefühl, etwas Besonderes zu sein. Das kann dazu führen, dass sie sich zu Höherem berufen fühlen, als sich mit Deutsch oder Mathe auseinander zu setzen. Die zu lernende Botschaft an den Jugendlichen lautet:

Ich werde nur groß, wenn ich klein anfange.

• **Schule verlangt Aufmerksamkeit.** Jugendliche neigen dazu, unkonzentriert zu sein und sich in Tagträumen zu verlieren. Viele stieren lieber aus dem Fenster, statt sich auf den Lehrer zu konzentrieren. Die zu lernende Botschaft an den Jugendlichen lautet:
Ich lebe im Hier und Jetzt.

Doch was können Eltern tun, um ihren Sohn im schulischen Entwicklungsprozess zu unterstützen und ihm möglichst hilfreich zur Seite zu stehen, bis er einen Schulabschluss in den Händen hält?

• Grundsätzlich ist es wichtig, den schulischen Prozess stets im Auge zu haben, das heißt, die Erledigung von Hausaufgaben zu überwachen, auf die Ordnung von schulischen Unterlagen zu achten, den Kontakt zu den Lehrern zu halten und im Konflikt zu bleiben, wenn ein Jugendlicher den Schulbesuch nicht von sich aus in den Griff bekommt. Schüler brauchen Orientierung, Halt, Struktur und Konsequenz durch die Eltern, wenn sie noch nicht in der Lage sind, sich das selbst zu verleihen.

• Man kann Heranwachsenden anbieten, mit ihnen gemeinsam Ordner zu überarbeiten oder Unterlagen zu ordnen, um ihnen zu mehr Struktur zu verhelfen. Die Erledigung von Hausaufgaben kann geplant werden, ebenso wie es sinnvoll sein kann, beim Frühstück den Tag gemeinsam zu strukturieren.

• In Gesprächen ist es wichtig, den Unterschied zwischen Anpassung und Unterwerfung respektive zwischen Autorität und Machtmissbrauch deutlich zu machen und immer wieder zu thematisieren, welche inneren Konflikte der Jugendliche durch seine Schulschwierigkeiten zu lösen versucht.

• Niederlagen werden besser verarbeitet, wenn Eltern die Stärken des Jugendlichen herauszufinden versuchen und diese hervorheben und anerkennen.

• Um die soziale Anpassung zu fördern, sollten Jugendliche immer auch in häusliche und familiäre Pflichten eingebunden werden.

ANREGUNG FÜR ELTERN

ERINNERN SIE SICH?

Nehmen Sie sich einen Augenblick Zeit und gehen Sie gedanklich und emotional zurück in die Zeit Ihrer Pubertät.

– Wie waren Ihre eigenen schulischen Leistungen?
– Wie war Ihr Verhältnis zu Lehrerinnen / zu Lehrern?
– Haben Ihre Eltern Sie unterstützt? War das in Ihrem Sinne?
– Wenn nein: Was für eine Art Unterstützung hätten Sie von Ihren Eltern benötigt?

Doch Heranwachsende verfügen in der Schule über Macht. Es kann Eltern (und Lehrer) an den Rand der Verzweiflung bringen, wenn der Sohn alle Klassenarbeiten verhaut, weil er nicht lernen will, wenn man als Mutter oder Vater ständig hört: «Wir hatten nichts auf», oder wenn der Sohn die Schule schwänzt, weil er einfach keine Lust hat, hinzugehen.

Was will man tun? Schließlich kann man ihn nicht an die Schulbank ketten oder vierundzwanzig Stunden in einen Container sperren. Irgendwann kann es sinnvoll sein, einen anderen Kurs einzuschlagen: den eigenen inneren Widerstand gegen die Schulverweigerung des Heranwachsenden aufzugeben und ihm die Verantwortung für sein eigenes Handeln zu übertragen, loszulassen, sich zurückzuziehen, ihn machen zu lassen (jedoch nicht, ohne den Kontakt zu den Lehrern zu halten und den Prozess aus den Augen zu verlieren!). Das ist nicht immer leicht zu ertragen, da es den elterlichen Vorstellungen von Schule und Lernen zuwiderläuft, was ihr Sohn da häufig fabriziert.

Doch Eltern übersehen in ihrer Verzweiflung oft, dass es für den seelischen Reifungsprozess Sinn macht, als Schüler aufgrund von Widerstand und Verweigerung zu scheitern. Man kann nicht erzwingen, dass sich jemand den Anforderungen der Schule anpasst. Elterliches Loslassen kann zuweilen mehr bewirken als krampfhaftes Festhalten. Dazu ein Beispiel aus der Beratung:

Marcel, 16, besuchte die Realschule und hatte sich zur Freude seiner Eltern vorgenommen, auf das Gymnasium zu wechseln. Doch sein Lernverhalten war alles andere als zielstrebig. Nahezu jeden Morgen erschien er unpünktlich zum Unterricht und demonstrierte den Lehrern, dass er auf ihre Regeln pfiff (Kampf mit Autoritäten). Auch seine Hausaufgaben erledigte er nur sporadisch. Seines Verhaltens wegen gab es zu Hause fast täglich Streit, doch so sehr sich seine Eltern auch anstrengten, so sehr sie auf ihn einredeten, so sehr sie mit ihm stritten, sie konnten Marcel nicht zu einem anderen Lernverhalten bewegen. Eines Morgens sollten die Schüler in Englisch einen Test schreiben, der für Marcels Weiterkommen von Bedeutung war, denn würde er den verhauen, wäre der Traum vom Gymnasium ausgeträumt. Zwar hatte Marcel den Ernst der Lage erkannt und für den Test gebüffelt, doch am Morgen des Tests erschien er wie an so vielen Tagen zu spät. Als er den Klassenraum betrat und sich einen Test vom Pult des Lehrers nehmen wollte, entspann sich folgender Dialog. Der Lehrer sagte streng: «Du schreibst nicht mit, du bist zu spät. Ich werde dir eine Sechs geben! Leistungsverweigerung.»

«Aber wenn Sie mich nicht mitschreiben lassen», sagte Marcel erstaunt, «dann kann ich nicht aufs Gymnasium!»

«Das weiß ich», antwortete der Lehrer, «aber das hast du dir selbst zuzuschreiben.»

«Sie können mir doch nicht verbieten, den Test zu schreiben», sagte Marcel, der allmählich wütend wurde («Was fällt dem Idioten ein, über meine Zukunft zu entscheiden?»).

«Natürlich kann ich das», sagte der Lehrer ruhig und sachlich, «wenn du dich nicht an die Vereinbarung hältst, pünktlich zur Schule zu kommen, brauche ich mich nicht an die Vereinbarung zu halten, dich einen Test schreiben zu lassen. So einfach ist das.»

Damit war Marcel in seinem schulischen Weiterkommen zunächst gescheitert. Seine Eltern reagierten verzweifelt, machten ihrem Sohn und sich selbst Vorwürfe, verhängten allerhand Strafen wie Taschengeldentzug und Ausgehverbot. Wenn man sich jedoch den Konflikt zwischen dem Englischlehrer und Marcel genau anschaut, dann wird deutlich, dass sich in Marcels Niederlage die Chance zu einem entscheidenden pubertären Lernprozess verbarg:

• Grenzen: Meine Bewegungsfreiheit ist eingeschränkt. Ich kann mir nicht alles erlauben. Wenn ich weiterkommen will, habe ich mich an Regeln und Absprachen zu halten.

• Unterordnung und Anpassung: Der Lehrer hat die Macht, nicht ich. An dieser Tatsache komme ich nicht vorbei. Ich bin gezwungen, mich Menschen und Regeln zu fügen, wenn ich etwas erreichen will.

• Eigenverantwortung: Mein Handeln hat Konsequenzen. So, wie ich es in den Wald hineinrufe, so schallt es heraus. Erst wenn ich das begriffen habe, kann ich erfolgreich sein.

• Realitätssinn: Es mag sein, dass ich ein begabter Schüler bin und das Zeug zum Gymnasiasten habe. Aber mir wird nichts geschenkt. Wenn ich etwas werden will, muss ich wie alle anderen von klein auf beginnen. Die Welt schreit nicht nach mir.

Es wäre hilfreich, wenn Eltern solche Konflikte mehr in der Schule lassen könnten, statt sie durch Strafen oder übermäßige Sorgen zu Hause weiterzuführen. Lehrer haben oft ein gutes pädagogisches Gespür dafür, wann ein Schüler die nötige Reife besitzt, um schulisch zu wachsen, und wann es sinnvoller ist, ihn scheitern zu lassen. Die Szene zwischen dem Lehrer und Marcel war in ihrer Dramaturgie so vollständig, dass es keiner weiteren Aufrechterhaltung des Konfliktes durch die Eltern bedurfte: Es gab einen Grundkonflikt (Marcel gegen Lehrer und Schule), einen Höhepunkt (der Lehrer verweigert die Teilnahme am Test) und eine Auflösung (Marcel durfte nicht auf das Gymnasium). Insofern hat der Konflikt wichtige Botschaften zutage gefördert, die zu Hause nicht wieder durch Strafen oder Vorwürfe zunichte gemacht werden sollten. Die Aufgabe von Eltern ist es nun, Marcel in Gesprächen den Lernprozess immer wieder zu verdeutlichen und beobachtend abzuwarten, was geschieht.

Strafen sind nur dann sinnvoll, wenn sie in Bezug zu den Schulproblemen stehen wie zum Beispiel regelmäßiger Nachhilfeunterricht in bestimmten Fächern oder die Vereinbarung fester Hausaufgabenzeiten. Oft hilft es auch, dem Sohn die elterliche Unterstützung in der Schule anzubieten und ihn zu lassen, wenn er die Hilfe ausschlägt. Dadurch nimmt man ihn ernst und signalisiert ihm, dass er die Verantwortung für sein Verhalten selber zu tragen hat.

Doch häufig stehen Eltern selbst unter einem großen Druck, was die schulischen Leistungen des Sohnes betrifft. Viele

fürchten, ihr Sohn könne im Leben scheitern und sprichwört-
lich «in der Gosse» landen. Solche Ängste, so nachvollziehbar
sie auch sind, blockieren die Eltern-Sohn-Beziehung, wenn sie
zu viel Raum einnehmen. Der Jugendliche bekommt dann nur
schwer ein Gefühl dafür, selbst für seine schulischen Leistungen verantwortlich zu sein. Viele Eltern entwickeln auch zu
viel Ehrgeiz. Besonders Väter neigen dazu, zu hohe Ansprüche
an ihre Söhne zu haben, und sind persönlich gekränkt und
enttäuscht, wenn ihr Sohn sich nicht zu schulischen und beruflichen Höchstleistungen aufschwingt, die sie sich wünschen. Ehrgeiz birgt immer auch die Gefahr, dass sich ein
unbewusster Machtkampf zwischen dem Heranwachsenden
und seinen Eltern abspielt: «Ich strafe euch, indem ich schei-
tere!» Wichtig ist, dass Eltern ruhig bleiben und ihren Sohn
begleiten, statt sich durch eigene Panik noch mehr mit ihm zu
verstricken.

Heute besteht durch zweite Bildungswege die Möglichkeit, als
Erwachsener das nachzuholen, was man in der Schule ver-
säumt hat. Manche Schüler benötigen länger, bis sie ein (seelisches) Reifezeugnis in der Hand halten, andere gehen ganz
andere Wege. Vielleicht entdecken Eltern, dass nicht alle Ent-
wicklungen (bei sich und im Freundeskreis) geradlinig verlaufen sind. Je ruhiger Eltern innerlich werden, desto besser können sie herausfinden, was ihr Sohn braucht und wie sie ihm
am besten dabei helfen können.

«DIE ZEHN GOLDENEN A ...»

Ingolf, 18, besucht die 13. Klasse eines Berliner Gymnasiums
und steht kurz vor dem Abitur. Er ist ein schwieriger Schüler,
aber, wie er sagt, «nicht von der schlimmen, sondern von der
relativ soften Sorte». Was damit gemeint ist, erfuhr ich im Interview.

«Soll ich deinen Namen im Buch ändern, oder möchtest du erkannt werden?»

«Du kannst ruhig meinen richtigen Namen schreiben. Du kannst mich aber auch W. van Westen nennen, das ist mein Künstlername. Wenn ich mal berühmt werde, kennt jeder W. van Westen, aber nicht Ingolf.»

«Willst du berühmt werden?»

«Ich würde gerne Rockstar werden – wer will das nicht! Vor kurzem habe ich mich bei einer Band vorgestellt. Meine Stimme ist zwar nicht so supertoll, aber der Text, den ich für ein Stück geschrieben habe, ist einfach Klasse. Die waren ganz begeistert. Auch die Bühnenshow, die ich vor denen abgezogen habe, war perfekt. Ich kann mich halt gut bewegen. Deswegen spiele ich nebenbei auch Theater. Aber eigentlich will ich Mathematik und Informatik studieren. Das ist sicherer.»

«Dafür brauchst du das Abitur. Ich habe aber gehört, dass es in der Schule nicht so gut läuft . . .»

«Das stimmt. Bis zur siebenten Klasse bin ich auf das Gymnasium gegangen. Danach musste ich auf die Realschule.»

«Warum?»

«Unsere Klasse war die schlimmste in der ganzen Schule. Wir waren unglaublich laut, haben im Unterricht immer nur dazwischengeredet. Meiner Musiklehrerin haben wir gesagt: ‹Wir stehen auf Sie!› – weil sie so klein war. Die Kunstlehrerin hat sogar irgendwann einen Nervenzusammenbruch bekommen. Zwei Schüler mussten gehen – einer von denen war ich.»

«Warum du und nicht die anderen?»

«Ich würde sagen, das war eine Pechsituation. Ich habe einige Tests verhauen. Außerdem musste ich eine Mathearbeit mitschreiben, obwohl ich krank war. Der Lehrer hat drauf bestanden, weil ich an diesem Morgen bereits den Klassenraum betreten hatte. Da konnte ich hinterher nicht mehr gegen an. Die

Klausur ist natürlich eine Fünf geworden. Damit fehlte mir ein Ausgleich zu Deutsch, Englisch und Französisch …»

«… die auch alle fünf waren?»

«Ja.»

«Das hört sich ein wenig so an, als hätte der Lehrer Schuld gehabt?»

«Nicht nur. Auch meine Eltern hatten Schuld. Die haben sich ständig gezofft. Die ganze Atmosphäre zu Hause hat mir so schlechte Laune gemacht, dass ich dem Leben nur noch entfliehen wollte. Irgendwann bin ich mit meinem Bruder zu meinem Vater und meiner Stiefmutter gezogen. Doch mit denen hatte ich auch nur Stress. Also bin ich wieder zurück zu meiner Mutter gegangen. Von dort hatte ich einen viel zu langen Schulweg, 30 oder 45 Minuten. Ich würde sagen, Lehrer, Mutter, Vater, Stiefmutter und ein langer Schulweg waren Schuld, dass ich vom Gymnasium runter musste.»

«Wie war es später auf der Realschule?»

«Langweilig. Ich war den Realschülern zwei Jahre voraus und wusste nicht so recht, was ich da sollte. Alles, was die durchnahmen, kannte ich schon. Ich hatte überhaupt keine Lust, Hausaufgaben zu machen oder für Klausuren zu lernen. Stattdessen habe ich die Lehrer geärgert.»

«Wie waren denn deine Noten?»

«Es ging so. Die waren immer so, dass ich gerade noch mitgekommen bin. Sitzen bleiben wäre echt nicht drin gewesen. Das wäre eine Nummer zu hart gewesen.»

«Einerseits wusstest du alles, andererseits waren deine Noten nur mäßig. Das verstehe ich nicht.»

«Die Realschule war einfach stupide. Ich habe keine richtigen Infos bekommen, deshalb habe ich auch nicht zugehört. Auch die Mitschüler mochte ich nicht – alles Hanseln. Ich hatte irgendwie das Gefühl, etwas Besseres zu sein, hätte gerne Musik gemacht oder wäre mit einer Band durch die Gegend getourt. Stattdessen saß ich in dieser Klasse!»

«Wie war denn dein Verhältnis zu deinen Lehrern?»

«Die waren eigentlich immer ganz nett zu mir. Die meinten, ich wäre sehr intelligent, könne das aber nicht zeigen. Ich bin irgendwie ein Sonderfall, weil ich eine Menge drauf hab und viele Interessen verfolge – Mathe, Physik, Informatik, Musik, Malen. Bei anderen ist das nicht so ausgeprägt. Bei dem Stoff, der in der Realschule unterrichtet wurde, musste ich immer sofort abschalten, weil es mich gelangweilt hat. Einmal habe ich eine künstliche Hand auf einer Metallstange befestigt und neben mein Pult gestellt, sodass es so aussah, als würde ich mich ständig melden. Ich konnte doch nicht ewig meinen Arm oben halten, nur weil ich alles wusste. Zwei Wochen habe ich die Hand da stehen lassen, dann meinte mein Mathelehrer, das störe sein Klassenbild.»

«Was war mit Fehlzeiten und Pünktlichkeit?»

«Ich bin immer regelmäßig zur Schule gegangen, aber bis heute habe ich es nicht geschafft, pünktlich zu sein. Darauf reagieren die Lehrer allergisch. Der Kunstlehrer hat mir mal gesagt: ‹Ingolf, du wärst viel besser, wenn deine Rechtschreibung in Ordnung wäre, wenn du deine Hausaufgaben machen und wenn du pünktlich zur Schule kommen würdest.›»

«Wieso machst du keine Hausaufgaben?»

«Das liegt an der Strategie des Lehrers. Unser Physiklehrer zum Beispiel hat uns erklärt, warum für ihn Hausaufgaben wichtig sind. Er will, dass wir nachlesen, was wir in der Stunde besprochen haben. In der nächsten Stunde wird das dann referiert, damit die, die beim letzten Mal nicht da waren, auf dem Laufenden sind. Das leuchtet mir ein. Wenn man für jedes Fach zehn Minuten lesen müsste, hätte man bei sechs Fächern eine Stunde Hausaufgaben zu machen. Das wäre in Ordnung.»

«Wie reagieren denn deine Eltern auf deine Schulschwierigkeiten?»

«Ich lebe nicht mehr bei meiner Mutter. Mit 16 bin ich in eine

Jugend-WG gezogen, weil ich mich überhaupt nicht mehr mit ihr verstanden habe.»

«Was war los?»

«Bei uns herrschte das Zuckerbrot-und-Peitsche-Prinzip. Meine Mutter hat mir gedroht, wenn ich mein Zimmer nicht aufräumen würde, dürfte ich nicht raus. Oder wenn ich das Klo nicht putzen würde. Ich hatte einfach viel zu viele Pflichten. Meine Mutter hat ernsthaft geglaubt, sie könne mir noch vorschreiben, was ich zu tun und was ich zu lassen habe. Doch mit 16 ist die Pubertät vorbei – da geht das nicht mehr. Natürlich bin ich rausgegangen, ohne das Zimmer aufzuräumen oder das Klo zu putzen. Pubertät heißt doch, dass man erwachsen wird und selber entscheidet. Irgendwann war es dann zu viel, und ich bin in die WG gekommen. Da hab ich's dann so richtig krachen lassen, Partys gefeiert und so.»

«Was ist so schlimm an Pflichten?»

«Das ist eigentlich ganz einfach. Wenn jemand etwas von mir will, zum Beispiel, den Rasen zu mähen, dann sage ich grundsätzlich erst einmal ‹Nein!›. Dann überlege ich mir, wie viel Überwindung es mich kosten würde, den Rasen zu mähen. Wenn ich dann zu dem Ergebnis komme, dass es mich zu viel Überwindung kostet, feilsche ich. Lenkt die andere Seite nicht ein, mache ich es nicht.»

«Typisch Pubertät!»

«Jeder hat eben so seine Eigenarten.»

«Das hört sich so an, als ginge bei dir alles nach dem Lustprinzip ...»

«Ich lebe nach den zehn goldenen A: alle anstehenden Arbeiten auf andere abschieben, anschließend alle anderen anscheißen. So kommt man durch.»

«Ich vermute, deine Mutter hatte keine Chance mit dir.»

«Vielleicht ... (überlegt). Doch, das hatte sie. Zum Beispiel hätte sie mit mir reden können. Sie hätte sich mit mir hinsetzen und mir erklären können, warum es wichtig ist, das Klo zu putzen.»

«Weißt du das nicht selber?»

«Doch, aber mich hat ein schmutziges Klo nicht gestört. Sie
hätte einfach konsequent sein und das Klo dreckig lassen müssen. Irgendwann hätte ich schon sauber gemacht – spätestens,
wenn ich meine eigene Scheiße nicht mehr ausgehalten hätte.»

«Ich wette, du hättest das länger ausgehalten als deine Mutter. Schon aus
Prinzip!»

«Auch wahr. Vielleicht hätte sie pfiffiger sein müssen. Sie hätte
mich auf Fehler stoßen müssen, das Klo abschließen zum Beispiel. Sie hätte sagen müssen: ‹Wenn du das Klo nicht sauber
machst, darfst du es nicht benutzen!› Nach einer Weile wäre
ich selber draufgekommen.»

«Das klingt ein wenig abenteuerlich. Ich kann mir kaum vorstellen, dass eine
Mutter ihrem Sohn das Klo versperrt. Ich vermute eher, du hast Probleme
mit sozialen Pflichten.»

«Ja, irgendwie schon. Wenn einem die ganze Zeit erzählt wird,
dass man den Arsch hochkriegen muss, damit man nicht ab-
kratzt, wenn einem gesagt wird, du musst arbeiten, arbeiten,
arbeiten – wie soll man das aushalten? Das ist doch men-
schenunwürdig. Ich kann auch den Jungen aus Erfurt verstehen. Immer dieser Druck, Leistung zu erbringen und arbeiten
zu müssen. Und das ohne Schulabschluss! Wir leben in einer
Ellenbogengesellschaft, in der jeder nur an sich denkt.»

«Hast du etwas gegen Arbeit?»

«Dazu kann ich nichts sagen. Ich habe noch nie gearbeitet.»

«Nicht mal irgendeinen Job?»

«Nein. Es gab eine Zeit, da habe ich Dope vertickt. Oder im
Kaufhaus geklaut – was ich übrigens nicht als Kriminalität an-
sehe. Es juckt niemanden, die sind ja versichert.»

«Aber für dein Abi musst du doch auch arbeiten?»

«Ich sage mir immer, der Tagesablauf hat drei Teile: Interessenarbeit, Freizeit und Pflichtarbeit. Interessenarbeit heißt, zu
ackern, wenn ich was Rechtes werden will. Wenn ich zum Bei-

spiel Rockstar werden will, dann muss ich mich dafür anstrengen, sonst habe ich verkackt. Pflichtarbeit ist etwas anderes, das kommt für mich nicht infrage. Ich kann das nicht, weil es mich nicht interessiert. Ich schaffe es nicht, meinen Perso (Personalausweis, J. B.) abzuholen, weil es mich einfach nicht interessiert. Auch Hausaufgaben sind Pflichtarbeiten.»

«Wie kommst du denn zurzeit in der Schule klar?»

«Ganz o. k. Allerdings gibt es mit Latein Probleme. Ein schreckliches Fach. Ich will mich darin gar nicht verbessern, ich will es einfach nur loswerden.»

«Aber hingehen musst du ...»

«Ja. Mein Kunstlehrer und mein Betreuer haben mich sogar gezwungen, Nachhilfe zu nehmen.»

«Gezwungen? Wie haben die das geschafft?»

(Grinst verlegen.) «Sie haben einfach gesagt: ‹Du machst das!› Wenn nicht, muss ich von der Schule runter. Ich hasse das, wenn es keine Kompromisse gibt. Ich hasse Latein.»

«Es funktioniert also, wenn man dir Druck macht ...»

«Ja ...»

«Das klingt zögerlich.»

«Es gibt auch eine andere Seite in mir. Wenn ich eine Klausur verhauen habe, dann fange ich an zu überlegen: Was hast du falsch gemacht, was kannst du anders machen. Klausuren sind so etwas wie ein Reifungsprozess. Einen Mitschüler von mir haben sie nicht versetzt, weil er noch nicht reif genug dafür war. Das finde ich richtig.»

«Abschließend noch ein Wort zu deinen Eltern. Wie hätte deine Mutter dich unterstützen können?»

«Meine Mutter hat mich auf der einen Seite wie ein kleines Kind behandelt – auf der anderen Seite hat sie zu viel von mir gefordert. Zum Beispiel musste ich allein zu IKEA fahren und einen Schrank kaufen. Dafür hat sie mir zweihundert Mark mitgegeben, die auf den Pfennig abgezählt waren. Das wusste ich aber nicht und habe mir unterwegs eine Schachtel Zigaretten gekauft. Bei IKEA reichte das Geld nicht, und ich konnte nur den halben Schrank mit nach Hause bringen. Da ist sie ausgetickt, hat sich überhaupt nicht mehr eingekriegt. Aber ich habe es doch nicht absichtlich gemacht. Ich habe doch gar nicht gewusst, dass das Geld abgezählt war. Übrigens hatte ich Zeit. Ich hätte auch am nächsten Tag noch einmal losfahren können. Wie kann man nur von einem Jugendlichen verlangen, alleine Möbel zu kaufen!

Auf der anderen Seite hätte ich mir gewünscht, dass sie mir Haushaltsgeld gibt, mit dem ich alleine hätte wirtschaften können. Siebzig Mark die Woche hätten gereicht. Ich wollte nicht, dass sie für mich kocht oder meine Wäsche wäscht. In dieser Hinsicht wäre ich gerne selbständiger gewesen. Jetzt muss ich das ja auch alles alleine auf die Reihe kriegen.»

«Und dein Vater?»

«Ich will nie so werden wie er. Mein Vater ist Arzt und lebt in Mannheim. Er interessiert sich nur für das Fernsehen und für seinen Beruf. Aber er interessiert sich nicht für das, was ich tue – Theater spielen oder Musik machen. Für ihn hat nur etwas Sinn, wenn es Geld bringt. Spaß ist uninteressant. Wenn jemand eine Website bastelt, weil er Spaß daran hat, obwohl er damit nichts verdienen kann, zählt das für meinen Vater nicht. Er erkennt den Lernprozess nicht an, der in so einer Sache steckt. Er will, dass ich Pflichten erfülle. Er sagt, man habe nur das Recht auf Freizeit, wenn man auch gearbeitet hat. Ich bin allergisch gegen solche Sprüche. Schließlich übernimmt er mir gegenüber auch keine Pflichten.»

«Vermisst du ihn manchmal?»

«Nicht wirklich!»

SCHÖNER STREITEN

KONFLIKTE IN DEN GRIFF BEKOMMEN

Es kann das Zusammenleben mit einem Heranwachsenden sehr entlasten, wenn Eltern den Konflikten, die während der Pubertät entstehen, insgesamt mit mehr Gelassenheit begegnen könnten – auch wenn es nicht immer einfach ist, die häuslichen Streits und Kämpfe auszuhalten. Konflikte, so mühsam und lästig sie sind, bergen immer auch eine große Chance zu Entwicklung und Veränderung. Nur in der Auseinandersetzung, nur in der Reibung, nur im Kampf kann sich Entwicklung überhaupt erst vollziehen.

Wenn man einen Film oder einen Roman auf den Gehalt von Konflikten hin untersucht, wird man feststellen, dass nahezu jede Szene und nahezu jeder Dialog Konfliktstoff enthält. In einem Spielfilm wird man kaum eine Szene zu Gesicht bekommen, in der es nicht irgendeinen Konflikt gibt, und sei er auch noch so winzig. Es gibt immer einen Spieler und einen Gegenspieler, jemanden, der etwas erreichen will, und jemand anderen, der ihn daran zu hindern sucht. Jeder Plot ist voller widersprüchlicher Wünsche und Bedürfnisse, voller Eifersüchteleien, Machtkämpfe, Intrigen und Komplotte. Ganz gleich, ob Märchen, Opern, Kurzgeschichten oder amerikanische Kinoproduktionen – überall wimmelt es nur so von Auseinandersetzungen, Streits, Demütigungen, Hassgefühlen und Versöhnungen. Hänsel, Gretel und die Hexe, Liz Taylor und Richard Burton, Raskolnikow – selbst Liebespaare auf dem Höhepunkt ihrer Empfindungen haben irgendeinen Konflikt zu bewältigen, der sie daran hindert, zueinander zu kommen und ihre Liebe auszukosten.

Solche Konstruktionen sind notwendig, um einen Leser oder

243

Zuschauer in Spannung zu versetzen. Doch davon einmal abgesehen, machen sich Romanciers oder Drehbuchautoren etwas Entscheidendes zunutze, das sie sich vom Leben abgeschaut haben: Nur durch Konflikte können sich die handelnden Figuren erst verändern. Nur durch Konflikte sind Menschen überhaupt erst in der Lage, sich weiterzuentwickeln. Ohne Konflikte entstünden Stillstand und Stagnation.

Erik H. Erikson hat, in Anlehnung an Freud, bestimmte Krisen und Konflikte in der Entwicklung vom Säugling zum Erwachsenen herausgearbeitet, die Kinder in Beziehung zu ihren Eltern unweigerlich durchleben und bewältigen müssen, um sich zu entwickeln. Dazu zwei Beispiele: In der Trotzphase erprobt ein Kleinkind seinen eigenen Willen, indem es seine Eltern in Machtkämpfe verstrickt. Erst die Bewältigung dieser für Eltern und Kinder bisweilen recht anstrengenden Zeit verleiht dem Kind ein Gefühl von Autonomie. Ein wenig später, etwa zwischen dem dritten und fünften Lebensjahr, wenn viele Jungen und Mädchen sich wünschen, die Mama oder den Papa zu «heiraten», entstehen zwangsläufig Aggressionen gegen und Kämpfe mit dem anderen Elternteil, mit dem um den geliebten Elternteil rivalisiert wird. «Papa ist gemein, weil er Mama nicht herausrückt», sagt sich ein Junge womöglich. Erst durch den Konflikt lernt ein Junge, dass er Mama nicht haben kann – jedenfalls nicht so, wie er sich das erhofft hat.

In der Pubertät können sich die Auseinandersetzungen mit den Eltern bis zu einem Höhepunkt steigern, denn jetzt geht es darum, Eltern in ihrer Elternrolle zu demontieren. Um dies zu bewerkstelligen, wird gebockt, sich verweigert, um die Macht gekämpft und eine Regel nach der anderen außer Kraft gesetzt. Jugendliche provozieren – bewusst oder unbewusst – Streits, Machtkämpfe und Auseinandersetzungen, um sich selbst das Gefühl zu verleihen, es auch ohne die Eltern schaffen zu können. Doch wer kämpft, benötigt auch ein Gegenüber,

das dem standhält. Jugendliche suchen in Eltern eine Reibungsfläche, an der sie sich abkämpfen und austoben können. Jugendliche suchen den Streit, die Auseinandersetzung, die Diskussion, um Veränderungen und Entwicklungsschritte geradezu herauszufordern. Die Frage ist also nicht, *ob* Konflikte stattfinden dürfen, sondern *wie* man als Mutter oder Vater am besten damit umgeht, um einem Jugendlichen Lernen und Entwicklung zu ermöglichen.

RICHTIG REDEN – RICHTIG STREITEN
Anregungen für Eltern
Um Jugendliche im Prozess der zunehmenden Gleichberechtigung gegenüber den Eltern zu unterstützen, sollten Eltern sich an folgende Grundsätze der Konfliktgestaltung halten:

• **Mut zum Streit.** Vermeiden Sie keine Auseinandersetzungen, wenn Sie etwas ärgert oder Sie das Gefühl haben, es müsste etwas geklärt werden. Sprechen Sie offen und ehrlich das aus, was Sie beschäftigt. Ermuntern Sie Ihren Sohn dazu, es genauso zu tun – Kritik zu üben, Regeln und Grenzen auszuhandeln, Wünsche und Bedürfnisse zu formulieren. Seien Sie ein gutes Vorbild, indem Sie Konflikte austragen, wenn Sie das Gefühl haben, es müsste etwas geklärt werden. Und gestehen Sie Ihrem Sohn dasselbe Recht zu.

• **Ich-Botschaften und Authentizität statt Moralpredigten.** Längere Vorträge, wie man sich zu verhalten hat oder was Ihrer Meinung nach falsch oder richtig ist, schrecken Heranwachsende eher ab, rufen Widerstand hervor und verhindern einen partnerschaftlichen Dialog. Moralpredigten lassen dem

Gegenüber keine Chance, sich zu wehren. Vermeiden Sie auch Sätze wie «Das tut man nicht» oder «Das gehört sich nicht». Auch solche Formulierungen erreichen das Gegenüber nicht. Verwenden Sie stattdessen Ich-Botschaften und sprechen Sie von sich und von Ihren Empfindungen. «Mich ärgert, dass du deine Hausaufgaben nicht machst», «Ich bin verzweifelt, weil ich nicht mehr weiß, wie ich dich zu mehr Beteiligung an Haushaltsdingen motivieren kann», «Ich kann es nicht nach-vollziehen, dass du dich nicht an unsere Vereinbarungen hältst» oder «Mir geht es so, dass …». Je authentischer Sie bleiben, desto größer ist die Chance, gehört zu werden, desto partnerschaftlicher verhalten Sie sich. Nur so kann Ihr Sohn innerlich wachsen.

• **Konkretes statt Allgemeinplätze.** Aussagen wie «Fernse-hen ist schädlich» oder «Du lernst für das Leben, nicht für die Schule» erreichen das Gegenüber ebenfalls nicht. Werden Sie stattdessen konkret und sagen Sie Ihrem Sohn, was Ihnen bei ihm auffällt: «Ich merke, dass du in der Schule nachlässig wirst, bekomme aber auch mit, dass du den ganzen Nachmit-tag und Abend vor dem Fernseher sitzt. Was ist zurzeit los?»

• **«Immer» und «nie».** Vermeiden Sie Vorwürfe wie «Du tust immer» oder «Du machst nie». Das frustriert, stigmatisiert, erschlägt und ruft unnötigen Widerstand hervor. Argumentie-ren Sie stattdessen an einem konkreten Beispiel. Statt zu sagen: «Du räumst nie die Küche auf!», könnten Sie sagen: «Versetz dich bitte mal in meine Lage. Gestern zum Beispiel hatte ich einen total anstrengenden Tag, komme nach Hause, und hier sieht es aus wie auf einem Schlachtfeld.» Auch wenn es das «Gestern» bereits in hundertfacher Ausführung gege-ben hat, lässt sich die Kritik am Konkreten besser ertragen.

• **Ausreden lassen.** Vereinbaren Sie mit Ihrem Sohn, dass jeder den anderen ausreden lässt. Hören Sie aufmerksam zu, was er sagt, und geben Sie ihm das Gefühl, ihn ernst zu nehmen, auch wenn Sie anderer Meinung sind und sich kaum noch auf dem Stuhl halten können. Es ist wichtig, dass Ihr Sohn sich von Ihnen angenommen fühlt. Das Gleiche sollten Sie natürlich auch für sich einfordern.

• **Konfliktfokus.** Versuchen Sie, einen Streitpunkt nach dem anderen zu klären und nicht gleich alles auf einmal. Wenn es darum geht, dass Ihr Sohn zu spät nach Hause gekommen ist, dann thematisieren Sie nicht auch noch die schlechten Schulnoten, den hoch gestellten Toilettendeckel oder den Jahre zurückliegenden Konflikt mit der Großmutter. Bleiben Sie ganz konzentriert an einem einzigen Punkt. Ansonsten fühlt sich Ihr Sohn erschlagen, und der Konflikt droht aus den Fugen zu geraten. Und bedenken Sie: Oft zieht eine kleine Veränderung Wachstum in vielen anderen Bereichen nach sich. Es muss nicht immer alles auf den Tisch!

• **Transparenz.** Machen Sie Regeln und Entscheidungen deutlich. Erklären Sie, warum es Ihnen wichtig ist, dass Ihr Sohn zu einer bestimmten Zeit zu Hause sein muss. Fragen Sie ihn im Gespräch, ob er Ihre Empfindungen und Ihre Entscheidungen nachvollziehen kann. Wenn Ihr Sohn den Sinn von Regeln und Grenzen begreift, wird er sich leichter daran halten können. Begreift er sie nicht, wird er sich unterdrückt fühlen und möglicherweise mit Ihnen in einen Machtkampf einsteigen («Meine Eltern können mir viel erzählen!»).

• **Vereinbarungen und Beteiligung an Entscheidungen.** Treffen Sie mit Ihrem Sohn gemeinsame Vereinbarungen und Absprachen, welche Regeln gelten und was für Konsequenzen

es hat, wenn die Regeln nicht befolgt werden. So wird Ihr Sohn an Entscheidungsprozessen beteiligt und lernt nachzuvollziehen, was in Ihnen vorgeht. Einigen Sie sich zum Beispiel mit Ihrem Sohn darauf, dass er um 23:00 Uhr zu Hause zu sein hat. Besprechen Sie ebenfalls mit ihm eine mögliche Konsequenz, falls er sich nicht an die Absprache hält (zum Beispiel, dass er am nächsten Abend nicht weg darf). Bleiben Sie konsequent, wenn er sich nicht an die Vereinbarung hält.

• **Wenn … – Dann …!** Ungeschickt sind so genannte «Wenn-Dann-Botschaften»: «Wenn du nicht sofort dein Zimmer aufräumst, dann gibt es heute Abend kein Fernsehen.» Eltern lassen sich häufig zu solchen Drohungen verleiten, wenn sie hilflos werden und nicht mehr wissen, wie sie das Verhalten eines Heranwachsenden in den Griff bekommen sollen. Der Nachteil solcher Drohungen besteht jedoch darin, dass man gezwungen ist, konsequent zu sein, sonst macht man sich unglaubwürdig. Insofern sind unrealistische Wenn-Dann-Drohungen auch völlig fehl am Platze: «Wenn du nicht sofort deine Hausaufgaben machst, bekommst du drei Wochen Stubenarrest.» Mit solchen drei Wochen würde man sich selbst vermutlich genauso strafen wie den Heranwachsenden. Wenn-Dann-Drohungen haben außerdem den großen Nachteil, dass sie einem Machtkampf den Weg ebnen, denn nun muss sich zeigen, wer der Stärkere, der Durchsetzungsfähigere oder derjenige mit dem dicksten Panzer ist. Ein Einlenken hinterlässt beim Geschlagenen oft ein Gefühl der Niederlage und Unterdrückung. Insofern sollten statt Wenn-Dann-Konflikten gemeinsame Vereinbarungen getroffen werden. Das erspart Niederlagen und Unterdrückung.

• **Bezug herstellen.** Strafen oder Konsequenzen sollten immer einen Bezug zum Vergehen haben, sonst findet kein Lernprozess statt, sondern höchstens ein Machtkampf. Es macht keinen Sinn, einem Fünfzehnjährigen das Taschengeld zu kürzen, weil er eine Fünf in Deutsch geschrieben hat. Jedoch kann es sinnvoll sein, das Taschengeld einzuschränken, wenn er sich davon Alkohol oder Cannabis kauft. Der Fünf in Deutsch dagegen helfen vielleicht Nachhilfeunterricht und eine klare Hausaufgabenstruktur.

• **Blockrunde.** Wenn Sie spüren, dass Sie kurz davor sind, mit Ihrem Sohn heftig aneinander zu geraten, gönnen Sie sich eine Auszeit, denn im Zorn lassen sich Dinge schlecht klären. Drehen Sie eine Runde um den Block, oder ziehen Sie sich für eine Weile zurück und atmen Sie tief durch. Schlagen Sie Ihrem Sohn vor, es ähnlich zu tun. So lernen Jungen, mit Wutgefühlen umzugehen.

Wenn es Eltern gelingt, Konflikte mit ihren Söhnen konstruktiv auszutragen, verhelfen sie Jungen zugleich zu mehr Konfliktfähigkeit. Gerade Jungen, denen nachgesagt wird, sich besser über körperliche Angriffe als über verbale Streits ausdrücken zu können, lernen durch Konfliktgespräche, sich angemessen und partnerschaftlich auseinander zu setzen. Aber auch Jungen, die eher zurückhaltend und schüchtern sind, haben in Konflikten mit Eltern die Möglichkeit, sich auszuprobieren und für den Umgang mit Mitschülern oder für spätere Partnerbeziehungen zu trainieren.

Oft jedoch haben Eltern den Anspruch, Konflikte stets ruhig und bedacht klären zu müssen. Ich höre häufig von Jugendlichen: «Bei uns wird nie richtig geschimpft. Meine Eltern und ich setzen uns immer zusammen, und dann reden wir ganz ruhig über alles, bis wir eine Lösung gefunden haben.» Wenn es funktioniert – herzlichen Glückwunsch! Oft jedoch werden Jugendliche erst recht widerspenstig, wenn sie von den Eltern «zugetextet» werden, sich verbal in die Defensive gedrängt fühlen oder überfordert sind, weil ihnen das Verständnis für die Sicht der Eltern fehlt. «Ich kann deinen Rhetorik-Kram nicht mehr hören», schrie mich einst mein Sohn an.

Gespräche bergen immer auch die Gefahr, dass sich Jugendliche unterlegen fühlen, weil sie nicht darin geübt sind, zu argumentieren. Häufig streitet ein Jugendlicher auch nur, um sich zu reiben und seine Kräfte an Ihnen zu messen. Ruhige und beherrschte Gespräche passen eben nicht immer zu einer stürmischen und unkontrollierten Pubertät. Vielmehr kann sich sowohl bei Eltern als auch bei Heranwachsenden eine Menge an Ärger und Frustration anstauen, wie bei einem Dampfkessel, der kurz vor der Explosion steht.

Es befreit, wenn Konflikte sich auch einmal entladen können; wenn Türen knallen und laute Worte fallen dürfen; wenn Eltern ihren Ärger herauslassen und in gleichem Maße Jugendlichen dieses Recht zugestehen. Oft löst sich ein Konflikt, wenn der Dampf heraus kann, wenn sich beide Seiten Luft gemacht haben. Eltern sollten sich nicht vor der Heftigkeit ihrer Gefühle fürchten, keine Angst vor der Heftigkeit des Streits mit dem Sohn haben. Häufig glätten sich die Wogen, wenn die Pubertät vorbei ist.

WENN ELTERN SICH NICHT EINIG SIND ...

Es kommt häufig vor, dass Eltern hinsichtlich der Erziehung ihrer Heranwachsenden unterschiedlicher Meinung sind – um wie viel Uhr ein Heranwachsender zu Hause sein sollte, wie häufig er vor dem Fernseher sitzen darf oder wie man mit schulischer Verweigerung umzugehen hat.

Mich suchte ein Elternpaar auf, weil der Sohn, 16, hin und wieder Haschisch rauchte. Die Mutter vertrat die Ansicht, dass dies kein großes Problem sei, solange sie wisse, wo sich ihr Sohn aufhielte und welche Mengen er in etwa konsumieren würde. Es sei besser, man würde ihm das erlauben, als dass er es heimlich täte, und das umso häufiger. Der Vater jedoch war strikt gegen jeglichen Haschischkonsum. Das schade der Aufmerksamkeit in der Schule, sei gefährlich und müsse unter allen Umständen verhindert werden.

Eine Möglichkeit, mit solch unterschiedlichen Haltungen umzugehen, besteht darin, dem Sohn die Standpunkte der Eltern darzulegen und seine Meinung dazu einzuholen. Manchmal hilft es sogar, die Differenz vor dem Jugendlichen offen auszutragen und in seiner Anwesenheit darüber zu debattieren, welcher Weg für ihn der richtige wäre.

Eltern scheuen sich häufig, solche Konflikte offen zu machen, weil sie der Auffassung sind, man müsse sich als Paar stets einig sein und dem Heranwachsenden geschlossen gegenübertreten, um ihm Orientierung statt Chaos und Zweifel zu bieten. Viele Eltern fürchten auch, sich in ihrer elterlichen Autorität angreifbar zu machen, wenn sie Unsicherheiten und Zweifel zeigen. Andere fürchten Koalitionen und geraten in Konkurrenzen, weil sich der Sohn auf die Seite des Partners schlagen könnte.

Doch offen ausgetragene Erziehungsdifferenzen setzen beim Heranwachsenden einen Lernprozess in Gang:

– Der Jugendliche erlebt seine Eltern nicht als unangreifbare

Erwachsene, sondern als Menschen, die die Pubertät verunsichernd und verwirrend erfahren. Da er das von sich selbst kennt, kann er sich in dieser Hinsicht mit den Eltern identifizieren.

– Der Jugendliche erlebt seine Eltern nicht als eine Front, sondern als Individuen mit eigenen Meinungen. Eine dieser Meinungen nähert sich womöglich seiner eigenen Sicht an, sodass er das Gefühl bekommt, zunehmend gleichberechtigt zu werden.

– Der Jugendliche bekommt ein Problembewusstsein für sein Verhalten. «Wenn sich meine Eltern über meinen Haschischkonsum den Kopf zerbrechen, dann ist es vielleicht doch nicht so problemlos, wie ich immer dachte.»

– Der Jugendliche fühlt sich respektiert. «Wenn sich meine Eltern meinetwegen streiten, nehmen sie meine Anliegen ernst.»

– Der Jugendliche bleibt im Prozess der Auseinandersetzung flexibel und wird dazu motiviert, sich dem Thema von zwei Positionen aus zu nähern.

BROT STATT SPIELE

Einer der häufigsten Konfliktherde während der Pubertät sind Machtkämpfe. Wenn Söhne erwachsen werden, suchen sie vor allem in Eltern, aber auch in Lehrern oder unter anderen Jungen Gegner, an denen sie sich abkämpfen können. In Machtkämpfen zeigt sich, wer der Stärkere, der Erwachsenere, der Männlichere ist.

Aber auch Eltern neigen dazu, Machtkämpfe anzuzetteln, weil sie glauben, sich durchsetzen zu müssen, oder weil sie sich hilflos fühlen. Oft enden Machtkämpfe erst, wenn feststeht, wer Sieger und wer Verlierer ist, wer triumphieren darf und wer eine Niederlage einstecken muss. Jugendliche kämpfen nicht nur, um zu gewinnen, sie wollen auch erfahren, dass die

Eltern sich durchsetzen; dass sie die Macht besitzen, Regeln aufzustellen und Verbote auszusprechen; dass sie ihre Fähigkeit unter Beweis stellen, die Zügel in der Hand halten zu können. Das verleiht Jugendlichen ein Gefühl von Sicherheit und Struktur – unentbehrlich in einer Pubertät, die oft chaotisch und strukturlos erscheint. Häufig jedoch haben Machtkämpfe etwas Zermürbendes, weil keine Lösung in Sicht ist. Oft geht es immer um dieselben Themen; dass der Sohn zu spät nach Hause kommt, sein Zimmer nicht aufräumt oder sich nichts mehr sagen lassen will, obwohl er noch einiges an Führung nötig hätte.

Viele Eltern haben das Gefühl, stets «Doch, doch, doch!» zu sagen und immer wieder «Nein, nein, nein!» als Antwort zu erhalten. Manchmal verhärten sich die Fronten so sehr, dass schon ein einziges Wort genügt, um einen Streit in voller Wucht in Gang zu bringen. Das ist dann der berühmte Funke, der den Waldbrand entfacht.

Machtkämpfe sind vergleichbar mit dem Duell zweier Cowboys, von denen der eine, Billy, den anderen, Joe, zu einer Schießerei herausfordert. Normalerweise wird die Geschichte so verlaufen, dass Joe voller Ehrgeiz und Wut zum vereinbarten Termin am vereinbarten Ort stapft in der Überzeugung, dass man ihn nicht ohne weiteres herauszufordern hat.

Vielleicht gelingt es Eltern, den Konflikt mit ihrem Sohn zu lösen, wenn sie versuchen, aus dem Kampf auszusteigen, noch bevor er überhaupt erst richtig begonnen hat. Das wäre in etwa so, als würde Joe seine Gefühle von Wut und Ehrgeiz hinten anstellen und, statt sich mit Billy zu duellieren, seinen Revolver in den Sand werfen und sagen: «Ich habe keine Lust zu kämpfen, kämpf deinen Kampf ohne mich!», sich umdrehen und den verblüfften Billy in der staubigen Mittagshitze zurücklassen. Vielleicht setzt er sogar noch eins drauf und sagt: «Wenn du meine Hilfe benötigst, bin ich jederzeit für dich da.»

Das wäre vielleicht nicht heldenhaft im Sinne eines Cowboys, aber es würde die Niederlage des einen oder anderen Kämpfers verhindern.

In einem Seminar, bei dem ich Erzieherinnen und Erzieher im Umgang mit Konflikten fortgebildet habe, ging es um Strategien, um Machtkämpfe besser in den Griff zu bekommen.

TRANSPARENZ

Eine Erzieherin erzählte von einem sich ständig wiederholenden Konflikt zwischen einigen Erzieherinnen und dem fünfzehnjährigen Aaron, der stets behauptete, am Nachmittag zu seiner Mutter zu dürfen, obwohl die Mutter ihm das nicht erlaubt hatte. In einem Rollenspiel haben wir versucht, die Situation nachzustellen, worauf sich rasch folgender Konflikt entspann:

Eine Erzieherin sitzt mit fünf Jugendlichen, darunter auch Aaron (gespielt von einer Kollegin), am Mittagstisch. Während des Essens sagt Aaron: «Ich gehe gleich zu meiner Mutter.» Seine Stimme und sein Gesichtsausdruck verraten, dass er die Erzieherin provozieren will.

Die Erzieherin sagt streng: «Nein, du bleibst hier! Deine Mutter hat uns nicht informiert, also darfst du auch nicht gehen!» Sie ärgert sich, dass Aaron sie provoziert, und fühlt sich in ihrer Autorität als Erzieherin nicht ernst genommen.

Aaron jedoch antwortet trotzig: «Ich gehe aber trotzdem!»

Die Erzieherin wird zorniger: «Wenn ich sage, du bleibst hier, dann bleibst du auch hier. Es gibt keinen Grund, warum wir für dich eine Ausnahme machen sollten.» Sie fürchtet, wenn sie nun nachgebe, in Aarons Augen an Glaubwürdigkeit und Respekt zu verlieren (einen Cowboy fordert man nicht umsonst heraus).

Aaron, wütend über die Macht der Erzieherin, sagt: «Du hast mir überhaupt nichts zu sagen. Wenn ich gehen will, dann gehe ich!» Springt auf und läuft zur Tür.

Die Erzieherin springt ebenfalls auf, stellt sich vor die Tür und hält sie zu. Aaron schlägt auf die Erzieherin ein, die Erzieherin versucht, ihn festzuhalten. Aaron schimpft und weint so lange, bis die Erzieherin nachlässt und die Tür freigibt. Aaron läuft hinaus und ist verschwunden. Die Erzieherin bleibt mit einem Gefühl der Niederlage und des Versagens zurück.

Dieses Szenario wiederholte sich Woche für Woche. Eine Möglichkeit, es zu entschärfen, besteht darin, gar nicht erst in den Kampf mit einzusteigen, die offensichtliche Provokation Aarons zu ignorieren und stattdessen herauszufinden, welches eigentliche Bedürfnis den Jungen dazu bringt, in den Widerstand zu gehen.

Nach dem Rollenspiel beschloss das Team, sich mit der Leitung zusammenzusetzen und zu überlegen, wie man in Aarons Sinne und nicht im Sinne des Kampfes handeln könnte. Wie ich später erfuhr, hatte man sich in einer Sitzung gemeinsam überlegt, was Aaron zu seinem Verhalten bewegt haben könnte, und sich anschließend darauf geeinigt, den Widerstand aufzugeben und Aaron gehen zu lassen. Innerlich derart vorbereitet, muss die Erzieherin, wie ich im Nachhinein erfuhr, folgendermaßen mit dem Konflikt umgegangen sein (aus Platzgründen hier stark verkürzt wiedergegeben):

Beim Mittagessen sagte Aaron wie gewohnt: «Ich gehe gleich zu meiner Mutter.»

Daraufhin antwortete die Erzieherin gelassen und mit ruhiger Stimme: «Aber deine Mutter hat uns gar nicht gesagt, dass du zu ihr darfst. Könnte es sein, dass du dich irrst?»

Aaron, irritiert über die Gelassenheit der Erzieherin: «Nein, ich gehe gleich!»

Erzieherin, immer noch freundlich: «Meine Kollegen und ich haben lange über die Situation gesprochen und überlegt, wie wir dir helfen können. Wir sind in einer Zwickmühle, weil wir deinen Wunsch, zu deiner Mutter zu gehen, gut nachvollziehen können. Aber wir können dich nicht gehen lassen, weil wir von deiner Mutter kein Signal bekommen haben. Also haben wir beschlossen, dass du gehen kannst, wenn du es für richtig hältst. Allerdings tust du das dann ohne unser Einverständnis. Uns wäre es jedoch lieber, du würdest hier bleiben.»

Aaron, der nach den Worten der Erzieherin verstört in seinem Essen herumstocherte, ging an diesem Nachmittag nicht zu seiner Mutter, auch wenn das Problem damit noch nicht vollständig gelöst war. Der Erzieherin ist es gelungen, den Konflikt zu entschärfen, indem sie sich von vornherein nicht in den Kampf hat involvieren lassen. Hier noch einmal der Dialog:

Beim Mittagessen sagte Aaron wie gewohnt: «Ich gehe gleich zu meiner Mutter.» (Provoziert.)

Daraufhin antwortete die Erzieherin gelassen und mit ruhiger Stimme: «Aber deine Mutter hat uns gar nicht gesagt, dass du zu ihr darfst. Könnte es sein, dass du dich irrst?» (Geht nicht in den Widerstand, sondern fragt erst einmal nach. Hat nicht mehr den Ehrgeiz, den Kampf zu gewinnen.)

Aaron, irritiert über die Gelassenheit der Erzieherin: «Nein, ich gehe gleich!» (Kämpft weiter, jedoch schon leicht verunsichert. Irgendetwas scheint anders zu sein.)

Erzieherin, immer noch freundlich: «Meine Kollegen und ich haben lange über die Situation gesprochen und überlegt, wie wir dir helfen können (Transparenz: Wir haben uns mit dir befasst). Wir sind in einer Zwickmühle, weil wir deinen Wunsch, zu deiner Mutter zu gehen, gut nachvollziehen können (ernst nehmen: Ich kann dich verstehen, aber auch Transparenz der eigenen Not: «Zwickmühle»). Aber wir können dich nicht gehen lassen, weil wir von deiner Mutter kein Signal bekommen haben (Transparenz, Ich-Botschaften und Authentizität: Die Erzieherin spricht die eigene Not im Konflikt an). Also haben wir beschlossen, dass du gehen kannst, wenn du es für richtig hältst. (Erkennen der Bedürftigkeit: Wir handeln in deinem Sinne.) Allerdings tust du das dann ohne unser Einverständnis. (Die Entscheidungskompetenz wird Aaron übertragen: Eigenverantwortlichkeit.) Uns wäre es jedoch lieber, du würdest hier bleiben (Ich-Botschaft: Eigenes Bedürfnis wird transparent gemacht).»

ROLLENSPIEL

Spielen Sie mit Ihrer Partnerin / Ihrem Partner oder mit einer Freundin / einem Freund einen Machtkampf durch, den Sie zu Hause mit Ihrem Heranwachsenden häufig durchfechten müssen. Es kann hilfreich sein, wenn Sie selbst in die Rolle Ihres Sohnes gehen, um besser nachempfinden zu können, was ihn bewegt. Kämpfen Sie aus voller Kraft. Achten Sie während der Übung auf Ihre Empfindungen und versuchen Sie herauszufinden, was Ihren Sohn dabei beschäftigt, wenn er sich Ihnen widersetzt. Vielleicht entdecken Sie, wie Sie den Konflikt lösen können.

WIDERSTAND AUFGEBEN

Silvia, 50, gelang es, einen Machtkampf mit ihrem fünfzehnjährigen Sohn Linus zu beenden, indem sie den inneren Druck, im Kampf siegen zu müssen, überwand. Wie so viele Mütter, so kämpfte auch Silvia mit ihrem Sohn um mehr Ordnung in dessen Zimmer.

«Ich war es leid, ihn ständig bedienen zu müssen. Außerdem, dachte ich, muss ein Pubertierender doch endlich einmal begreifen, für sein Zimmer selbst die Verantwortung zu tragen.» An diesem Gedanken hatte sich Silvia regelrecht festgebissen. Ihr lag es nicht nur am Herzen, mehr Ordnung in seinem Zimmer zu haben, sondern es ging ihr auch darum, ihren Sohn zu mehr Eigenverantwortung anzuleiten. Doch Linus dachte nicht daran, sich von seiner Mutter etwas sagen zu lassen, widersetzte sich und hinterließ bei Silvia ein chronisches Gefühl von Wut und Versagen. Der Ausstieg aus dem Kampf gelang ihr erst, als auch sie sich davon löste, den Kampf gewinnen zu müssen. Sie verzichtete auf den Anspruch, Linus Eigenverantwortung beibringen zu müssen, und versuchte stattdessen herauszufinden, was Linus daran hinderte, wenigstens ab und zu in seinem Zimmer Ordnung zu schaffen. In einem ruhigen Gespräch mit ihm erfuhr sie, dass er die Unordnung selber als bedrohlich erlebte und sich regelrecht überfordert fühlte, das Zimmer aufzuräumen. Er wusste nicht, wo er anfangen sollte, um das Zimmer wenigstens einigermaßen begehbar zu machen. Als Silvia das erkannte, kam ihr die Idee, Linus einmal monatlich einen Nachmittag zu schenken, an dem beide zusammen das Zimmer in Ordnung brachten. «Ich konnte dieses Zugeständnis erst machen», sagt Silvia, «als ich meinen eigenen inneren Widerstand aufgegeben und begriffen habe, dass es für mich gar nicht darum gehen sollte, zu gewinnen. Erst dann kam mir der Gedanke mit dem Geschenk.» Außerdem ermöglichte ihr der Akt des Schenkens, ihre Selbstachtung zu bewahren. «Das Schenken war ein aktiver Prozess, eine Entscheidung, die ich selbst getroffen habe. Daher hatte ich auch nicht das Gefühl, klein beigegeben zu haben.»

Gerade Jungen, die sich schwer damit tun, ihre unsicheren und Hilfe suchenden Anteile zuzulassen, verwickeln Eltern häufig in Machtkämpfe, um diese «schwachen» Impulse gegenüber den Eltern und gegenüber sich selbst zu verbergen. Wenn Eltern sich mit ihrem Sohn in einem sich ständig wiederholenden Machtkampf befinden, sollten sie versuchen herauszufinden, ob sich hinter der Aggression ein Bedürfnis verbirgt, das vielleicht eher durch Fürsorge als durch Kampf befriedigt werden könnte. Auf die Gefahr hin, dass ein Cowboy, der seine Hilfe anbietet, anstatt zu kämpfen, kein richtiger Cowboy ist. Aber vielleicht ist das ja nicht die größte Sorge der Eltern.

ÜBER DEN UMGANG MIT HILFLOSIGKEIT, ÄRGER UND DER ANGST, ZU VERSAGEN

Es täte Eltern sicher gut, wenn es ihnen gelänge, trotz aller Pubertätskonflikte die Fäden in der Hand zu behalten und den Überblick über das Geschehen nicht zu verlieren. Es geschieht jedoch recht häufig, dass Eltern an die Grenzen ihrer Belastbarkeit gelangen und so sehr von Gefühlen des Ärgers und der Verzweiflung mitgerissen werden, dass sie nicht mehr handlungsfähig sind. Viele fühlen sich hilflos oder glauben, zu versagen und die Lage nicht mehr in den Griff zu bekommen. Solche Gefühle haben viel mit der Pubertät zu tun: Jugendliche, die die Schule oder die Mithilfe im Haushalt verweigern oder sich nicht an Vereinbarungen halten, verfügen über eine große Macht – Macht, die Eltern zuweilen äußerst wütend, verzweifelt und hilflos machen kann.

Als Berater oder Therapeuten können wir in ähnliche Situationen gelangen, und ein Beispiel aus der Praxis zeigt, wie wir mit solchen Situationen umgehen.

Vor einiger Zeit suchte mich ein siebzehnjähriger junger Mann auf, weil er mit seinen Eltern häufig in Streit geriet. Bereits nach wenigen Sitzungen übertrug sich die häusliche Situation in unsere Sitzungen, und ich erlebte mit Falk, so der Name des jungen Mannes, Konflikte, wie sie im übertragenen Sinne auch viele Eltern mit ihren Söhnen durchmachen: Falk kam häufig zu spät, wollte im Behandlungszimmer rauchen, obwohl ich ihn gebeten hatte, das nicht zu tun (Grenzen und Regeln werden versucht zu umgehen), und nörgelte ständig an den von mir gesetzten Zeiten herum (Machtkampf mit den Eltern: «Wieso nimmst du dir das Recht heraus, zu bestimmen, wann ich nach Hause zu kommen / wann ich ins Bett zu gehen habe?»). Außerdem dachte er laut und ohne eine Antwort zu finden darüber nach, ob ich der richtige Therapeut für ihn sei. («Ich zweifle, ob ihr gut für mich seid. Die Eltern von XY sind viel bessere Eltern, die lassen viel mehr durchgehen, sind viel toleranter, haben viel mehr Verständnis für mich» und so weiter.) Obwohl mir als Berater und Therapeut solche Prozesse nicht fremd sind, ermüdeten mich die Kämpfe zuweilen, und ich konnte mir lebhaft vorstellen, wie es bei Falk zu Hause zuging. Einmal gelang es ihm sogar, mich persönlich zu kränken und mich in meiner Professionalität als Berater und Therapeut infrage zu stellen («Du bist eine schlechte Mutter, bist ein schlechter Vater!»). In dieser Sitzung lösten seine Attacken eine große Wut in mir aus (aus der Sicht vieler Eltern in etwa wie: «Was fällt dir ein, so mit mir zu reden? Hast du denn überhaupt keinen Respekt mehr vor mir?»), und ich wusste vor lauter Ärger nicht, was ich ihm entgegnen sollte. Ich fühlte mich hilflos.

Trotz allem hatte Falk meine volle Unterstützung für das, was während der Sitzungen geschah. Denn je mehr sich ein Klient an seinem Therapeuten abarbeiten kann, desto besser läuft der Prozess. Wenn sich der Therapeut jedoch in die Kämpfe des Klienten verstricken lässt, verliert er die Distanz und kann dem Geschehen nicht mehr hilfreich folgen. Ein Therapeut, der sagen würde: «Du nervst mich mit deiner ewigen Nörgelei – such dir doch einen anderen, wenn es dir hier nicht passt!», hätte den Kampf verloren und vermutlich sogar die unbewusste Erwartung des Klienten erfüllt, vor die Tür gesetzt zu werden. Um in Therapie- oder Beratungsprozessen jedoch effektiv arbeiten zu können, stehen uns als Berater und Therapeuten gewisse Techniken zur Verfügung. Eine dieser Techniken ist es, die Gefühle, die ein Klient in uns auslöst, als Diagnoseinstrument zu nutzen. Gefühle beim Therapeuten wie extreme Hilflosigkeit oder die Angst, als Therapeut zu versagen, spiegeln möglicherweise das wider, was beim Klienten vor sich geht. Am Beispiel von Falk hieße das: Die Hilflosigkeit, die ich in Falks Gegenwart erlebt habe, spiegelte Falks

eigene Hilflosigkeit. Nicht ich war der eigentlich Hilflose, sondern Falk übertrug sein Gefühl der Hilflosigkeit auf mich – eine Hilflosigkeit, die er in Konflikten mit seinen Eltern, im Kontakt zu Mädchen und Frauen und in der Beziehung zu seinen Mitschülern ständig empfand. Zugleich erlebte er sich als Versager – versagend in der Gegenwart seines Vaters, den er in gleichem Maße bewunderte wie zu bekämpfen versuchte, als auch in der Beziehung zu Mädchen und Frauen, an die er nur schwer herankam. Es blieb nicht aus, dass sich das Gefühl des Versagens auf mich übertragen sollte, indem ich im Begriff war, mich selbstzweifelnd zu fragen, ob ich der richtige Therapeut für ihn sei.

Nun lässt sich der Beruf des Beraters oder Therapeuten nicht ohne Einschränkungen mit der Funktion der Eltern vergleichen. Ich sehe meine Klienten in der Regel einmal wöchentlich für fünfzig Minuten und kann mit einem Supervisor oder mit Kollegen über die jeweiligen Konflikte sprechen, falls ich nicht weiterkomme. Das macht es freilich leichter, eine innere Distanz aufrechtzuerhalten. Außerdem habe ich mit meinen Klienten keine gemeinsame Geschichte – auch das trägt dazu bei, die Dinge mit mehr Gelassenheit anzugehen.

Womöglich gelingt es Eltern, mehr innere Distanz zu erlangen, wenn sie sich die Machtkämpfe und die Inszenierungen, die sich gegen ihre Autorität als Eltern richten, nicht mehr so sehr zu Herzen nehmen. Wenn sie erkennen, dass vieles von dem, was in ihnen an Wut, Verzweiflung und Hilflosigkeit ausgelöst wird, auch ein Ausdruck dessen sein kann, wie es dem Sohn mit sich selber geht. Ein Junge, der intensiv auf der Suche nach einer männlichen Identität ist und sich im Zuge dessen zuweilen als Mann abwertet, wird bei seinem Vater möglicherweise ein ähnliches Gefühl der Verunsicherung auslösen. Vielleicht stellt er seinen Vater auf die Probe, wirft ihm offen oder verdeckt vor, «es» nicht zu bringen, fordert ihn mit

Kämpfen heraus, von denen er weiß, dass der Vater sie nicht bestehen kann. Falls solche Attacken ihr Ziel erreichen, fühlt sich der Vater in seiner Männlichkeit abgewertet – das Versagensgefühl des Vaters als Spiegel dessen, wie es dem Sohn mit sich selber geht.

Ein Junge, der sich in der Zwickmühle zwischen Kindheit und Erwachsensein gefangen fühlt, wird seine Eltern vielleicht mit doppelten Botschaften bombardieren («Behandle mich wie ein Erwachsener, behandle mich wie ein Kind!»). Die Hilflosigkeit, die solche doppelten Botschaften nach sich ziehen können, spiegeln die Hilflosigkeit, die auch der Pubertierende in seiner Zwickmühle zwischen Erwachsensein und Kindsein auszuhalten hat.

Eine Mutter, deren Sohn nur unter heftigem Protest zur Schule ging, sagte während einer Beratung: «Beim Frühstück hat Alex wieder nur über die Lehrer geschimpft, hat gesagt, er wolle nicht zur Schule gehen, und mich gefragt, was das alles für einen Sinn hat. Mit einem Mal habe ich mich furchtbar müde gefühlt, müde und erschöpft. Ich konnte das alles nicht mehr hören, wusste nicht mehr, was ich sagen sollte, wusste nicht mehr ein noch aus. Und plötzlich wurde mir bewusst: So müde, so erschöpft, wie ich mich gerade fühle, so fühlt sich Alex die ganze Zeit. Das ist sein Lebensgefühl! Als mir das klar wurde, konnte ich ihn reden lassen, ohne mich mit ihm zu fetzen. Ich habe mich nur zurückgelehnt und gedacht: ‹Ja, er ist müde. Müde und hilflos. Er will nicht zur Schule, und das zermürbt ihn.› Und anstatt wütend zu werden, habe ich schweigen können. Irgendwie tat er mir sogar Leid.»

Was Eltern oft in Gestalt von Verweigerungen, Machtkämpfen, Grenzüberschreitungen und Regelverstößen erleben, ist in Wirklichkeit ein Ruf nach Hilfe. Jugendliche, die angreifen, fühlen sich oft hilflos. Wenn Eltern beginnen, ihre eigene Hilflosigkeit und Verzweiflung auch als einen Spiegel der Ge-

fühle ihres Sohnes zu begreifen, bekommen sie einen größeren Zugang zu den Hilfe suchenden, bedürftigen Seiten ihres Sohnes. Gerade Jungen, die ihre bedürftige Seite tendenziell mehr verleugnen als Mädchen, kämpfen mitunter auch heftiger mit ihren Eltern, was wiederum von den Eltern ein noch höheres Maß an Einfühlungsvermögen verlangt.

Herrmann, Vater von Martin, 16, suchte mich zu Beratungen auf, weil er mit seinem Sohn in heftige Machtkämpfe verstrickt war. Jeden Nachmittag fand zwischen den beiden dasselbe Ritual statt: Wenn der Vater nach Hause kam, fand er eine völlig verdreckte Küche vor, die sein Sohn nach seinem Mittagessen hinterlassen hatte. «Als wäre er allein auf der Welt!», schimpfte der Vater, der alles versucht hatte, was man überhaupt nur versuchen kann: Einige Male hatte er ruhig mit ihm gesprochen, ein anderes Mal gebrüllt, Hausarrest verhängt, Taschengeld gekürzt – umsonst. Mittlerweile fühle er sich so, als habe er als Vater auf ganzer Linie versagt, ja, als sei er ein Versager schlechthin. Seine Autorität sei schlichtweg hinüber.

Von mir wollte er wissen, welche Mittel ihm noch blieben, seinen Sohn in den Griff zu bekommen. Als ich ihm vorschlug, seine Gefühle ernst zu nehmen und sie als einen Spiegel dessen zu begreifen, wie sich Martin fühlte, änderte sich seine Blickrichtung. Er dachte nach und erzählte, dass Martin ein Junge sei, der sehr mit seiner Rolle als werdender Mann zu kämpfen hätte; der sich oft mit anderen Jungen schlug, weil er das Gefühl hatte, in seinem Umfeld nicht als ein «richtiger» Mann anerkannt zu werden; und der sich vermutlich auch dem Vater gegenüber unterlegen fühlte. Herrmann erkannte, dass sein eigenes Versagensgefühl seinem Sohn gegenüber unter anderem auch die Gefühle des Sohnes spiegelte. Das half ihm, innerlich auf Distanz zu gehen, gelassener zu werden und sich selbst nicht so sehr infrage zu stellen. Die innere

Distanz wiederum ermöglichte es ihm, das immer wieder-kehrende Muster in den nachmittäglichen Streitigkeiten der beiden zu durchbrechen. Normalerweise verlief der Konflikt wie folgt: Der Vater betrat die Wohnung, lief sofort in die Küche, um nachzuschauen, ob aufgeräumt war, entdeckte den Dreck, brüllte Martin an, der wiederum zurückbrüllte und allerlei Ausreden anführte, bis der Vater – sich missverstanden fühlend und in seiner Autorität gekränkt – wutschnaubend und Türen knallend im Wohnzimmer verschwand und sich eine Zigarette anzündete. Seine zunehmende Gelassenheit änderte zwar zunächst noch nichts an der verdreckten Küche. Doch er konnte jetzt mit seinem Sohn ins Gespräch kommen, mehr auf ihn eingehen, ihm dabei helfen, sich in seinem Gefühl von Männlichkeit stärker zu fühlen.

Es geht nicht darum, dass sich Eltern zu therapeutischen Höchstleistungen aufschwingen. Das wäre auch nicht möglich, denn dazu fehlt ihnen aufgrund der emotionalen Nähe zu ihrem Sohn die nötige Distanz. Es geht darum, sich innerlich nicht zu sehr in die Konflikte verstricken zu lassen, sich zurücklehnen und auch einmal schweigen zu können, wenn sie zum Konflikt aufgefordert werden. Nur wenn sie außen vor bleiben, ist es möglich zu erkennen, was in dem Sohn vorgeht und was er wirklich braucht.

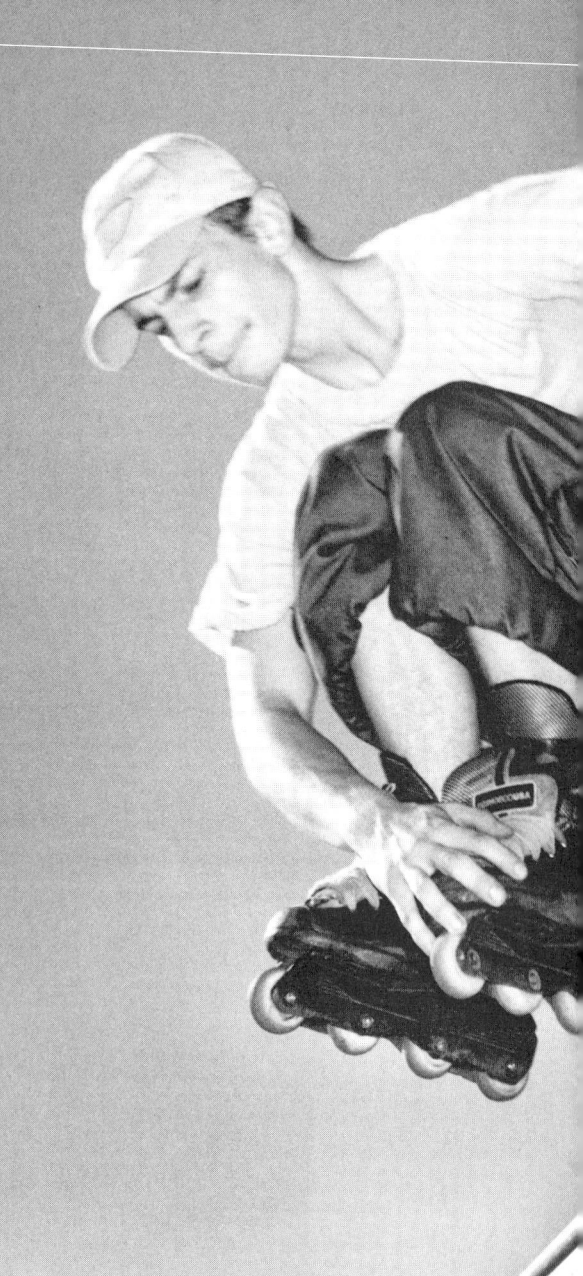

WENN NICHTS MEHR GEHT
– IST ALLES DRIN

Guter Rat ist nicht unweigerlich teuer. Ich kann Eltern nur dazu ermuntern, sich fachliche und emotionale Unterstützung zu holen, wenn sie sich in Erziehungsfragen unsicher oder im Kontakt zu ihrem Sohn hilflos fühlen. Nicht immer gelingt es Eltern und Jugendlichen, Probleme zu lösen und Konflikte in den Griff zu bekommen. Manchmal verhärten sich die Fronten derart, dass es weder vor noch zurück geht. Sich Hilflosigkeit einzugestehen ist oft schon der erste Schritt zur Lösung eines Problems.

Häufig hilft es, wenn ein Außenstehender den Eltern, dem Heranwachsenden oder der Familie die nötigen Impulse gibt, um aus eingefahrenen Konflikten herauszufinden, die manchmal nur jemand überblicken kann, der sich in einer gewissen Distanz befindet. Das hat zudem den Vorteil, dass Söhnen Mut gemacht wird, sich Rat und Hilfe zu holen, denn bekanntlich tun sich Jungen und Männer nach wie vor schwer damit, einen Arzt, Therapeuten oder Berater aufzusuchen.

Oft schrecken Eltern vor den Kosten zurück oder befürchten, das Geld für eine Beratung oder Therapie nicht aufbringen zu können. Es ist in der Tat so, dass Familienberatungen oder -therapien nicht von den Krankenkassen übernommen werden, sondern selbst gezahlt werden müssen. Allerdings gibt es staatliche Erziehungsberatungsstellen, die kostenlos sind und ausgebildete Psychologen oder Sozialpädagogen beschäftigen. Die Beratungsstellen freier Träger dagegen sind für Eltern nur zum Teil unentgeltlich; einige Beratungsstellen sind auf Einnahmen angewiesen und verlangen für die jeweiligen Sitzungen einen (häufig geringen) Betrag. Familientherapien kosten grundsätzlich Geld. Allerdings relativieren sich die Kosten, da familientherapeutische Sitzungen in aller Regel nicht wöchentlich, sondern in größeren zeitlichen Abständen stattfinden.

NÄHE DURCH DISTANZ

Wie gesagt, eine gewisse innere Distanz ist notwendig, um Konflikte zu überschauen und lösen zu können. Daher möchte ich an dieser Stelle einen Lösungsvorschlag unterbreiten, der bei vielen Eltern große Widerstände hervorrufen kann, weil er ein Tabu berührt, jedoch manchmal angezeigt ist, um eine verfahrene Beziehungssituation zu entlasten: eine räumliche Trennung.

Viele Eltern und Heranwachsende verbinden mit einer räumlichen Trennung aufgrund von Streit und Krisen einen Beziehungsabbruch. Rasch entstehen Bilder von Haustüren, die mit einem lauten Rums! zugeschlagen werden, oder von Fußbällen und CD-Anlagen, die dem Heranwachsenden durchs Fenster hinterherfliegen. Doch ein Beziehungsabbruch wäre in der Tat kein geeignetes Mittel, um einen Eltern-Sohn-Konflikt zu bewältigen. Schließlich ist der Sohn kein Verflossener, dem man mal eben die Koffer und das Skateboard vor die Tür stellen kann, weil man ihn nicht mehr erträgt. Eltern, die ihren Sohn einfach rausschmeißen und den Kontakt zu ihm abbrechen, nehmen sich selbst und dem Sohn die Chance, den Konflikt konstruktiv anzugehen und zu lösen. Vielmehr sollte eine räumliche Trennung gut besprochen und mit Begleitung und Unterstützung der Eltern durchgeführt werden. Trotz aller Schwierigkeiten, die sich zwischen Eltern und Sohn abspielen, bleibt die Fürsorgepflicht der Eltern nach wie vor bestehen. Die elterliche Hand bleibt ausgestreckt, ganz gleich, was passiert. Auch die Möglichkeit, die Entscheidung wieder rückgängig machen zu können, sollte jederzeit neu überlegt werden.

Aus der Beratungspraxis weiß ich von einer Vielzahl von Trennungen, die sowohl von Heranwachsenden als auch von Eltern initiiert wurden. Aus Sicht vieler Heranwachsender hat die Vorstellung, in einem Heim oder in einer Jugendwohngemeinschaft zu leben, ohnehin etwas Reizvolles. Keine Regeln und Absprachen, an die man sich halten muss, dafür Gleichaltrige, mit denen man romantisch an einem Joint zieht.

Trotz solcher Wünsche und Sehnsüchte, die spätestens beim kuscheligen Fernsehabend in Mamas Schoß verschwunden sind, spüren Heranwachsende manchmal zu Recht, dass es sinnvoll sein kann, sich von den Eltern räumlich zu trennen – weil die Beziehung zu einem Elternteil oder zu beiden Eltern ausweglos erscheint oder weil ein Jugendlicher instinktiv spürt, sich unter dem Einfluss der elterlichen Beziehung nicht weiterentwickeln zu können.

Ein zwanzigjähriger junger Mann, der mit 14 bei seiner Mutter ausgezogen ist, sagte einmal: «Meine Mutter und ich haben eine sehr gute Beziehung zueinander. Wir besuchen uns gegenseitig, erzählen uns fast alles und kommen irgendwie prima miteinander klar. Das wäre aber nicht so, wenn ich damals nicht von ihr weggezogen wäre. Wir waren so zerstritten, dass wir nicht mehr miteinander reden konnten. Wenn ich nach Hause gekommen bin, bin ich gleich in mein Zimmer, und das war's dann. Die brauchte mir gar nichts mehr zu sagen – ich hab einfach nicht hingehört. Eine Zeit lang hält man das vielleicht aus, aber nicht monatelang.»

Ein Sechzehnjähriger suchte mich zu einer Beratung auf, weil er wissen wollte, wohin er gehen könne, wenn er von zu Hause auszöge. Im Beratungsgespräch sagte er: «Wenn ich nicht bald von meiner Mutter wegkomme, schaffe ich die Schule nicht mehr. Ich kann mich nicht konzentrieren, schlafe schlecht, muss irgendwie da weg. Wir streiten uns jeden Tag, weil sie alles kontrolliert, was ich tue, mit wem ich telefoniere, wo ich hingehe.»

Ein Siebzehnjähriger rief mich an und erzählte bedrückt, sein Vater und er hätten sich darauf geeinigt, sich räumlich zu trennen. «Wir kriegen uns nur noch in die Wolle. Das geht so nicht weiter.» Der Vater hielt sich während des Gespräches im Hintergrund auf und flüsterte dem Sohn allerhand Fragen zu, die er mit mir klären sollte.

Wenn minderjährige Jugendliche nicht mehr bei ihren Eltern leben wollen und eine Unterbringung in einer Jugend-WG oder in einem Heim suchen, schaltet sich das Jugendamt ein. Dieser Schritt ist nicht als Kontrolle, sondern als Unterstützung gedacht. Mitarbeiterinnen und Mitarbeiter des Jugendamtes sind Sozialpädagogen, die dazu ausgebildet sind, mit Eltern und Heranwachsenden gemeinsam Krisen- und Konfliktgespräche zu führen. Manchmal ergibt solch ein Gespräch, dass Eltern und Jugendliche ihr Problem lösen und zusammenbleiben. Manchmal jedoch kommt auch heraus, dass eine räumliche Trennung für die Familie das Beste ist. Eltern sollten auf jeden Fall versuchen, den Kontakt zum Heranwachsenden zu halten, ihn besuchen, ihn anrufen und weiterhin an der Lösung des Problems arbeiten. Eine Heim- und WG Unterbringung sollte keinesfalls ein Signal sein, die Elternrolle zu verlassen und die Verantwortung allein den dortigen Mitarbeitern zu übertragen. Schön wäre, wenn es Eltern gelänge, Gefühle von Kränkung und Enttäuschung hinten anzustellen und zu akzeptieren, dass sich Dinge manchmal aus einer gewissen Distanz heraus viel besser klären lassen, als wenn man auf engem Raum zusammenhockt. Vielleicht haben Heranwachsende, die ausziehen wollen, in dieser Hinsicht manchmal einen besseren Instinkt als ihre Eltern.

Doch eine räumliche Trennung kann auch auf elterlichen Wunsch hin erfolgen. Manchmal spürt man als Vater oder Mutter, dass sich nichts mehr bewegt, nichts vorangeht, nichts passiert, wenn man nicht konsequent einen Strich zieht.

Julian, 17, vermieste seinen Eltern mit Übellaunigkeit, ständigen Verweigerungen und respektlosen Beschimpfungen das Leben so sehr, dass vor allem seine Mutter mit der Situation nicht mehr fertig wurde. «Meine Lebensfreude war total dahin, völlig zunichte», sagte Julians Mutter. «Ich konnte nicht mehr in den Spiegel sehen, weil ich nur noch ausgekotzt aussah, hatte Kreislaufprobleme, Magenschmerzen. Ich konnte seine Anwesenheit einfach nicht mehr ertragen.» In Gesprächen mit ihrem Mann und mit einer Sozialarbeiterin kam Julians Mutter zu dem Schluss, dass es besser sei, ihr Sohn würde ausziehen. «Das war eine Entscheidung, die von innen kam. Ich spürte ganz deutlich: Das ist die Lösung und nichts anderes.» Der Zeitpunkt, es Julian mitzuteilen, war genau überlegt: «Das war nach dem Abendessen. Wie immer saß Julian noch am Tisch, während mein Mann und ich das Geschirr in die Küche trugen – im Übrigen auch etwas, das ich müde war, mit ihm auszufechten. Als wir fertig waren, haben wir uns beide zu ihm hingesetzt, und ich habe ihm gesagt, dass es so nicht mehr weiterginge und ich den Entschluss gefasst hätte, dass er ausziehen müsse. Natürlich habe ich ihm auch gleich angeboten, dass wir ihm helfen würden, eine Wohnung zu finden, und dass ein Auszug keinen Kontaktabbruch bedeute. Doch mein Entschluss stand fest. Ich muss wohl so überzeugend gewesen sein, dass Julian weiß wie eine Wand wurde. Er hat dagesessen und mich angestiert, als käme ich von einem anderen Stern. Er hat regelrecht unter Schock gestanden.»

Wichtig ist, dass sich Eltern den Schritt zu einer räumlichen Trennung gut überlegen und nicht im Jähzorn etwas aussprechen, das ihnen hinterher Leid tut. Ein vorzeitiger Auszug ist nur dann wirklich sinnvoll, wenn er allen Beteiligten zugute kommt. Die Entscheidung muss von Herzen kommen und darf keine Drohung und auch kein Druckmittel sein. Sonst wird Vertrauen zerstört.

Ist der Beschluss einmal gefasst, kann gemeinsam mit dem Heranwachsenden überlegt werden, ob er lieber bei Verwandten, Freunden, in einer Wohngemeinschaft oder in einer eigenen Wohnung unterkommen will. Vielleicht nehmen die Eltern sogar mit Vermietern Kontakt auf und versuchen, eine Wohnung im selben Haus oder in der Nachbarschaft zu finden. So gibt es zwar eine räumliche Distanz, aber die Nähe zum Elternhaus bleibt gewahrt. Auch der Auszug sowie die Renovierung und Einrichtung des neuen Zuhauses können gemeinsam geplant und durchgeführt werden. Eltern sollten ihren Söhnen trotz aller Schwierigkeiten immer auch das Gefühl geben, dass eine räumliche Trennung ein notwendiger Schritt ist, der im Sinne der Beziehung gemacht wird und nicht geschieht, weil irgendjemand Schuld hat. Nicht Vorwürfe helfen weiter, sondern Entscheidungen im Sinne des Heranwachsenden und der Beziehung.

Julian ist im Übrigen nicht ausgezogen. Das konsequente Auftreten seiner Mutter hat ihn so irritiert, dass sich sein Verhalten von jenem Abend an schlagartig in sein Gegenteil verkehrt hat.

LITERATUR

- Baacke, Dieter: Die 13- bis 18-Jährigen. Einführung in die Probleme des Jugendalters. Weinheim 1994.
- Bassoff, Evelyn S.: Mutter und Sohn. Eine besondere Beziehung. Düsseldorf 1997.
- Benard, Cheryl / Schlaffer, Edit: Einsame Cowboys. Jungen in der Pubertät. München 2000.
- Benard, Cheryl / Schlaffer, Edit: Mütter machen Männer. München 1996.
- Böhnisch, Lothar / Winter, Reinhard: Männliche Sozialisation. Weinheim 1994.
- Bremer Studie: Zukunftssorgen machen viele Jugendliche krank. Pressetext der Universität Bremen, Zentrum für Sozialpolitik. Bremen 1999.
- Braun, Joachim: Nicht Fisch, nicht Fleisch, in: Starke Eltern, starke Kinder. Deutscher Kinderschutzbund, Jahresheft 2002.
- Braun, Joachim: Ich will keine Schokolade. Das Coming-out-Buch für Schwule. Reinbek 2001.
- Braun Joachim / Martin, Beate: Gemischte Gefühle. Ein Lesebuch zur sexuellen Orientierung. Reinbek 2000.
- Bundesarbeitsgemeinschaft Kinder- und Jugendtelefon. Jahresstatistik 2000.
- Bundeszentrale für gesundheitliche Aufklärung: Körper, Liebe, Doktorspiele. Ein Ratgeber für Eltern zur kindlichen Sexualentwicklung vom 1. bis zum 3. Lebensjahr. Von Ina-Maria Philipps. Köln 2000.
- Bundeszentrale für gesundheitliche Aufklärung: Körper, Liebe, Doktorspiele. Ein Ratgeber für Eltern zur kindlichen Sexualentwicklung vom 4. bis zum 6. Lebensjahr. Von Ina-Maria Philipps. Köln 2000.

• Bundeszentrale für gesundheitliche Aufklärung (Hrsg.): Kompetent, authentisch und normal? Aufklärungsrelevante Gesundheitsprobleme, Sexualaufklärung und Beratung von Jungen. Band 14. Köln 1998.

• Bundeszentrale für gesundheitliche Aufklärung: Sexualität und Kontrazeption aus der Sicht der Jugendlichen und ihrer Eltern. Köln 1998.

• Bundeszentrale für gesundheitliche Aufklärung: Jugendsexualität. Wiederholungsbefragung von 14- bis 17-Jährigen und ihren Eltern. Ergebnisse einer Repräsentativbefragung aus 2001. Köln 2001.

• Dannecker, Martin: Probleme der männlichen homosexuellen Entwicklung, in: Sigusch, Volkmar (Hrsg.): Sexuelle Störungen und ihre Behandlung. Stuttgart 2001.

• Deutsche Shell (Hrsg.): Jugend 2000. Band I. 13. Shell-Jugendstudie. Opladen 2000.

• Engel, Uwe / Hurrelmann, Klaus: Was Jugendliche wagen. Eine Längsschnittstudie über Drogenkonsum, Stressreaktionen und Delinquenz im Jugendalter. Weinheim 1994.

• Erikson, Erik H.: Identität und Lebenszyklus. Frankfurt / Main 1966.

• Erikson, Erik H.: Kindheit und Gesellschaft. Frankfurt / Main 1968.

• Fend, Helmut: Entwicklungspsychologie des Jugendalters. Opladen 2001.

• Feuerlein, Wilhelm: Alkoholismus. Warnsignale – Vorbeugung – Therapie. München 2002.

• Freud, Sigmund: *Zur Umgestaltung in der Pubertät* und *Die infantile Sexualität*, in: Drei Abhandlungen zur Sexualtheorie. Frankfurt / Main 1991.

• Fthenakis, Wassilos E. / Minsel, Beate, im Auftrag des Bundesministeriums für Familie, Senioren, Frauen und Jugend: Die Rolle des Vaters in der Familie. Berlin 2001.

• Gangloff, Tilmann: Hör auf zu glotzen, in: Deutscher Kinderschutzbund. Jahresheft 2002.

- Gilmore, David D.: Mythos Mann. Rollen, Rituale, Leitbilder. München 1990.
- Haeberle, E. J.: Die Sexualität des Menschen. Berlin, New York 1985.
- Hageman-White, Carol: Sozialisation weiblich-männlich? Opladen 1984.
- Heitmeyer, Wilhelm, et al.: Gewalt. Weinheim 1995.
- Hurrelmann, Klaus, Dr.: Die 10- bis 15-Jährigen – eine unbekannte Zielgruppe? Text vom Internationalen Zentralinstitut für das Jugend- und Bildungsfernsehen, 2000.
- Kluge, Norbert: Sexualverhalten Jugendlicher heute. Ergebnisse einer repräsentativen Jugend- und Elternstudie über Verhalten und Einstellungen zur Sexualität. Weinheim 1998.
- Kreppner, Kurt, Dr.: Entwicklung von Eltern-Kind-Beziehungen: Normative Aspekte im Rahmen der Familienentwicklung, in: Schneewind, Klaus A. (Hrsg.): Familienpsychologie im Aufwind. Brückenschläge zwischen Forschung und Praxis. Göttingen 2000.
- Kuntz, Helmut: Cannabis ist immer anders. Weinheim 2002.
- Mahler, Margaret, et al.: Die psychische Geburt des Menschen. Symbiose und Individuation. Frankfurt / Main 1989.
- Max-Planck-Institut: «Du bist doch die Mutter!» Jugendliche brauchen klare Verhältnisse – Streit gehört dazu. Internetpräsenz: www.mpib-berlin.mpg.de / de / aktuelles / streit.htm. o. J.
- Mertens, Wolfgang: Entwicklung der Psychosexualität und der Geschlechtsidentität. Band 2, Kindheit und Adoleszenz. Stuttgart 1994.
- Neutzling, Rainer: Vom Jungen zum Liebhaber. Heterosexuelle Jungen in der Pubertät, in: Düring, Sonja / Hauch, Margret (Hrsg.): Heterosexuelle Verhältnisse. Beiträge zur Sexualforschung. Stuttgart 1995.
- Niedersächsisches Ministerium für Frauen, Arbeit und Soziales: Schwule Jugendliche. Ergebnisse zur Lebenssituation, sozialen und sexuellen Identität. Hannover 2001.

- Orvin, George H.: So richtig in der Pubertät. Freiburg 1997.
- Preuss-Lausitz, Ulf: Die Schule benachteiligt die Jungen!?, in: Pädagogik 5/99.
- Rogge, Jan-Uwe: Pubertät. Loslassen und Haltgeben. Reinbek 2000.
- Rohrmann, Tim: Echte Kerle. Jungen und ihre Helden. Reinbek 2001.
- Roth, Philip: Mein Leben als Sohn. Eine wahre Geschichte. München 2001.
- Schmauch, Ulrike: Probleme der männlichen sexuellen Entwicklung, in: Sigusch, Volkmar (Hrsg.): Sexuelle Störungen und ihre Behandlung. Stuttgart 2001.
- Schmauch, Ulrike: Was geschieht mit kleinen Jungen?, in: Düring, Sonja/Hauch, Margret (Hrsg.): Heterosexuelle Verhältnisse. Beiträge zur Sexualforschung. Stuttgart 1995.
- Schmidt, Gunter (Hrsg.): Jugendsexualität. Stuttgart 1993.
- Schnack Dieter/Neutzling, Rainer: Der Alte kann mich mal gern haben. Über männliche Sehnsüchte, Gewalt und Liebe. Reinbek 1997.
- Schnack, Dieter/Neutzling, Rainer: Kleine Helden in Not. Jungen auf der Suche nach Männlichkeit. Reinbek 2000.
- Schneider, Norbert, et al.: Allein erziehen in Deutschland – Vielfalt und Dynamik einer Lebensform. Weinheim 2001.
- Senatsverwaltung für Schule, Jugend und Sport Berlin (Hrsg.): Sie liebt sie, er liebt ihn. Studie zur psychosozialen Situation junger Lesben, Schwuler und Bisexueller in Berlin. Berlin 1999.
- Sielert, Uwe: Praxishandbuch für die Jugendarbeit. Teil 2: Jungenarbeit. Weinheim 1993.
- Sielert, Uwe/Valtl, Karlheinz (Hrsg.): Sexualpädagogik lehren. Weinheim 2000.
- Stierlin, Helm: Eltern und Kinder. Das Drama von Trennung und Versöhnung im Jugendalter. Frankfurt/Main 1980.
- Stierlin, Helm: Psychoanalyse, Familientherapie, systemische The-

rapie. Entwicklungslinien, Schnittstellen, Unterschiede. Stuttgart 2001.

• Winnicott, D. W.: Familie und individuelle Entwicklung. München 1994.

• Wirth, Nadja: Ecstasy. Mushroom, Speed & Co. München 1999.

• Zilbergeld, Bernie: Die neue Sexualität der Männer. Was Sie schon immer über Männer, Sex und Lust wissen wollten. Tübingen 1994.

• Zimmermann, Peter: Junge, Junge! Theorien zur geschlechtstypischen Sozialisation und Ergebnisse einer Jungenbefragung. IFS-Verlag. Dortmund 1998.

DANKE!

Viele der Eltern und Jugendlichen, mit denen ich gesprochen habe, wollten anonym bleiben. Daher ein pauschales, aber herzliches Dankeschön an alle, die durch ihre Geschichten und Erfahrungen dazu beigetragen haben, dass die Theorie in diesem Buch lebendig geworden ist.

Vielen Dank auch an jene, die das Manuskript gelesen und durch allerlei Kritik und Anregungen bereichert haben: Frank Giesker, Silvia Heyer, Gudrun Hopfengärtner und Lucyna Wronska.

Danke auch meinem Lektor, Jürgen Volbeding, durch dessen Unterstützung dieses Buch entstehen konnte. Ich hoffe, dass sich Eltern und Söhne in den Geschichten aus meinen Beratungssitzungen und Seminaren wiederfinden.

Kinder brauchen Grenzen
rororo 19756/Audiobook 61722

Ängste machen Kinder stark
rororo 60640/Audiobook 61731

Pubertät
Loslassen und Haltgeben
rororo 60953/Audiobook 61721

Ohne Chaos geht es nicht
13 Überlebenstipps für Familien
rororo 60975/Audiobook 61732

Jan-Uwe Rogge bei rororo

**Der führende deutsche Familienberater:
«Die Jugendlichen wollen sich reiben.»**

Kinder können fernsehen
rororo 60753

Eltern setzen Grenzen
rororo 19756

Geschichten gegen Ängste
rororo 60977

Der große Erziehungsberater
rororo 61621

Spiele gegen Ängste
rororo 61719

Wenn Kinder trotzen
rororo 61659

**Jan-Uwe Rogge/Bettina Mähler
Irgendwie anders: Kinder, die den
Rahmen sprengen**
rororo 60966

Lauter starke Jungen
rororo 61539

Kinder dürfen aggressiv sein
rororo 61981

Von wegen aufgeklärt!
rororo 62141

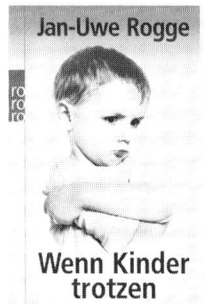

Weitere Informationen in der Rowohlt Revue *oder unter* www.rororo.de

S 28/3

© zefa

rororo sachbuch

Wie viel Erziehung braucht der Mensch?
Von Notständen und neuen Wegen

Jesper Juul
Das kompetente Kind
Auf dem Weg zu einer Wert-
grundlage für die ganze Familie.
rororo 61485

Grenzen, Nähe, Respekt
Wie Eltern und Kinder sich finden
rororo 60751

Joachim Braun
Jungen in der Pubertät
Wie Söhne erwachsen werden
rororo 61407

Bettina Mähler/Martin Schmela
Alptraum ADS
Wie Eltern sich helfen können
rororo 62165

Herrad Schenk
Wieviel Mutter braucht der
Mensch?
Der Mythos von der guten Mutter.
rororo 60376

D. Schnack/R. Neutzling
Kleine Helden in Not
Jungen auf der Suche nach
Männlichkeit. rororo 60906

B. Esser/C. Wilde
Montesori-Schulen
Grundlagen, Erziehungspraxis,
Elternfragen. rororo 62209

P. Gerster/C. Nürnberger
Der Erziehungsnotstand
Wie wir die Zukunft unserer
Kinder retten.

rororo 61480

Weitere Informationen in der Rowohlt Revue oder unter www.rororo.de

Michael Lukas Moeller

Die Wahrheit beginnt zu zweit
Das Paar im Gespräch
rororo 60379

**Die Liebe ist das Kind
der Freiheit**
rororo 60594

Gelegenheit macht Liebe
*Glücksbedingungen in der
Partnerschaft.* rororo 61169

Leben. Lieben. Wege zum Glück.
Bestseller von Michael Lukas Moeller,
Peter Lauster und Jürg Willi

Peter Lauster

Die Liebe
Psychologie eines Phänomens
rororo 17677

**Stärkung des Ich
Selbstbewußtsein**
rororo 62043

**Lebenskunst
Ausbruch zur inneren Freiheit**
rororo 62042

Jürg Willi

Psychologie der Liebe
*Persönliche Entwicklung durch
Partnerbeziehungen.* rororo 61634

Was hält Paare zusammen?
*Der Prozess des Zusammenlebens in
psycho-ökologischer Sicht*
rororo 60508

Die Zweierbeziehung
*Spannungsursachen – Störungsmuster
– Klärungsprozesse – Lösungsmodelle*
rororo 60509

Weitere Informationen in der Rowohlt Revue *oder unter* www.rororo.de

S 46/4